KB067147

테크노믹스 시대의
부의 지도

테크노믹스 시대의
부의 지도
기술이 경제를 이끄는 시대의 투자법

박상현 · 고태봉 지음

TECHNOMICS

메이트북스

메이트북스 우리는 책이 독자를 위한 것임을 잊지 않는다.
우리는 독자의 꿈을 사랑하고,
그 꿈이 실현될 수 있는 도구를 세상에 내놓는다.

테크노믹스 시대의 부의 지도

초판 1쇄 발행 2021년 1월 5일 | 초판 7쇄 발행 2021년 3월 5일 | 지은이 박상현·고태봉
펴낸곳 (주)원앤원콘텐츠그룹 | 펴낸이 강현규·정영훈
책임편집 유지윤 | 편집 안정연·오희라 | 디자인 최정아
마케팅 김형진·이강희·차승환 | 경영지원 최향숙·이혜지 | 홍보 이선미·정채훈
등록번호 제301-2006-001호 | 등록일자 2013년 5월 24일
주소 04607 서울시 중구 다산로 139 랜더스빌딩 5층 | 전화 (02)2234-7117
팩스 (02)2234-1086 | 홈페이지 blog.naver.com/1n1media | 이메일 khg0109@hanmail.net
값 17,000원 | ISBN 979-11-6002-316-9 [03320]

투자자들은 기회가 눈앞에 나타나면
덥썩 낚아챌 준비가 되어 있어야 한다.
이 세상에서 기회라는 것은 그리
오래 머물러 있지 않기 때문이다.

– 찰리 멍거(버크셔 해서웨이 부회장) –

이 거대한 변화의 흐름에서
고민의 흔적을 남기며

수많은 자료와 보고서를 쓰면서 가장 고민스럽고 걱정스러운 것은 '왜 이 글을 쓰며, 이 글을 읽고 독자들은 과연 어떤 생각을 할지, 그리고 이 글이 도움이 될지'에 대한 것들이다. 이 책을 쓰면서도 정말 많은 고민을 했다.

무엇보다 코로나19라는 정말 경험해보지 못한 충격이 경제는 물론 사회생활 및 시스템마저 변화시키고 있는 상황에서 이 책에 어떤 내용을 담아야 할지 고민스러웠다. 뿐만 아니라 이 책에 담는 내용들이 독자들에게 조금이나마 도움이 될 수 있을까에 대한 두려움으로 인해 책 집필을 주저할 수밖에 없었다.

그래도 두 저자가 용기를 내서 이 책을 쓰기로 결정한 것은 독자들에게 앞으로 펼쳐질 세상의 변화에 대비할 수 있는 약간의 도움이라도 드릴 수 있지 않을까 하는 기대가 있었기 때문이다.

우리는 이미 혁명의 중심에 서 있다. 혁명의 사전적 의미는 '이전의 관습이나 제도, 방식 따위를 단번에 깨뜨리고 질적으로 새로운 것을 급격하게 세우는 일'이다. 코로나19는 전 세계에 일어난 혁명적 사건이라고 평가할 수 있다.

바이러스로 수많은 사람들이 허무하게 목숨을 잃었고, 언제 끝날지 모를 바이러스 공포에 경제활동뿐만 아니라 일상생활마저도 제약되는 등 예측할 수 없는 변화를 강요받고 있다. 사회적 거리두기, 재택근무, 화상회의는 더 이상 낯선 단어가 아닌 우리의 일상이 되었다. 우리는 원하지 않았지만 세상은 새로운 혁명 혹은 변혁의 길로 우리를 내몰고 있다.

여기에 코로나19 발생 이전부터 시작된 디지털 경제 붐은 코로나19 사태를 거치면서 진정한 의미에서 4차 산업혁명으로 탈바꿈하고 있다. O2O(Online to Offline) 경제, 언택트 경제, 5G로 인한 사물인터넷, 전기차로 대변되는 에너지 패러다임 변화, 자율주행차, 로봇 등 우리의 일상은 아날로그 시대를 마감하고 갑자기 디지털 시대로 뛰어들었다고 해도 과언이 아니다.

레트로 열풍 등 아날로그 감성에 향수를 느끼기 시작한 것은 우리가 이미 디지털 시대에 깊이 뿌리내리고 살고 있기 때문이다. 영화를 좋아하는 필자지만 넷플릭스를 통한 영화 감상의 편리함을 알게 되었고, 컴맹이 스마트폰을 통한 각종 디지털 서비스에 점점 익숙해지는 모습은 혁명에 순응하는 예가 아닐까 싶다.

두 저자는 현자도, 미래를 잘 내다보는 예측가도 아니지만 미래에 대한 고민이 많은 증권사 리서치 이코노미스트와 애널리스트이다. 그래서 이 책에는 두 저자가 고민하는 미래의 단상들을 함께 담고자 했다.

이 책은 크게 2개의 파트로 구성되었다.

첫 번째 파트는 코로나19와 4차 산업혁명이 초래할 경제적 변화에 초점을 맞추었다. 코로나19와 4차 산업혁명, 특히 기술 혁신이 초래할 글로벌 경제 및 산업 패러다임의 변화 방향을 전망했다.

역사적 관점에서도 글로벌 경제의 흐름은 기술 혁신의 역사라 할 수 있다. 1~2차 산업혁명은 물론 3차 산업혁명 역시 글로벌 경제 및 삶의 질에 커다란 변화를 초래했다. 동시에 글로벌 산업의 급격한 변화 또한 초래하면서 큰 틀에서 글로벌 패권은 물론 부의 지도마저도 변화시켜왔다.

최근 국내에서 부동산 시장 광풍과 더불어 '동학개미'로 지칭되는 개인투자 열기에 힘입어 주식시장 투자 열기가 뜨겁다. 초저금리와 양적완화로 대변되는 유동성 확대가 각종 자산의 투자 열풍으로 이어지고 있는 것이다. 어찌 보면 향후 1~2년이 미래 부의 지도를 결정할 수 있는 중요한 시기일 수 있다. 따라서 첫 번째 파트는 미래 부의 지도에 대한 거시적 생각을 담고자 했다.

두 번째 파트는 경제현상으로 설명할 수 없는 또 하나의 축인 기술에 대해 이야기하고자 했다. 먼저 기술과 경제의 연결고리를 찾고자 애썼다. 실리콘밸리로 대변되는 혁신의 공간에서는 전통적인 자본시장의 플레이어들과는 다른 형태의 뉴머니(New money)가 젊은 혁신가들을 자본가로 변모시키고 있다.

스탠포드와 버클리를 비롯한 대학들, 선배 벤처창업가들, 달파(DARPA: Defense Advanced Research Project Agency, 방위고등연구계획국), 나사(NASA) 같은 국가기관들은 혁신에 부스트업(Boost-up)역할을 해주고 있다. 정신적으로는 미국의 영웅주의(Heroism)와 팬덤이코노미(Fandom economy)가 제2의 스티브 잡스, 일론 머스크를 계속해서 만들어내고 있다. 실패해도 다시 일어설 수 있는 많은 장치들이 있다. 이렇게 용기를 낸 많은 젊은 창업가들이 기술을 제품화, 상용화하는 데 속속 성공하고 있는 것이다.

패러다임의 변화 과정에서 많은 부가 발생한다. 아날로그 시대에서 디지털화(Digitization)가 나타나면서 디지털을 이해하는 기업들이 크게 부상되었다. 인터넷이 발명되면서 수많은 닷컴기업들이 생겨났다. 통신이 세대를 거듭할수록 새로운 서비스와 디바이스들이 나타나기 시작했다. 디지털라이제이션(Digitalization)에서 융복합이 일어나면서 아이폰 같은 엄청난 디바이스가 출현해 다른 기기들을 무용화시키는 경우도 나타났다. 이런 과정에서 네트워크효과, 롱테일효과 같은 전통산업에서 보지 못했던 새로운 경제현상들이 생겨났다.

이젠 디지털 트랜스포메이션(Digital Transformation)이 만들어낼 4차 산업혁명의 시대가 도래했다. 사이버 물리시스템(CPS), 즉 사이버(가상, Cyber)와 물리(Physical)의 두 영역에서 큰 변화가 나타나고 있다. 빅데이터, 클라우드, 인공지능, 사물인터넷, 초고속통신, 전기차, 자율주행차, 로봇, 전기수직이착륙기 등 동시다발적으로 여러 기술들이 함께 레벨업되면서 이들의 융복합이 예상치 못했던 새로운 산업으로 태동되어 우리 앞에 펼쳐지고 있다.

이들 변화는 무에서 유를 창조하는 게 아니다. 디지털은 아날로그의 희생을 강요하며, 친환경/그린은 탄소경제의 희생 위에서 생겨난다. 인공지능은 화이트칼라를, 로봇은 블루칼라의 일자리를 위협한다. 그럼에도 이 변화에 올라타지 못하면 역성장, 파괴적 혁신의 희생양이 될 수밖에 없다. 결국 이 변화를 적극적으로 수용하는 국가나 기업의 차별적 성장이 나타날 수밖에 없다. 주식시장에서는 이 차별화를 먼저 현가화(現價化)해서 평가하려고 애쓰고 있다.

이 책을 통해서 종목을 추천하고자 할 생각은 없다. 전체의 큰 변화를 이해하고, 어떤 산업들이 상대적으로 유리할지, 특히 제조업에 특화되어 있는 대한민국 산업에 결핍되어 있는 것들과 강점을 계승·발전시킬 수 있는 것이 무엇인지 선별해낼 수만 있어도 이 책을 쓴 작은 수고는 보상받는다는 생각이다. 작게는 스마트센서부터 크게는 UAM(도심형 항공모빌리티)까지 4차 산업혁명이 요구하는 많은 분야들을 아주 조금씩이라도 언급하려 애썼다.

이코노미스트와 애널리스트인 두 저자가 미래 변화에 대한 탑다운(Top-down)부터 보텀업(Bottom-up)까지를 이 작은 책에 다 담으려 욕심내다 보니 균형이 어그러지기도 하고 내용이 연결되지 못하고 단절되는 느낌이 들기도 한다. 하지만 전하고자 하는 바는 "경제는 경제 그 자체로, 기술은 기술 그 자체로 존재할 수는 없으며 서로 영향을 준다"는 것이다. 마치 순환고리처럼 기술의 변화가 경제를 변화시키고, 경제의 패러다임 변화는 다시 기술을 자극한다. 이러한 상호작용이 트렌드와 부합해 지속되고 반복될 때 한 국가가 창출해내는 부가가치가 더욱 커지고, 경제력은 월등히 향상될 수 있다.

거역할 수 없는 큰 변화의 움직임에 순응해야 한다. 코로나19로 인해 이 변화는 한층 가속화·구체화되고 있다. 이 중차대한 시기에 대한민국이 한 치의 흐트러짐도 없이 적극적으로 대응하고, 나아가서는 이 변화를 주도해나가길 바란다. 큰 변화의 흐름에서 이 글을 읽는 독자의 시장 판단력이 조금이라도 더 단단해지고, 경제와 기술 간의 균형감각이 조금이라도 강화될 수 있다면 더 없이 기쁘겠다.

여의도에서 박상현·고태봉

차례

3부

코로나19 이후 부의 지도
_ 혁신 기술에 답이 있다

4부

경제 3주체 중 하나인
'기업'이 변하고 있다

○●○

경험하지 못했던 죽음의 공포에 직면한 인류
한 번도 경험하지 못한 세계와 경제
한 번도 경험하지 못한 변화는 시작되었다
코로나19 이후 변화에 주식시장은 이미 반응하고 있다

TECHN

1부

코로나19가 촉발한 공포,
그리고 일어난 엄청난 변화

OMICS

경험하지 못했던
죽음의 공포에 직면한 인류

전쟁보다 더 많은 희생자를 내고 있는 코로나19 팬데믹 사태.
백신 개발과 관련된 긍정적인 소식이 있지만,
백신 상용화 전까지 죽음의 공포는 계속 이어질 것이다.

어느 순간 스마트폰은 집에서 나올 때 반드시 챙겨야 할 물건 중에
하나가 되었다. 이제 챙겨야 할 물건이 하나 더 생겼다. 바로 마스크
이다. 귀찮지만 마스크는 스마트폰과 같이 생활의 일부분이 되었고,
마스크를 언제까지 챙겨야 할지 모르는 시대에 살게 되었다.

왜 우리는 마스크를 써야만 할까? 그 대답은 간단하다. 코로나
19라는 바이러스 감염 공포 혹은 죽음의 공포를 조금이나마 피하기
위함이다. 2020년 11월 22일 기준으로 미국 내 코로나19로 인한 사
망자 수는 25만 명을 넘어섰다. 한국전쟁과 베트남전쟁에서 전사한
미군 장병을 합친 것보다도 많다. 코로나19의 치료제나 백신이 본격

적으로 보급되기 이전까지 사망자 수는 더욱 늘어날 전망이다.

　미국 보건당국은 코로나19 확진자 수가 코로나 백신 보급에도 불구하고 수개월 동안 더욱 급증할 것이라며 2020년 중 사망자가 33만 명에 육박할 것이라고 경고했다. 특히, 미국 질병통제예방센터(CDC) 소장은 2021년 1~2월이 미국 공중보건 역사상 가장 힘든 시기가 될 것이라고 우려했다. 코로나19는 미국 등 선진국만의 문제는 아니다. 방역이 제대로 되지 않고 있는 이머징 국가들에서 코로나19는 빠른 확산 추세이며 사망자 수 역시 기하급수적으로 증가하고 있다.

　물론 인류가 바이러스 공포, 즉 팬데믹 상황을 처음 접한 것은 아니다. 1918년 스페인독감 당시에는 전 세계적으로 5천만 명이 사망했고, 1957년 아시아독감 당시에는 200만 명이, 가장 최근인 2009년 신종플루 당시에는 57만 명이 사망했다. 그러나 코로나19 팬데믹은 이전 팬데믹보다 더욱더 큰 공포감을 주고 있다.

갑작스럽게 등장한 코로나19, 생각보다 빠른 확산속도

　코로나19에 대한 공포감이 확대된 여러 원인 중에 하나는 '확산 속도'이다. 코로나19는 눈 깜짝할 사이에 전 세계로 퍼졌다. 과거에 비해 글로벌 경제가 개방화되고 이동이 자유로워지면서 전염병의 확산 속도 역시 그 어느 시기보다 빨라진 것이다. 실제로 중국 우한에서 코로나19가 처음 보고된 것은 2019년 12월 말이었지만 불과

2~3개월 만에 코로나19는 전 세계를 죽음의 공포로 뒤덮었다.

"코로나19의 바이러스 특성상 조기에 종식되는 것은 쉽지 않을 것"이라는 우려도 코로나19 공포 확산에 일조했다. 전 세계 각국에서 코로나19 치료제와 백신을 개발하고 있지만 상용화까지는 시간이 필요할 전망이다. 골드만삭스 추정에 따르면 백신 보급이 정상적으로 이루어질 경우 2021년 상반기 말경 미국 등 주요 선진국의 백신 접종률이 인구의 절반 수준에 이를 전망이다. 여전히 2021년에도 전 세계가 백신 개발 성공과 보급에도 불구하고 코로나19 공포에서 완전히 벗어나지 못할 것이다.

감염병 역사에서 백신 개발이 가장 빨랐던 '볼거리 백신'은 4년이 걸렸다. 코로나19 백신 개발은 다행히 1년도 채 안 되어 개발되었고, 이는 새로운 백신 역사로 기록될 전망이다. 그러나 코로나19 완전 종식까지는 비틀즈 노래 제목처럼 길고 험한 길(The Long and Winding Road)이 될 것이 분명하다.

한 번도 경험하지 못한
세계와 경제

예상치 못한 팬데믹 사태는 대공황에 버금가는 경제적 충격을 주었고,
회복도 비틀즈의 노래 제목처럼 길고 험한 길일 것이다.

코로나19발 각종 충격이 이어지고 있는 가운데 "인류 혹은 세계 경제가 코로나19 이전으로 다시 돌아가지 못할 것"이라는 말이 자주 회자된다. 또한 우스갯소리지만 "향후 세상은 BC(Before Corona: 코로나19 이전)와 AC(After Corona: 코로나19 이후)로 구별될 것"이라는 말도 있다. 이처럼 인류와 세계 경제는 코로나19로 기존에 경험하지 못한 세상 혹은 경제를 체험 중이며, 앞으로 가보지 못한 미지의 세상을 갈 수밖에 없다.

'사회적 거리두기, 이동제한(Lockdown), 생활 속 방역' 등의 신조어가 담고 있는 의미는 '사회적 동물이라는 인간의 습성이 제한받고

있다'는 것이다. 더욱이 서로를 바이러스로 생각할 수밖에 없는 환경으로 인해 대면접촉보다 비대면을 선호하게 되는 생활패턴의 변화는 인류 역사에서 사실상 첫 경험이라 해도 과언이 아니다.

생각보다 훨씬 큰
경제적 충격을 안기다

스페인독감 당시 이동제한 사례가 있었지만 이동제한은 현존하는 전 세계인들이 대부분 경험하지 못한 새로운 사회적 현상이다. 전쟁을 제외하고 그동안 인류는 자유롭게 이동을 해왔다. 자유로운 이동은 글로벌 경제가 유기적으로 연결되어 생산과 소비활동을 할 수 있게 해주는 동시에 관광 등을 통해 휴식과 삶의 활력소를 제공하는 역할을 해주었다.

이동제한에 따른 경제 및 사회활동 대중단 현상은 전 세계에 엄청난 경제적 충격과 공포를 던져주었다. 1919년 대공황 이후 글로벌 경제가 가장 큰 경제적 충격에 빠져들었다. 지난 2020년 3월 주요 도시의 통근 이동량은 이동제한으로 거의 중단되다시피했다. 오스트리아 빈 등 유럽 주요 도시의 통근활동은 거의 제로(0)에 수렴했다.

경제활동이 사실상 마비된 것이다. 경제 대중단은 당연히 경제에 엄청난 치명타를 주었다. 완전고용에 가깝던 미국 실업률은 코로나19 발생 한 달 만에 대공황 수준에 버금가는 14.7%까지 급등했다. 실업률뿐만 아니라 생산 및 소비활동의 중단으로 2020년 2분기 미국

GDP 성장률은 전기 대비 연율 31.7% 감소로 2차 세계대전 이후 가장 큰 폭의 역성장을 기록했다.

코로나19발 경제적 파장은 미국에만 국한된 것이 아니다. 전 세계가 2차 세계대전 이후 최악의 불황을 맞이했다. 세계은행은 2020년 전 세계 성장률이 -5.2% 급락할 것으로 전망했다. OECD도 -4.5%라는 경험하지 못했던 성장률을 예상했다. OECD 등 주요 국제기구 전망은 여기서 한 발 더 나아가 코로나19 백신 보급에도 전 세계적으로 코로나19가 조기에 진정되지 못할 경우 2021년의 회복 역시 쉽지 않을 것이라고 경고했다.

회복의 길은
여전히 멀고도 요원하다

이처럼 경험하지 못했던 경제를 경험하고 있지만 회복의 길도 순탄치 않을 공산이 높다. 성공적으로 코로나19 백신 보급이 이루어지더라도 전 세계 경제가 코로나19 이전 수준을 회복하는 데 최소 1~2년 정도의 시간이 필요할 전망이다. 세계은행과 OECD 모두 2021년 전 세계 경제가 강한 반등을 할 것으로 예상하고 있지만, 2020년 받았던 경제적 충격을 충분히 상쇄하기는 힘들 것으로 전망하고 있다.

전 세계 중앙은행이라 할 수 있는 미국 연방준비제도 역시 2022년까지 미국 GDP 수준이 코로나19 발생 직전인 2019년 수준을 회복하지 못할 것으로 예상했으며, 실업률 역시 2022년까지 코로나19 이전 수준까지 정상화되지 못할 것이라는 다소 암울한 전망을 내놓고 있다.

국제항공운송협회는 더욱 우울한 정상화 전망을 하고 있다. 항공 수요가 2025년까지 코로나19 이전 수준을 회복하지 못할 것으로 예상했기 때문이다. 이는 코로나19로 인해 자유로운 해외여행을 할 수 없음을 의미한다.

현 세대는 여태껏 경험하지 못했던 대공황 수준의 충격을 경험했고, 이제는 아직 가보지 못한 또 다른 험난한 회복의 길을 가야만 한다. 무엇보다 코로나19 백신 보급에도 불구하고 코로나19 완전 종식까지 오랜 시간이 소요되고 예상치 못한 백신 부작용 혹은 또 다른 바이러스 확산 시 세계 경제는 팬데믹에 이어 엔데믹(Endemic: 특정 지역의 주민들 사이에서 주기적으로 발생하는 풍토병) 공포에 지속적으로 노출되는 피로감에 갇혀 살 공산이 높다.

한 번도 경험하지 못한
변화는 시작되었다

코로나19 이전 이미 시작된 4차 산업혁명을 중심으로 한 변화의 물결은
사회·경제 패러다임 변화를 더욱 가속화시킬 전망이다.

코로나19는 경험하지 못한 사회 및 경험하지 못한 경제적 충격을 주
는 것과 동시에 경험하지 못한 변화의 촉매제도 되고 있다. 소위 코
로나19가 세상을 변화시킬 수 있는 게임 체인저 역할을 하고 있다.

　이미 10년의 세월이 흘렀지만 글로벌 금융위기를 거치면서 글
로벌 경제는 저성장, 고부채 및 고실업률로 대변되는 '뉴 노멀(New
Normal)'이라는 새로운 경제 패턴을 유지해왔다. 이런 와중에 코로나
19는 또다시 글로벌 경제를 '넥스트(Next) 뉴 노멀' 국면으로 진입시
키고 있다. '넥스트 뉴 노멀' 국면은 '뉴 노멀'과는 또 다른 특성을 가
질 것이다.

넥스트 뉴 노멀은
어떤 개념인가?

가장 큰 차이점은 변화 혹은 혁신일 것으로 예상된다. 글로벌 금융위기 이후 전개된 뉴 노멀은 미국과 중국을 중심으로 한 투자과잉 현상을 해소하기 위한 저성장과 부채축소 국면이라고 평가할 수 있는 반면, 코로나19가 촉발하는 넥스트 뉴 노멀은 생활패턴의 급격한 변화와 함께 경제적으로는 수요와 공급 사슬의 획기적 변화를 촉발시킬 공산이 높다.

이러한 변화에는 긍정적인 부분도 있겠지만 사회·경제적으로 엄청난 부정적 영향도 있을 것이다. 일례로 경제활동 대중단으로 생계가 위협받자 각국은 서둘러 가계에 현금을 대폭 지원했다. 우리나라에서도 긴급재난지원금을 전 국민에게 지급했다. 현금지원이 단발성에 그치면 다행이겠지만 가계의 현금 지원이 지속될 여지도 있다. 코로나19로 인한 심각한 경제활동 제약이 지속된다면 일각에서 제기되고 있는 전 국민 기본소득제도가 현실화될 가능성도 배제할 수 없기 때문이다. 그리고 가계와 기업의 생계 및 생존의 문제는 궁극적으로 부채 증가로 이어질 것이고, 이 부채 리스크를 막기 위해 정부는 또다시 부채를 동원하는 정책을 추진할 것이다. 부채의 악순환이 코로나19로 증폭되고 있다.

더욱 큰 문제는 의식과 생활의 변화이다. 비대면 및 디지털 중심의 생활패턴 변화는 공동체 문화를 약화시키는 동시에 개인주의 성향을 심화시킬 것이다. 인간은 사회적 동물이지만 코로나19로 촉발된 디지털 사회는 인간의 사회적 동물의 습성을 약화시키고 있다. 또한 조지 오웰의 소설『1984』나 각종 SF 영화에서 보았던 빅브라더가 점차 현실화되는 현상은 전율마저 느끼게 한다. 빈익빈 부익부 현상의 심화도 달가운 현상은 아니다.

글로벌 금융위기를 거치면서 빈부격차가 더욱 확대되어 왔지만 플랫폼 경제를 중심으로 한 디지털 경제는 근로자의 입지를 갈수록 약화시키고 있다. 로봇이 중심이 된 스마트팩토리는 바이러스 감염의 공포에서 벗어나는 수단이지만 한편으로는 노동시장의 축소를 의미한다. 정말 정부가 매달 지급하는 기본소득만으로 살아가야 하는 시대가 올 수도 있을 것이다.

사회·경제 패러다임의 변화는
앞으로도 지속될 것이다

코로나19로 인한 급격한 일상생활 패턴의 변화는 사회 및 경제 그리고 산업 패러다임의 변화로 이어질 것이다. 여기에 코로나19 이전에 이미 시작된 4차 산업혁명을 중심으로 한 변화의 물결은 사회·경제 패러다임 변화를 더욱 가속화시킬 것이다.

코로나19 이후 우리의 일상생활을 한번 되짚어보면 비대면, 언택트 활동이 급증했음을 체감할 수 있다. 학생들을 중심으로 한 온라인 수업, 직장인들의 재택근무 확산, 온라인 구매 및 배달문화 보편화, 집콕 문화생활 증가, 무관중 스포츠 게임 등 어느 정도 예상은 했지만 비대면 경제 혹은 플랫폼 경제가 우리의 일상생활 깊숙이 파고들고 있다. 플랫폼 경제의 대표 주자는 FAANG 기업이라고 할 수 있지만 FAANG 이외 코로나19 이후 세상을 대변할 차세대 기업들 역시 빠르게 출현하고 있다.

〈월스트리트저널(WSJ)〉은 코로나19 이후 거대한 사회 및 경제적 변화가 올 것을 예고했다. 4차 산업혁명 등으로 이미 글로벌 사회 및 경제는 패러다임의 전환 압박을 받아왔지만 기존 패러다임의 완강한 저항에 직면해 있었다. 그러나 이러한 완강한 저항마저 코로나19로

■ WSJ이 예상한 '코로나19 이후 거대한 변화 11가지'

1. 강해지는 반세계화 흐름: 글로벌 공급망(Supply Chain) 리스크
2. 제로금리 및 거대 부채 시대 도래
3. 원격 교육과 재택근무 확산
4. 각광받는 소셜 네트워크 서비스
5. 디지털 인프라 투자 확대: 5G 투자 확대, 중국의 신인프라 투자 정책
6. 생명공학 혁명 가속화
7. 원격의료 본격 부상
8. 중앙정부 역할 확대
9. MICE 산업 변화: 기업 회의(Meeting), 포상 관광(Incentives), 컨벤션 (Convention), 전시(Exhibition) 산업 생태계 위협. 위기 극복을 위해 미팅 등에 테크놀로지가 확산될 가능성이 높음
10. 대규모 관중이 모이는 공연·예술·스포츠 변화
11. 여행 및 음식 문화 변화

자료: WSJ, 한경 비즈니스(2020년 4월 14일 기사)

무너지기 시작하면서 새로운 사회·경제 패러다임을 자연스럽게 수용하는 분위기가 확산 중이다.

주역의 한 구절을 인용하면 "위기를 극복하기 위해 변화한다"라는 말이 있다. 코로나19발 팬데믹, 더 나아가 엔데믹 상황은 글로벌 경제와 사회에 위기인 동시에 변화의 본격적 시작이다.

窮卽變, 變卽通, 通卽久 (궁즉변, 변즉통, 통즉구)

궁하면 변하라. 변하면 통하리라. 통하면 영원하리라

코로나19 이후 변화에
주식시장은 이미 반응하고 있다

주식시장에서 '만스닥', '천슬라' 등 새로운 신조어의 등장은
포스트 코로나19 이후 변화의 흐름을 대변하고 있다.

'만스닥' '천슬라'는 최근 주식시장에 새롭게 등장한 단어이다. 만스닥은 2020년 6월 10일 종가 기준 미국 나스닥 지수가 10,020포인트로 1971년 출범 이후 49년 만에 '1만 포인트 고지'를 넘어선 것을, 천슬라는 전기차를 주도하고 있는 테슬라 주가가 주당 1천 달러를 상회한 것을 빗대어 부르는 단어이다.

팬데믹으로 인한 대공황급 경제 충격에도 미국 기술주를 대표하는 나스닥 주가가 1만 포인트를 넘어 사상 최고치를 경신하는 현상을 보고 일부에서는 "2000년 닷컴 버블과 유사하다"고 경고하는 목소리도 있다. 코로나19발 경제적 충격을 막기 위한 미 연준의 유례없

는 막대한 유동성 공급이 주식시장의 버블을 키우고 있다는 것이다. 일견 타당한 주장이다.

그러나 버블 여부를 떠나 우리가 주목해야 할 것은 미국 주식시장을 대표하는 다우지수와 달리 기술주 중심의 나스닥 지수가 사상 최고치를 경신했다는 점이다. 나스닥 랠리는 소위 FAANG 혹은 MAGA로 지칭되는 마이크로소프트(MS), 아마존, 구글, 애플 등이 주도하고 있다.

플랫폼 기업과 IT 관련 기업이
대세가 되다

이들 기업들의 특징은 코로나19로 타격을 받기보다 오히려 수혜를 입고 있는 플랫폼 경제 관련 기업이거나 디지털 경제를 주도하고 있는 기업들이라는 것이다. 정말 '미국을 다시 위대하게(MAGA: Make America Great Again)' 만들고 있는 기업들이다.

일론 머스크가 이끄는 테슬라 역시 포스트 코로나 시대의 변화를 상징하는 기업으로 평가할 수 있다. 친환경 전기차인 동시에 궁극적으로 자율주행차 시대를 주도하고 있는 테슬라는 미래기술을 대표하기 때문이다.

국내 역시 비슷한 추세를 보이고 있다. 플랫폼 기업과 IT 관련 기업들이 시가총액 10위권을 대부분 차지하고 있다. 반도체 업체인 삼성전자와 SK하이닉스, 배터리 생산업체인 LG화학과 삼성SDI, 플랫폼 업체인 네이버와 카카오, 바이오 업체인 삼성바이오로직스와 셀트리온 등 시가총액 상위 업체는 포스트 코로나 시대를 이끌 것으로 예상되는 기업들이다.

흥미로운 것은 나스닥 지수가 1만 포인트를 상회하고 있지만 나스닥 지수, 즉 기술 발전이 그 동안 순탄한 길만 걸어온 것은 아니라는 점이다. 나스닥 지수가 2000년 3월 10일 5,048.62 고점을 다시 회복하는 데는 약 15년의 세월이 필요했다. 그 기간 동안 많은 기업들이 소멸되었고, 많은 기업들이 새롭게 탄생했다. 중요한 점은 기술 진보가 꾸준히 지속되어왔고 그 가운데 생존한 기업들이 주목받고 있다는 것이다.

인터넷 사이클을 보면, 1982~1990년대 초반까지 음성 서비스만 지원되는 아날로그 1G 시대를 시작으로 1990년대 월드와이드웹(WWW: World Wide Web)을 통한 인터넷 대중화 시대를 거쳐 2000년~2010년대 3G 및 4G 시대를 지나 5G 시대에 이르고 있다. 단순히 인터넷에서 정보만을 검색하던 시대에서 스마트폰과 인공지능(AI) 및 사물인터넷(IOT)이 결합을 통해 마치 무엇이든 할 수 있는 듯한 시대가 도래하고 있는 것이다.

어찌 보면 약 30년, 즉 한 세대 만에 정보통신기술은 인류의 생활 생태계를 아날로그에서 디지털 생태계로 바꿔놓았다. 그리고 기술의 발전은 여전히 진행형이다. 나스닥 지수의 일시적인 조정 우려에도 불구하고 기술 발전이 지속된다면 나스닥 지수의 추세적 상승 흐름은 유지될 것으로 예상된다.

두 가지 사례로
기술의 중요성을 배우자

기술의 중요성 및 산업 패러다임의 변화와 관련해 재미있는 두 가지 사례를 들고자 한다.

첫 번째 이야기는 대영제국을 지탱해준 기술력이다. 영국이 1차 산업혁명 이후 1차 세계대전 이전까지 전 세계 패권을 잡을 수 있었던 원동력 중 빼놓을 수 없는 것이 전신이다. 현재와 같이 전화 및 인터넷이 발전하기 이전까지 주요 통신수단이자 정보의 통로는 전신이었다. 영국은 전 세계 전신망을 대부분 부설함으로써 정보의 집결지가 된 동시에 막대한 경제적 이익을 챙겼다.

영국은 마치 지금의 중국과 같이 1700~1900년까지 세계의 공장 역할을 담당했지만 무역수지는 대부분 적자를 기록했다. 여기서 눈여겨볼 부분은 서비스 수지 등 무역외 수지가 흑자를 기록했다는 점이다. 19세기 후반 이후 해운업과 보험 수입 그리고 서비스 수입이 크게 증가했다. 대영제국 당시 무역외 수지가 큰 폭의 흑자를 기록할 수 있었던 것은 해운업과 보험산업의 발달도 있었지만 전신망을 영국이 지배하고 있었기 때문이다. 국제무역결제는 대부분 한 장소에 집중될 수밖에 없었고, 영국은 전 세계 전신망을 통해 자연스럽게 이 역할을 하는 중심지가 된 것이다.

현재 미국이 정보와 달러 결제망을 통해 패권국 지위를 향유하고 있듯이, 당시 영국 주도의 전신망 구축은 대영제국을 단순히 상업 혹은 해운국가가 아닌 그 이상의 정보국가 역할을 하게 함으로써 전 세계 패권국 지위를 장기간 유지할 수 있게 한 원동력으로 작용했다. 참고로 영국은 1851년 도버 해협에 해저 케이블을 매설한 이후 1853년 영국과 유럽대륙(벨기에, 네덜란드, 독일) 간 해저 케이블은 물론 유럽국가 간 케이블을 매설했다. 수 차례 실패를 거듭했지만 1866년에는 대서양 횡단 해저 케이블을 연결하는 등 전 세계 전신망을 구축한 바 있다.

두 번째 산업 패러다임 변화와 관련해 우리나라 프로야구의 사례를 들고자 한다. 1982년 시작된 국내 프로야구 구단의 변천 흐름을 보면 산업 패러다임의 변화를 한 눈에 읽을 수 있다. 6개 구단으로 출범한 프로야구 리그는 현재 10개 구단 체제를 유지하고 있다.

초창기 프로야구 구단을 보유한 기업을 보면 소비재 관련 기업들이 큰 비중을 차지했고, 이후 신생 구단이 창단 혹은 기존 구단을 인

■ 프로야구 변천사로 본 국내 주력산업 변화

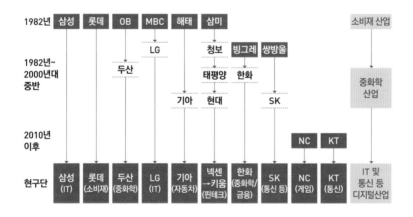

자료: 각종 자료 참조

수하는 과정에서 프로야구 모기업들의 산업 지도는 중화학 산업으로 이동했다. 대표적으로 한화, 현대가 그러했고, 두산 역시 OB에서 명칭만 바뀌었지만 그룹이 소비재에서 중화학 그룹으로 변모했다.

2000년대 중후반을 거치면서 다시 한 번 프로야구 모기업의 색채가 변모하게 된다. 게임·통신 및 핀테크 기업 비중이 높아졌고, 기존 구단인 삼성·LG 역시 IT 중심 기업으로 변화되고 있다. 즉 프로야구의 변천사에서 국내 산업의 중심축이 소비재에서 중화학 산업으로 이동한 이후 다시 IT 등 디지털 경제로 전환되고 있음을 확인할 수 있다.

○●○

TECHN

2부

코로나19 이후 경제와 사회는
어떻게 변하고 있나?

코로나19 이후
생활 속 변화

언택트의 일상화는 각종 일상생활 속 변화를 가속화시키고 있는데,
코로나19 이전의 생활 패턴으로 쉽게 돌아가지 못할 수 있다.

코로나19로 인한 이동제한은 집콕 생활을 불러와 소비 사이클에 큰
악영향을 미쳤다. 대표적으로 1차 팬데믹 국면에서 영화관·백화점
등의 매출이 거의 전무했고, 미국 2020년 4월 개인소비지출이 한 달
전보다 13.6% 급감했다. 이는 미국 정부가 소비지출 통계 기록을 시
작한 1958년 이후 기록한 최대 감소 폭이다. 코로나19가 소비경제인
미국마저 얼어붙게 한 것이다.

한편 소비 경기 추락과 함께 눈에 띄는 현상은 소비 패턴 및 소비
트렌드의 급격한 변화이다. 소비와 관련해 가장 중요한 변화는 소비
자 행동 및 소비가 발생하는 접점의 변화이다. 코로나19로 소비자들

은 직접 매장을 찾아가 소비하기보다 웹사이트 혹은 앱을 통한 구매에 적극적으로 나섰다.

■ 코로나19 이후 소비자 행동 변화에 따른 미국 소비시장 구조 변화

		단가수요 증가 (Work For Now)			수요이동 가속 (Accelerated Shifts)		
		분야	이용 증가율	지속 이용	분야	이용 증가율	지속 이용
코로나19 확산 이후 소비 증가세	높음	원격수업: 자녀	121%	34%	원격진료: 외과	193%	45%
		원격진료: 정신과	105%	44%	화상회의: 업무	66%	45%
		상점 커브사이드 픽업	97%	40%	온라인 식품 배달	53%	49%
		식당 커브사이드 픽업	82%	33%	원격수업: 본인	49%	51%
		화상채팅: 개인	54%	44%	온라인 피트니스	45%	62%
					틱톡	40%	54%
					온라인구매-매장 픽업	40%	57%
	낮음	식당 음식 배달	28%	39%	수요지속 (Potentially here to stay)		
					웰니스 앱	51%	78%
					디지털 운동기구	28%	66%
					밀키트	25%	59%
					e-스포츠 시청	20%	57%
					온라인 게임	10%	47%
					식당 드라이브 스루	8%	53%
					매장 셀프 계산대 이용	7%	76%
					온라인 스트리밍	6%	60%
					야외활동	6%	92%
		낮음			높음		
		코로나19 이후 지속 이용 의사					

자료: McKinsey 및 KOTRA, 코로나19가 바꾼 미국 소비 트렌드 재인용

코로나19로 인한 소비 패턴의 변화, 언택트 소비

짧은 기간이지만 2020년 2분기 미국 온라인 쇼핑 거래액은 2,115억 달러로 무려 전년동기 대비 44.5% 성장했고, 온라인 쇼핑액이 전체 소매판매액에서 차지하는 비중은 2020년 2분기 16.1%로 1분기 11.8%에 비해 급상승했다. 코로나19가 미국인들의 소비 패턴을 급격히 변화시킨 것이다.

물론 코로나19가 진정된다면 일부 소비자는 오프라인 매장을 다시 찾겠지만, 편리함을 경험한 소비자 행동이 쉽게 변화하지는 않을 것으로 보인다. 맥킨지가 18세 이상 성인을 대상으로 한 설문조사에 따르면 코로나19 이후에도 비대면을 통한 각종 소비 활동을 지속하겠다는 의사를 표시한 비율은 무려 50~80%에 이르고 있다. 이는 소비자들이 코로나19로 인한 디지털 소비 라이프에 이미 친숙해졌음을 뒷받침한다.

인구 구조 역시 언택트 혹은 비대면 소비로의 전환을 부채질하고 있다. 한국인터넷진흥원에서 발표한 세대별 온라인 쇼핑 이용률을 보면 70대 이용률은 11.2% 수준이지만 20대, 30대, 40대 이용률은 각각 96.4%, 91.3% 및 71.4%를 차지하고 있다. 장래 주력 소비 계층으로 부상할 세대가 온라인 등 비대면 소비에 익숙하다는 것은 소비 패턴의 급격한 변화를 예고한다.

이와 관련해 또 하나 주목되는 통계는 미국 내 오프라인 매장의 폐점 수이다. 투자은행인 UBS는 2025년까지 약 10만 개의 오프라인 매장이 사라질 것으로 추정했다. 업종별 폐점 비율을 구체적으로 보면 2019년 대비 폐점 비율이 1% 수준에 그칠 자동차 부품 매장도 있지만 문구 및 사무용품 매장은 무려 50%가 없어질 것으로 예상되고 있다. 그리고 대부분의 업종에서 약 20% 수준의 오프라인 매장이 폐점될 것으로 내다봤다.

실제로 코로나19 직격탄을 맞은 미국 내 대형 유통업체가 도산하면서 유통 역사가 무너지고 있다. '가성비 좋은 백화점으로 미국인들에게 118년 동안 대(代)를 이어 쇼핑에 관한 많은 추억을 선사했던 J.C.페니(Penney)가 쓰러졌다. J.C.페니는 1902년 설립된 미국 백화점 체인으로 2000년 초까지 메이시스, 시어스와 함께 풍요로운 미국 소비문화의 상징적 아이콘이었던 유통회사였다. 또한 아마존 등 이커머스 업체의 공세로 대형 소매업체의 파산도 줄을 잇고 있다. 2020년 들어 미국 소매업체 파산 건수는 이미 29건에 이르고 있다. 이는 2019년 전체 건수인 32건에 육박하는 수치이다.

대형 오프라인 업체의 파산은 비단 미국만의 현상은 아니다. 141년 역사의 독일 카우프호프도와 1778년에 런던 웨스트엔드(West End, London)에 값비싼 모직을 팔면서 시작된 데버넘스 역시 2019년 4월 9일 자로 법정관리에 들어갔다. 데버넘스는 영국 내 최다 백화점 체인망을 보유한 기업으로 한때 166곳의 지점을 보유했다. 100년의 유구한 전통도 코로나19와 거대한 소비 패턴 변화의 파도를 넘지 못하고 좌초되고 있다.

언택트 혹은 비대면 소비가 보편적 소비 형태가 될 것으로 예상하는 또 다른 이유는 저비용으로 맞춤형 소비를 할 수 있다는 장점 때문이다. 언택트 소비는 유통상을 거치지 않는 직접 구매 형태라는 점에서 기존 오프라인을 통해 구매하는 것보다 상대적으로 저렴하게 제품을 구매할 수 있다.

또한 오프라인 매장은 대중적 소비에 맞춘 제품 라인업을 갖출 수밖에 없어 개별 소비자의 선호를 100% 충족시킬 수 없는 반면, 언택트 소비는 각종 사이트에서 자신이 원하는 제품을 직접 구매할 수 있다. 이와 관련해 D2C(Direct-to-Consumer) 브랜드가 각광을 받기 시작하고 있다. 중간 유통상 없이 온라인을 통해 소비자에게 제품을 직접 판매하는 D2C 브랜드는 독특한 개성과 가치를 지닌 데다가 소셜미디어 등을 통해 소비자와 직접 소통함으로써 소비자의 선호를 맞추어가고 있다. 소비자가 대중적 소비 트렌드가 아닌 개별 특성에 따른 맞춤형 소비를 하는 시대가 도래한 것이다.

'아마존 효과'는 이제는 친숙한 용어이다. 아마존 효과는 세계 최대의 유통기업인 아마존이 사업을 계속 확장하고, 그 분야에서도 승승장구하면서 오프라인 시장이 빠른 속도로 위축되는 현상을 지칭하는 말이다. 또 다른 의미로 아마존 효과는 오프라인의 수요와 공급사슬을 온라인을 통해 획기적으로 연결하는 서비스를 의미하기도 한다. 동시에 아마존 효과는 플랫폼 비즈니스 및 경제 효과를 상징하기도 한다.

이미 거역할 수 없는 시대의 흐름이 되었지만 포스트 코로나 시대의 소비자 행태는 더욱 빠르게 언택트 소비 중심으로 변화할 것이다. 이는 유통 구조의 변화는 물론 플랫폼 경제의 활성화를 더욱 촉진시킬 것이다.

사회적 거리두기가 불러온
비대면 사회활동 증가

'재택근무 확산으로 남성복 제조사들이 벼랑 끝으로 내몰리고 있다.' 코로나19 확산 이후 나온 신문기사 내용이다. '미 대통령의 신사복'이라 불리며 200년 역사를 가진 유명 정장복 의류업체인 브룩스 브라더스가 파산위기에 몰리고 있다고 한다.

이동제한으로 의류 소비가 감소한 것이 일단 큰 요인이지만 재택근무의 확산도 정장복 판매 감소의 또 다른 요인으로 작용하고 있다. 포스트 코로나 시대의 변화를 단적으로 보여주는 사례이다.

사회적 거리두기, 즉 사람과 사람 간 직접적 접촉을 피하고 비대면이 일상화된 것은 코로나19가 바꾸어놓은 가장 큰 사회적 변화이다. 비대면 현상 역시 코로나19가 진정된다면 어느 정도는 완화될 것이 분명하다. 여전히 스크린이나 화면을 보고 얘기하는 것보다 직접적 만남을 통한 대화가 필요한 부문이 많기 때문이다. 그러나 이전처럼 굳이 이동할 필요 없이 화상을 통해 회의, 교육 및 진료를 받는 편리함을 경험한 상황에서 비대면 접촉은 포스트 코로나 시대에 우리의 일상생활로 상당 부분 자리 잡을 것이 분명하다.

이러한 분위기는 이미 주가에도 반영되고 있다. 보안 문제가 지적되고 있지만 화상회의 플랫폼인 줌(Zoom)의 주가는 코로나19를 기점으로 급등 추세를 이어가고 있다. 이동제한의 영향으로 항공사 주가가 급락한 현상과는 대조적이라 할 수 있다.

비대면 사회의 일반화는 사회 곳곳에서 나타나고 있다. 무관중 스

■ 줌(Zoom)과 주요 항공사의 시가총액 비교

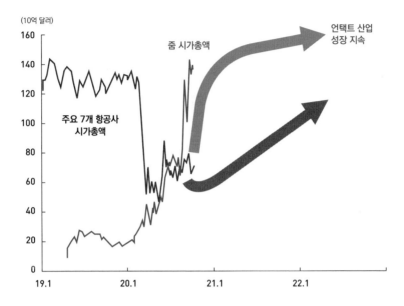

(10억 달러)

자료: 하이투자증권

포츠 경기에 이어 기존에는 일부 햄버거 및 커피 전문점에 국한되었던 드라이브 스루가 코로나19를 계기로 대중화될 수 있음은 또 다른 비대면 사회의 일례라 할 수 있다.

비대면 사회는 중장기적으로 각종 생활 패턴에 큰 영향을 미칠 것이 분명하다. 아직 자리를 잡지는 못했지만 온라인 수업, 재택근무, 온라인 입사시험 등은 새로운 학습 및 근무 패턴을 확산시킬 수 있다.

소위 시간과 장소에 얽매이지 않고 언제 어디서나 일할 수 있는 체제(재택근무 + 모바일근무 + 스마트워크센터), 즉 스마트워크 체제도 시간은 걸리겠지만 보편화될 것이다. 여기서 한 걸음 더 나아가 스마트시티 논의도 활발해질 것이다.

구체적으로 재택근무의 추세를 살펴보면 재택근무는 코로나19 발생 이전부터 확산 추세였다. 2005년~2015년 사이 출퇴근 변화 중 가장 두드러진 증가를 보인 것은 재택근무이다.

IT 기술의 발전과 개인주의 성향은 재택근무의 활성화로 나타나고 있다. 더욱이 재택근무는 IT 기술의 발전과 더불어 더욱 진화할 공산이 높다. 국내 통신회사인 SKT는 집에서 10~20분 거리의 사무실로 출근할 수 있는 '거점 오피스'를 확대할 계획이라고 발표했다. 출퇴근에 들이는 시간을 아끼는 재택근무의 장점과 업무 집중도를 높이고 다른 직원과 소통할 수 있는 사무실의 장점을 융합한다는 내용이다.

코로나19 상황이 진정되면 사회적 거리두기 및 생활속 거리두기는 완화될 것이다. 하지만 IT 기술 발전에 따른 비대면의 활성화는 효율성 측면에서 더욱 보편화된 생활 습관이 될 것이다.

온라인 혹은 언택트 소비로 인한
물류 산업 성장

우리 생활에서 택배는 떼놓을 수 없는 일상이 되었지만 온라인 혹은 언택트 소비의 급증은 택배 등 물류 산업의 비약적 성장으로 이어질 수밖에 없다. 광의의 의미에서 각종 배달 서비스의 발달도 또 다른 물류 산업의 성장으로 평가할 수 있다.

긍정적 측면에서 코로나19는 물류 산업을 한 단계 더 성장시키는 동시에 물류 산업과 관련된 기술 발전의 필요성을 더욱 요구하게 되었다. 즉 주문을 받는 콜센터의 업무를 시작으로 유통 및 배달까지 전 부문에 걸친 자동화 필요성이 높아진 것이다. 물론 로봇 혹은 자율주행차를 통한 무인배달까지는 아직 상당한 시간이 요구되겠지만 언택트 산업의 급격한 성장은 물류 산업의 동반 성장과 함께 새로운 배달 수단의 필요성을 한층 높일 공산이 높다.

월마트의 2020년 1분기(2~4월) 실적을 보면 이커머스 부문 매출이 전년동기 대비 74% 급증했다. 이동제한에도 불구하고 동사의 이커머스 실적이 호조를 보인 이유는 온라인 주문 증가와 더불어 택배 서비스 강화를 들 수 있다. 월마트의 경우 2020년 4월 중순 주요 생필품을 대상으로 2시간 이내 배송 서비스를 실시 중이며, 고객이 인터넷 주문 이후 매장에서 주문 상품을 찾아가는 서비스를 제공하는 매장도 미국 내 1천 곳으로 확대했다.

언택트 수요에 맞춘 물류의 변화가 기업 매출 확대로 이어지고 있다. 월마트뿐만 아니라 아마존 주가가 다른 물류 업체인 페덱스(Fedex) 주가와 다른 행보를 보이는 이유 중 하나는 아마존이 수요와 물류가 결합된 플랫폼이기 때문으로 해석된다.

포스트 코로나 시대에 언택트 소비와 물류 산업이 동반 성장할 가능성은 높지만, 애석하게도 고용 측면에서는 중장기 물류 산업의 전망은 그다지 밝지 않다. 조사기관마다 다소의 차이는 있지만 운송 분야 관련 직업(택배기사, 화물운송원, 우편배달원 등)이 사라질 직업의 1순

위로 지목되고 있다. 아무래도 기술 발전과 더불어 자율주행과 로봇
이 사람을 대체할 것으로 보이기 때문이다.

플랫폼 경제 활성화로 인한
긱 경제 부상

경제 패러다임 변화와 관련해 '긱 경제(Gig Economy)', 즉 플랫폼
경제 활성화를 빼놓을 수 없다. 긱 경제란 특정한 프로젝트 또는 기
간이 정해진 단위 업무를 수행하기 위해 노동력이 유연하게 공급되
는 경제 환경을 의미한다. 대표적으로 우버(Uber)와 같은 운송 서비
스, 배달 등 단순 직무에서 법률, 회계 등 전문 서비스까지 다양한 분
야의 노동 서비스가 디지털 플랫폼을 통해 공급되는 구조이다.

■ 플랫폼을 기반으로 하는 긱 경제

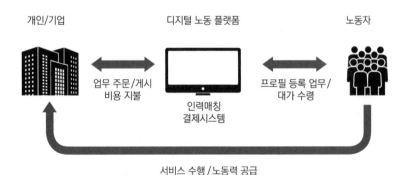

자료: 한국은행

긱 경제는 스마트폰 보급 확산 및 디지털 경제의 성장과 더불어 코로나19 이전부터 주목받아왔지만 새로운 노동 플랫폼이라는 측면에서도 이목이 집중되고 있다. 긱 경제 역시 코로나19로 인해 큰 타격을 받은 것이 사실이다. 그러나 긱 경제 관련 기업들의 주가가 최근 빠르게 회복되고 있는 중이다.

긱 경제의 확산이 노동시장 측면에서 꼭 긍정적인 것은 아니다. 고용의 질이 떨어질 뿐만 아니라 소득 안정성 측면에서 보면 고용자가 불리한 측면이 있다. 긱 경제 종사자의 경우 대부분 독립 계약자 또는 개인사업자인데, 그들은 사실상 임시직 혹은 시간제 근로자 성격을 지니고 있기 때문이다.

그럼에도 불구하고 디지털 경제의 성장, 특히 플랫폼 중심 비즈니스 모델의 발전으로 긱 경제가 전체 경제에서 차지하는 비중은 지속적으로 확대될 수밖에 없다. 특히 코로나19를 거치면서 언택트 및 비대면 수요의 증가는 긱 경제가 더욱 성장하게 만드는 기폭제 역할을 할 공산이 높다.

비현금 결제의 확대로 인한
캐시리스 경제

언택트 소비, 즉 온라인상 소비 확대에 따라 현금 결제가 아닌 신용카드 등 비현금(Cashless) 결제가 확대되는 것은 불가피하다. 소위 '현금 사용이 줄어드는 경제구조'로 빠르게 전환될 것이다. 최근 몇 년간 급속히 보급되고 있는 국내 지역화폐 역시 이번 정부와 지방정부의 긴급재난지원금 제공 등에 따라 새로운 결제수단으로 보편화되는 분위기이다.

비트코인 가격이 재차 2만 달러 선에서 등락하는 현상 역시 유동성 효과뿐 아니라 포스트 코로나 시대의 경제구조 변화를 선반영하고 있는 것으로 판단된다. 특히 각국 중앙은행은 디지털 경제를 대비하기 위해 중앙은행의 디지털화폐(CBDC) 발행 준비를 본격화하고 있는 실정이다.

대표적인 국가가 중국이다. 중국은 빠른 시일 내에 디지털화폐를 시범 도입할 예정이며, 2022년 베이징 동계올림픽에 맞춰 '국가 공인 디지털 위안화'를 출범할 계획인 것으로 알려지고 있다.

만약 중국이 중앙은행 디지털화폐를 도입할 경우 각국 중앙은행의 디지털화폐 도입 경쟁은 더욱 격화될 수밖에 없다. 이는 캐시리스 경제를 더욱 활성화시키는 촉매제 역할을 할 것이다.

생활 속 변화가 몰고온
경제적 파장

코로나19로 예상되었던 변화들이 아직까지는 짧은 기간이지만 상당 부분 현실화되고 있고, 앞으로도 추세화될 가능성이 높다. 포스트 코로나 시대는 경제적·사회적 측면뿐만 아니라 생활 측면에서도 큰 변화를 유발시킬 것이다. "코로나19 이전 상황으로 다시는 돌아가지 못할 수 있다"는 말은 단순히 경제 수준이 이전 코로나19 수준으로 복귀하지 못하는 것이 아니라 이전과 같은 생활 패턴으로 쉽게 돌아가지 못할 수 있음을 의미한다.

생활 속 변화가 몰고 올 시사점을 요약하면 다음과 같다.

첫째, 생활 패턴의 구조적 변화가 더욱 획기적으로 이루어질 것이다. 코로나19로 인한 언택트 및 비대면 등 일상생활의 변화는 단발성이 아닌 삶 혹은 생활 패턴의 구조적 변화로 이어질 것으로 기대된다. 재택, 화상회의, 드라이브 스루, 더 나아가 원격진료 등 비대면 사회가 본격화될 여지가 크다. 어찌 보면 '생활 속 변화'가 코로나19가 초래할 가장 큰 영향이 아닐까 싶다.

둘째, 고용 없는 회복 현상의 심화이다. 2000년대 초반 IT 버블 붕괴 이후 고용시장 내 화두 중 하나가 고용 없는 회복이었다. 경기가 회복해도 신규 일자리 창출이 이전처럼 발생하지 않는 구조적 변화가 시작된 것이다. 물론 2000년대 중후반의 중국 투자 붐 영향으로 고용 없는 회복 논쟁은 다소 퇴색되었지만 포스트 코로나 시대에는 고용 없는 회복 추세가 더욱 심화될 공산이 높다.

코로나19 이전 경제 수준으로 정상화되기까지는 최소 1~2년 이상의 시간이 소요될 것이고, 이는 고용시장의 회복을 지연시킬 것이다. 언택트 및 비대면 사회의 가속화와 더불어 자동화, 특히 로봇 및 자율주행차 시대의 도래가 임박하고 있음은 고용시장에는 더욱 부담스러운 현상이다.

셋째, 소득 불균형과 산업 간 차별화 현상 심화이다. 고용 없는 회복은 포스트 코로나 시대의 소득 불균형 현상을 심화시킬 것이다. 또한 빈익빈 부익부 현상이 더욱 두드러질 것이다. 이미 글로벌 금융위기를 거치면서 소득 불균형 정도가 악화된 상황에서 경제 정상화 지연 혹은 고용 없는 회복 현상은 당연히 소득 불균형 심화로 이어질 것이다.

이는 궁극적으로 유효 수요 약화를 초래하면서 일부 산업의 과잉 현상 해소를 지연시킬 것이다. 반면 신수요는 디지털 경제, 특히 서비스 부문으로 집중될 것으로 보여 산업 간 차별화 현상 역시 가속화될 것이다.

넷째, 플랫폼(Platform) 비즈니스의 빠른 성장이다. 디지털 경제가 부상하면서 이미 플랫폼 비즈니스가 각광을 받고 있지만 포스트 코로나 시대의 플랫폼 비즈니스 혹은 경제는 더욱 가파른 성장이 예상된다.

4차 산업혁명과 기존 1~3차 산업혁명의 차이점은 '1) 디지털 혁신, 2) 상품이 아닌 서비스 혁신, 3) 대량 생산체제 혁신이 아닌 맞춤형 생산체제 혁신' 등으로 요약된다. 즉 과거에는 팽창하는 인구 사이클을 기반으로 막대한 유효 수요를 충족시키기 위한 대량 생산체제 구축, 즉 공급 부문의 혁신이 산업혁명의 주축이었지만 현 상황은 공급부족보다 과잉공급과 함께 고령화 등으로 인한 유효 수요가 약화되는 국면이다. 그리고 유효 수요는 대중적 소비보다는 맞춤형 소비를 기반으로, 그리고 상품 소비보다는 디지털 기반의 서비스 수요가 중심을 이루고 있다. 따라서 산업 혁신도 이를 따라갈 수밖에 없다.

또 하나 주목할 현상은 기존 공급망과 수요망 간에는 분명한 구분이 있었지만 최근 언택트 수요 부상으로 공급과 수요, 더 나아가 배송까지 동일 플랫폼에서 이루어고 있다는 것이다. 아담 스미스가 "공급과 수요는 가격이라는 '보이지 않는 손'에 의해 조절된다"고 했지만 포스트 코로나 시대에 보이지 않은 손의 역할은 플랫폼이 담당할 것이다. 코로나19가 촉발시킨 생활 속 변화로 인한 서비스 중심의 수요 확산은 플랫폼 비즈니스 혹은 경제의 전성기를 이끌 것이다.

코로나19 이후
무형경제 시대가 본격화되다

눈으로 확인하는 실물자산보다 눈으로 확인할 수 없는 무형자산들이
각광을 받는 시대가 도래하고 있는 중이다.

코로나19 확산에 따른 언택트 산업의 부상은 글로벌 주식시장에 이
미 보편화되고 있는 무형자산 가치의 중요성을 더욱 높이는 계기로
작용할 공산이 높다.

1970~2000년대와 달리 2010년 이후 미국 주식시장에 나타난 특
징은 무형자산 비중의 급격한 상승과 높은 무형자산 가치를 가지고
있는 기업들이 시가총액 1~5위를 차지하고 있는 현상이다. GE, 액손
모빌, 씨티은행, 월마트 등 전통적 기업 및 금융기관을 대신해 애플,
알파벳 등 무형자산 가치가 높은 기업들이 시총 1~5위를 차지하고
있다.

특히 1980년대까지만 해도 기업들의 무형자산/유형자산 비율이 1배가 되지 않았지만 1990년 이후 무형자산 비중이 급격히 증가했다.

대세는 무형경제,
무형자산의 가치가 각광받는 시대

1995년 2.1배였던 무형자산/유형자산 배율은 2005년 4배, 2018년 5.3배로 급격히 증가했다. 1990년대 인터넷을 중심으로 한 IT 산업 부상 이후 스마트폰과 SNS 등 IT 업종 내 각종 신기술 및 신산업의 부상이 무형자산에 대한 가치 평가를 높여주었기 때문으로 풀이해볼

■ 미국 S&P500 기업의 무형·유형자산 추이와 시가총액 순위 변화

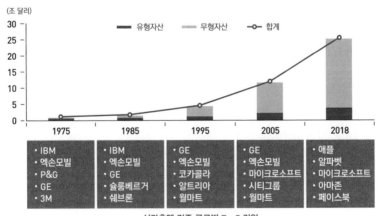

시가총액 기준 글로벌 Top5 기업

자료: VisualCapitalist.com

수 있다.

주목할 것은 글로벌 금융위기 이후 경제 구조 및 기업들의 투자 패턴이 크게 변화되었다는 점이다. 미국 고정투자에서 구조물, 설비투자 및 지식재산생산물 투자 비중을 보면 구조물 투자 비중은 급격히 낮아지는 추세이고, 설비투자는 그나마 비중을 유지하고 있다. 반면 지식재산생산물 투자 비중은 큰 폭으로 증가했다. 특히 2015~2016년을 기점으로 지식재산생산물 투자 비중은 다시 한 번 한 단계 높아졌다. 디지털 경제 부상 등으로 동 투자의 중요성이 한층 높아졌기 때문으로 여겨진다.

관심은 향후 추세인데, 코로나19 이후 각종 언택트 산업이 더욱 활성화될 공산이 높고 이는 무형경제의 성장으로 이어질 것이다. 그리고 높은 무형자산 가치를 보유하고 있는 기업들에 대한 관심은 더욱 높아질 수밖에 없어 이들 기업들이 경제와 주식시장에서 차지하는 비중 역시 더욱 높아질 것이 자명하다.

코로나19 사태 이후에도 FAANG 플러스 주가 지수는 꾸준히 상승했다. FAANG 지수를 구성하는 기업들의 대부분이 유형자산 대비 무형자산 가치 비중이 높은 기업들임은 두말할 필요가 없다. 포스트 코로나 시대에서도 FAANG으로 대변되는 기업들의 경제 및 주식시장 내 주도력이 더욱 높아질 것임을 의미한다. 그리고 FAANG 이후 차세대를 이끌 기업들 역시 무형자산 가치를 높게 평가받는 기업일 것도 분명하다.

무형경제의 성장으로 인해
변화된 생산함수

1990년 이후 글로벌 경제를 상징하는 미국 경제의 성장은 기술, 특히 IT 기술의 발전 그리고 관련 신생 기업의 성장의 역사라 할 수 있다. IT를 기반으로 한 디지털 경제의 성장은 미국 GDP 통계에서도 확인될 수 있다. 2018년 기준 미국 GDP 중 디지털 경제가 차지하는 비중은 9.0%로 약 2조 달러 수준이지만 괄목할 만한 성장 속도를 보여주고 있다.

2006~2018년 동안 미국 경제의 연평균 GDP 성장률은 1.7%였지만 디지털 경제 부문의 연평균 성장률은 6.9%를 기록했다. 2000년대 중반 이후 미국 경제는 디지털 경제 부문이 성장을 주도하고 있다고

■ 무선통신 기술 발달과 나스닥 지수

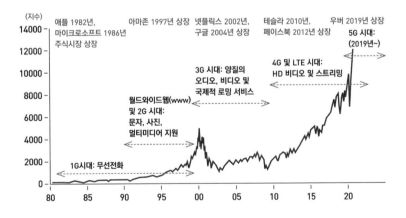

자료: VisualCapitalist.com, 하이투자증권

해도 과언이 아니다.

특히 글로벌 금융위기 이후 4G 시대의 본격화는 미국 디지털 경제 수준을 한 단계 진보시켰음이 분명하다. 참고로 글로벌 금융위기 이후 저성장 기조가 고착되었지만, 디지털 경제 부문은 동 기간 중국 연평균 성장률을 상회하는 괄목할 만한 성장 기조를 유지하고 있다.

가파른 성장세를 유지중인 디지털 경제 혹은 무형경제는 포스트 코로나 시대를 맞이해 또 다른 도약을 준비중이다. 디지털 경제의 추가 도약을 예상하는 이유는 생산과 소비가 동시에 변화하고 있기 때문이다.

우선 무형경제의 성장은 기존 생산함수가 변화되고 있음을 의미한다. 노동, 자본에 의존하던 생산모델은 더 이상 변화되는 경제 패러다임을 충분히 설명하지 못하고 있다. 노동과 자본과 더불어 기술이 생산함수에 더욱 중요한 변수가 되고 있다.

인구 사이클이 폭발적으로 증가하고 소득이 급격히 늘어나던 시기에는 무엇보다 대량소비를 충족시킬 수 있는 대량 생산체제가 필요했다. 이에 기업들은 자본투자를 통해 대규모 생산설비를 갖추고

■ 생산모델의 변화는 글로벌 공급망 재편의 중요 요인

코로나 이전의 생산모델
P(생산) = f[노동(L), 자본(K)]
　　　　　　　　　▶ 유형 자산
포스트 코로나 시대의 생산모델
P(생산) = f[노동(L), 자본(K), 기술(T)]
　　　▶ 자동화/로봇　　▶ 디지털 경제 및 무형자산

고용을 확대하는 것이 유리했다. 즉 유형자산이 각광받던 시대라 할수 있다. 이는 2000년~2010년 초반까지 중국 경제의 성장 모델이 되었다.

그러나 4차 산업혁명 사이클 확산과 코로나19는 생산함수, 즉 생산모델의 변화를 가속화시키고 있다. 무엇보다 생산활동에 있어 기술의 중요성이 더욱 강조되고 있다. 그리고 기술은 무형자산에 대한 자본투자를 확대시키면서 디지털 경제의 역할을 확대시키고 있다. 자본의 경우 기술 발전과 결부되면서 생산활동에서 노동이 차지하고 있는 자리를 자동화 및 로봇 등으로 대체시키는 역할을 하고 있다.

일례로 미국 로봇 전문업체인 보스턴 다이내믹스는 로봇개 '스폿'을 판매한다고 발표했다. '스폿'의 가격은 7만 4,500달러로 네 발로 초당 1.58m 속도로 뛰거나 계단을 오를 수 있다고 한다. 음성기능도 보유하고 있어 '안내원' 역할 등을 할 수 있을 것으로 기대되고 있다.

물론 로봇이 사람의 일을 완전히 대체하기까지는 시간이 필요하다. 그러나 중요한 점은 로봇의 경우 초기 구매 비용은 비쌀 수 있지만 임금과 같은 고정비 부담이 거의 없다는 것이다. 이는 생산함수가 빠르게 변화될 수밖에 없는 중요한 이유 중 하나이다.

소비구조와 패턴의 변화 역시 생산함수의 변화를 가속화시키고 있다. 인구가 폭발적으로 증가하고 소득이 늘어나면서 소비 규모 역시 기하급수적으로 증가했다. 당연히 대량 생산체제가 필요했고, 이는 1~2차 산업혁명을 통해 해결되었다.

그럼 현재 상황을 보자. 인구 사이클 측면에서 폭발적인 인구 증가세는 없고, 향후에는 경제활동인구 감소를 우려해야 할 입장이다. 더욱이 대부분의 선진국은 물론 중국마저도 고령화 사회를 걱정해야 하는 입장이다. 그러다 보니 과거처럼 소비 규모가 비약적으로 증가하기 어려운 구조이다. 이미 각종 내구재 및 소비재 수요를 충족시킬 수 있는 생산체제는 구축되어 있고 일부는 과잉상태이다. 생산만 놓고 보면 세계 경제가 확장 경제보다 수축 경제의 리스크에 직면하고 있는 것이다.

소비 패턴도 급격한 변화 시기를 겪고 있다. 그동안 소비는 자동차, TV 등 내구재 및 소비재 등 각종 상품(Goods)을 중심으로 이루어져왔다. 그러나 인터넷, 무선통신 기술의 발달과 스마트폰의 대중화로 소비의 중심이 자연스럽게 디지털 콘텐츠 등 서비스 중심으로 이동했다. 여기에는 과거에 비해 여유로운 소득으로 레저 및 오락 등의 여유를 즐기려는 수요가 급격히 늘어난 점도 서비스 수요 증가에 기여했다.

곰곰이 생각해보면 우리의 일상은 데이터와 늘 함께하고 있다. 아침에 일어나 스마트폰으로 날씨와 뉴스를 보고, 내비게이션과 스트리밍 서비스를 받으면서 출퇴근을 하고 있다. 회사에 출근해서도 인터넷과 사내 인트라망을 통해 업무를 보고 있다. SNS에 사진 업로드, 식당 등의 각종 예약, 검색, 드라마 시청, 게임 등 우리 생활은 언제부터인지는 모르겠지만 데이터 없이는 살 수 없는 생활이 되었다. 아날로그 생태계에서 벗어나 디지털 생태계로 우리 생활과 소비가 옮겨간 것이다.

개성을 중요시하는 성향도 소비 패턴을 빠르게 변화시키고 있다. 공동체 중심의 생활과 대량 생산체제는 자칫 획일화되는 소비 패턴

■ 산업혁명 사이클과 생산 및 소비 사이클의 변화

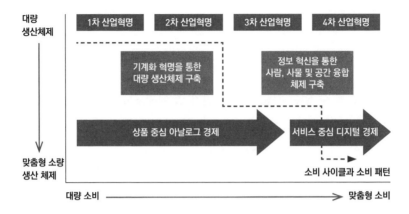

자료: 하이투자증권

을 유발시킬 수 있다. 무엇보다 대량 생산체제는 개별 소비자의 욕구, 즉 맞춤형 소비 욕구를 충족시키기에는 한계가 있다. 그러나 개성을 존중하는 사회 분위기 그리고 기술의 발전은 맞춤형 소비 욕구를 어느 정도 충족시켜줄 수 있게 되었다. 인터넷 혹은 온라인 쇼핑을 통해 자신이 필요한 물건이나 서비스를 국내뿐만 아니라 해외에서도 직접 구매할 수 있기 때문이다. 더욱이 온라인은 소비자의 소량의 맞춤형 소비를 소량 생산 혹은 소비와 공급의 연결(=플랫폼)을 통해 해결할 수 있는 장점이 있다.

공급과 소비 측면에서 모두 생산함수를 기존 틀에서 벗어나 무형경제 중심의 틀로 변화시키고 있는 이 흐름은 포스트 코로나 시대에 더욱 가속화될 전망이다.

새로운 글로벌 공급망 요구가
커지고 있다

글로벌 공급망(Supply Chain)은 어찌 보면 세계 경제의 발전에 있어 빼놓을 수 없는 부문이다. 식민지, 노예제도 등도 광의의 범위에서 글로벌 공급망의 일부분이다.

최근 들어 글로벌 공급망 얘기가 자주 언급되고 있다. 미중 무역 갈등은 물론 팬데믹 사태에서 글로벌 공급망 리스크는 어김없이 세계 경제를 논할 때 등장하고 있다.

중국 경제가 2000년대 들어 급속한 산업화에 나서면서 글로벌 공급망은 새로운 변화를 맞이했다. '세계의 공장'으로 지칭되는 중국이 최종재 및 중간재 생산국으로서 독보적 역할을 굳힌 채 현재 글로벌 공급망 체제가 유지되고 있다. 글로벌 공급망의 허리라 할 수 있는 중국 제조업 활동이 미중 갈등이나 코로나19 사태 등으로 위축될 경우 글로벌 생산도 엄청난 피해를 보일 수 있음이 확인되었다.

그러나 코로나19 사태를 거치면서 미국과 중국 중심의 글로벌 공급망이 변화, 즉 포스트 코로나 시대를 맞아 이전 모습을 되찾지 못할 수 있다는 목소리가 높아지고 있다.

글로벌 공급망 변화의 동인으로 지적되는 요인으로는 우선 자국 우선주의를 들 수 있다. 2008년 글로벌 금융위기를 기점으로 글로벌 교역 규모는 커다란 변곡점을 맞이했다. 글로벌 금융위기를 기점으로 글로벌 교역 규모 증가 추세는 금융위기 이전 사이클 수준보다 한 단계 낮아졌다. 여기에 2018년부터 본격화된 미중 무역갈등은 글로벌 교역 증가 추세를 더욱 위축시켰다.

이런 상황에서 발생한 코로나19는 상당 기간 글로벌 교역 사이클 수준을 또 다시 한 단계 추가 하락시키는 압력으로 작용할 전망이다. 세계무역기구는 2020년 낙관적 가정하에서도 글로벌 교역 규모가 전년 대비 약 12.9% 감소하고, 2021년 말에 이르러서야 교역 규모가 코로나19 발생 이전 수준을 회복할 것으로 예상했다. 비관적 시나리오의 경우 2020년 교역 규모가 약 31.9% 추락하는 동시에 2021년에도 코로나19 이전 수준을 회복하지 못할 것으로 예상했다.

글로벌 교역 성장 사이클의 위축은 미중 무역갈등으로 대변되는 보호무역주의 등 자국우선주의 경향을 더욱 강화시킬 여지가 높다. 이는 당연히 글로벌 공급망에 큰 악영향을 미칠 수밖에 없다.

자국우선주의 분위기는 미국에서 가장 먼저 감지되고 있다. 코로나19를 계기로 미국 내에서 글로벌 공급망의 탈중국 목소리가 힘을 더해가고 있다. 현실적으로 글로벌 공급망 차원에서 미국 경제가 탈중국을 선언하기는 쉽지 않다. 다만, 글로벌 교역 성장 사이클의 둔화와 예기치 못한 코로나19 상황으로 촉발된 공급 차질은 글로벌 공급망 차원에서 대중국 의존도를 줄이려는 미국 내 움직임을 강화시킬 것은 분명하다.

실제로 '리쇼어링(본국회귀)'에 이어 '니어쇼어링(근접국 진출)' 'China+1'과 같은 용어가 등장하고 있음을 각별히 주목할 필요가 있다. 미국의 경우 중국에서 벗어나 베트남 등 저임금 아시아 국가 혹은 동일 경제 블록에 있는 멕시코를 부품 공급망으로 활용하려는 경향이 강해지고 있다. 특히 미국 기업들이 코로나19 사태를 계기로 지리적

으로 가까운 멕시코를 중심으로 한 니어쇼어링 정책을 강화할 여지
가 커졌다.

문제는 글로벌 공급망의 탈중국 현상 및 니어쇼어링 현상이 글로
벌 경제의 블록화를 심화시키는 동시에 보호무역주의 강화로 이어질
경우 코로나19 이후 글로벌 교역 사이클은 물론 경제성장 사이클에
도 큰 부담을 줄 수 있다. 보호무역주의 강화와 글로벌 공조 와해가
대공황 발단의 주요 원인 중의 하나임을 되새겨볼 필요가 있다.

포스트 코로나 시대 글로벌 공급망 변화를 촉발시키는 또 다른 이
유는 미중 간 기술패권 경쟁이다. 미국과 중국이 세계 경제를 주도하
는 G2 시대가 끝나고 미국과 중국의 패권 경쟁이 심화되는 G0 시대
가 개막되었다는 평가이다.

트럼프 대통령 집권 이후 미중 갈등이 더욱 첨예화되고 있다. 트럼
프 대통령의 소신일 수 있지만 중국에 대한 미국의 견제는 큰 틀에서
패권 경쟁으로 보는 것이 맞을 것이다.

트럼프 대통령뿐만 아니라 민주당 등 대다수 미국인들은 중국을
잠재적 위협요인으로 여기고 있다. 미국 경제가 글로벌 패권을 유지
할 수 있었던 기반인 기축통화(=달러자본)와 기술패권 중 중국이 기술
패권 경쟁에 우선 뛰어들었기 때문이다. 평가가 다를 수 있지만 4차
산업혁명의 핵심기술 중의 하나인 5G 기술은 중국이 미국을 다소 앞
서 나가고 있다는 평가도 있다. 이에 미국이 화웨이 등 중국 첨단기
술을 강하게 견제하고 있는 것으로 여겨진다.

이처럼 포스트 코로나 시대에 기술패권을 둘러싼 미중 간 갈등이
단기간에 종료될 가능성은 낮고, 이러한 기술패권 싸움은 장기간에

걸쳐 지속될 것이다. 이는 자연히 글로벌 공급망의 재편으로 이어질
수 있다.

비슷한 맥락이지만 자주 강조되는 언택트 산업 등 디지털 경제의
성장도 코로나19 이전 글로벌 공급망 체제로의 복귀를 어렵게 하는
요인으로 작용할 공산이 높다. 언택트 산업의 성격상 기존 중후장대
산업 혹은 노동집약적 산업과는 달리 글로벌 각국에 생산시설이 필
요하지 않다. 언택트 산업의 경우 원자재, 중간재, 최종재라는 개념이
불분명하기 때문에 글로벌 공급망 자체가 필요치 않을 수 있다. 더욱
이 언택트 산업의 경우 국경 자체가 무의미하다는 측면에서 현 글로

■ 코로나19 이후 새로운 글로벌 공급망 출현 예상

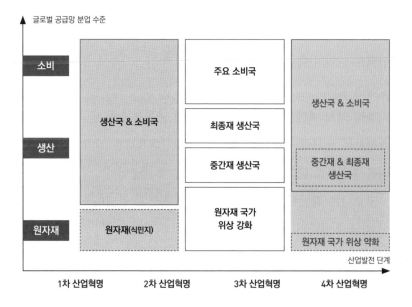

자료: 하이투자증권

벌 공급망을 기반으로 하는 기존 자본재 및 소비재 산업과는 큰 차별성을 가지고 있다.

즉 핵심 기술과 콘텐츠가 언택트 산업의 핵심이라는 측면에서 글로벌 공급망에 기반한 분업 구조보다 집중화된 독점적 생산구조가 중요시된다고 하겠다.

최근 〈WSJ〉은 미국 정부가 반도체에 대한 대아시아 의존도를 줄이기 위해 미국 내 반도체 생산 확대를 추진하고 있다고 보도했다. 이를 위해 미국 최대 반도체 기업인 인텔 및 대만 TSMC와 협상을 벌이고 있다고 덧붙였다. 물론 기사의 진위 여부를 판단하기 어렵지만, 언택트 산업의 핵심이 반도체 산업이라는 측면에서 충분히 수긍이 가는 뉴스라 판단된다.

미국은 포스트 코로나19에서도 글로벌 패권을 유지하기 위해 언택트 산업에서 기존 주도권 유지가 어느 때보다 절실하고, 이를 위해 언택트 산업의 핵심 기술인 반도체 산업의 자급자족에 공을 들일 가능성이 높다.

중국 역시 예외는 아니다. 이미 반도체 굴기를 통해 반도체 산업을 육성하는 동시에 코로나19 관련 경기부양대책으로 이미 인프라 확대를 중심으로 한 '신인프라' 투자 확대를 추진중이다.

코로나19 확산에 따른 글로벌 공급망 중단과 언택트 산업의 부상이 자국 우선주의 성향과 기술패권 경쟁과 맞물리면서 포스트 코로나 시대에는 기존 글로벌 공급망 체제가 와해되고 새로운 공급망이 구축될 수도 있다.

코로나19 이후
디지털 뉴딜과 그린 뉴딜

디지털 뉴딜과 그린 뉴딜은 경제 부양정책이자 패러다임 전환 정책으로,
특히 앞으로 그린 정책의 중요성이 크게 부각될 것이다.

코로나19 충격만큼 각국의 경기부양정책도 사실상 역대 최대 강도
및 규모로 추진중이다. 동시에 압축적으로 진행되고 있다.

미국의 경우 이미 4차 경기부양정책(총 부양 규모 3.6조 달러)이 추진
된 상황에서 또 다른 추가 경기부양정책이 논의되고 있다. EU 역시
경기부양정책이 강화되었다. EU 차원에서 약 7,500억 유로 규모의
경제회복 기금을 조성 중이며, 일본 역시 200조 엔이 넘는 경기부양
정책이 1~2차에 걸쳐 실시되고 있다.

중국 역시 글로벌 금융위기 직후와 같은 공격적인 경기부양 행보
는 보이지 않고 있지만 경기부양정책을 실시 중이다. 공격적인 부양

조치는 없지만 경제의 질적 개선을 위한 조용한 경기부양책이 추진되고 있는 것이다.

중국이 조용한 부양정책을 선택한 배경에는 과거의 아픈 경험과 해결되지 못하고 있는 미국과의 마찰 때문이다. 중국은 글로벌 금융위기 당시 강력한 소비부양책과 공격적인 경기부양정책으로 단기적인 성장 효과를 누렸다.

그러나 4조 위안의 경기부양책이 초래한 후유증, 즉 투자과잉 및 부채 리스크는 중국 경제에 아직까지도 커다란 부담으로 작용하고 있다. 과도한 경기부양책에 따른 후유증 경험이 이번에는 공격적 부양을 자제시킨 것이다.

미중 간 갈등 역시 중국 정부의 경기부양의 톤을 낮추는 요인으로 작용한 것으로 판단된다. '제조업2025' 등 중국 정부의 공격적인 산업지원 정책이 미국에 통상압박의 빌미를 제공한 상황에서 중국 정부가 또다시 미국을 자극할 수 있는 강력한 산업부양정책을 밝히기는 어려웠을 것으로 여겨진다.

그러나 중국 정부의 정중동 부양 행보가 부양정책이 미약하다는 의미는 아니다. 2020년 5월 전인대에서 밝힌 중국 정부의 부양 규모(지난해 대비 증액 규모 기준)는 4조 위안(GDP 대비 4%) 수준에 육박하고 있다. 표면적으로 나타난 주요 부양 조치는 지방정부의 특수목적 채권발행 확대를 통한 SOC 투자와 지방정부 중심으로 한 소비 쿠폰 제공에 기반한 소비부양정책이다.

유례없는 재정정책 추진,
디지털 뉴딜 정책이 핵심

중국 정부는 '신인프라 투자'라는 경기부양책을 통해 중국 경제 체질 개선에 본격적으로 나서고 있다. 신인프라 투자 계획은 5G 및 AI 등 디지털 인프라 구축을 위한 중장기적인 계획으로, 약 10조 위안의 투자가 집행될 것으로 알려지고 있다. 중국 경제, 특히 제조업을 기존 노동 및 자본집약적 산업에서 기술집약적인 첨단산업 중심으로 변모시키겠다는 계획이다.

글로벌 금융위기 이후 과도한 부채와 과잉투자에 따른 후유증으로 2010년 중반까지 중국은 공급개혁을 통한 구조조정시기를 거쳐야만 했고, 이는 중국의 잠재 성장률을 둔화시키는 결과를 초래했다. 이후

■ 미중 기술패권의 경쟁 격화는 강력한 China ver.4.0 시대의 재개를 의미

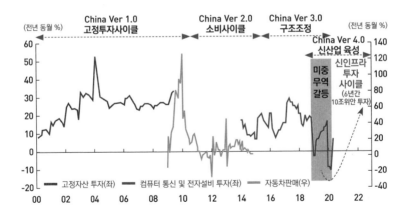

자료: 하이투자증권

중국 정부는 4차 산업사이클을 중심으로 디지털 경제 육성을 위해 '제조업2025' 정책을 야심차게 추진했지만 미국의 강력한 견제에 부딪치면서 경제 체질 전환에 큰 어려움을 겪었다.

이런 상황에서 코로나19는 중국 경제의 새로운 돌파구 역할을 해주고 있다. 코로나19로 글로벌 경제 내 4차 산업혁명 붐이 재확산되고, 경기부양이라는 명목으로 정부가 적극적으로 개입해 각종 산업정책을 추진할 수 있게 되었기 때문이다. 중국의 디지털 경제로의 전환이 한층 빨라질 공산이 높아졌다. 그리고 전환의 중심에는 소위 디지털 뉴딜이 자리 잡고 있다.

더욱이 갈등 격화로 시간은 걸리겠지만 미국과 중국 간 기술패권 경쟁으로 기존 글로벌 공급망이 재편될 여지가 높고, 이는 중국 경제의 새로운 도전이자 기회가 되고 있다. 향후 중국 경제는 안정적 성장 시스템 구축과 미국으로부터 기술 독립을 위해 기술 투자 확대를 통한 디지털 생태계 구축이 절실하다. 코로나19는 중국 경제의 이러한 변화를 더욱 앞당기는 촉매제 역할을 하고 있다.

중국 정부는 2020년 경제 성장률 목표 수치를 제시하지 않았다. 코로나19 사태 등으로 인한 글로벌 불확실성 확대로 성장률 목표 제시가 무의미할 수 있고, 과도한 성장률 책정이 자칫 무리한 정책으로 이어질 수 있음을 경계하기 위함으로 풀이된다. 동시에 중국 정부가 정중동 행보를 통해 성장 규모 달성보다는 경제의 질적 개선에 초점을 두고 있다는 것으로 해석해볼 수 있다.

분명한 점은 중장기 중국 경제의 질적 개선에는 신인프라 투자로 대변되는 디지털 뉴딜 정책이 중심에 있다는 것이다. 대외적으로 인프라 투자를 경기부양정책으로 내세우고 있지만 글로벌 금융위기 당시와 달리 이번에는 IT가 중심이 된 디지털 경제를 축으로 한 디지털 인프라 투자가 경기부양정책의 중심이 될 것이다. 이와 관련하여 중국은 14차 5개년 계획(2021~2025년)의 핵심 전략으로 내수부양과 기술 독립을 위한 쌍순환 정책을 채택했다.

여타 국가의 재정정책 역시 디지털 뉴딜이 중심축 역할을 하고 있다. 우리나라 역시 디지털 인프라 뉴딜 정책이 수년간 추진될 전망이다. 국내에서 추진되고 있는 디지털 뉴딜 정책의 주요 내용은 디지털 뉴딜 생태계 구축, 비대면 산업 육성, SOC 디지털화 등이며, 이를 위해 2023년까지 약 13조 원의 재정이 투입될 예정이다.

미국 역시 디지털 인프라 투자에 나설 공산이 높아지고 있다. 도로 및 교통 등 전통적인 인프라 투자 이외에 5G 이동통신 인프라 및 농촌 지역의 브로드밴드 투자가 확대될 전망이다.

1930년대 대공황을 극복하기 위해 뉴딜 정책이, 2차 세계대전 이후 유럽 재건을 위해 마샬정책이 추진되었듯, 이번 코로나19 위기극복을 위해서는 디지털 뉴딜 정책이 막중한 책임을 맡을 것이다.

그린 뉴딜 정책은
디지털 뉴딜 정책과 함께 양대 축

이번 코로나19 팬데믹 현상은 자연 및 생태계의 중요성을 다시 한번 일깨우는 계기가 되었다. 코로나19 전후 중국 내 이산화질소(NO_2)

의 변화는 성장(=생계)보다 생사 문제 및 환경에 각종 정책의 초점이 옮겨갈 수도 있음을 단적으로 보여주는 사례이다. 생태계 파괴 및 기후변화가 초래할 수 있는 위험이 이번 코로나19 사태라 할 수 있다.

물론 기후 변화에 대한 대응과 그에 수반된 그린 뉴딜 정책 추진은 이번이 처음은 아니다. 그동안 지구온난화 추세와 관련해 화석원료를 신재생에너지로 대체하는 움직임도 이미 있었고, 각국이 각종 그린 뉴딜 정책을 추진해왔던 것 역시 사실이다.

그럼에도 불구하고 그린 뉴딜 정책은 디지털 뉴딜 정책과 더불어 이번 경기회복 과정, 특히 '큰(Big) 정부'로 대변되는 대규모 재정지출을 통한 경기부양정책의 중심축 역할을 할 것으로 기대된다. 그 이유는 무엇보다 디지털 경제 이외에 새로운 성장 모멘텀이 부재하기 때문이다. 국내 역시 그린 뉴딜 정책이 강조되기 시작했다. 우리나라의 3차 추경은 디지털 인프라 투자와 함께 그린 뉴딜 정책이 양대 축으로 이루어졌다.

먹고 사는 문제도 중요하지만 이번에 코로나19 위기를 경험하면서 생존의 문제, 환경의 중요성이 새삼 부각되었다는 점에서 그린 뉴딜 정책이 탄력을 받을 수 있을 것이다. 전기차와 같이 디지털 뉴딜과 그린 뉴딜 정책 간의 교집합이 존재하고 있다는 것도 그린 뉴딜 정책의 기대감을 한층 높여줄 것이다.

2020년 11월 미국 대선에서 바이든이 대통령으로 당선됨으로써 기후변화 대응 정책 등 그린 뉴딜 정책은 한층 탄력을 받을 것이다. 글로벌 금융위기 당시 부양정책이 자본재 투자 중심의 부양정책이라면, 이번 부양책은 디지털과 그린 뉴딜 정책이 핵심일 것이다.

그린 뉴딜 정책은 에너지 대전환으로 이어질 것이다. 석탄에서 석유로, 그리고 이제는 석유에서 그린 에너지 시대로 전환될 것이다. 2050년까지 탄소제로 경제를 만들기 위한 각국의 정책적 행보가 한층 빨라질 것이다.

코로나19 이후
큰 정부와 큰 중앙은행

기업이나 개인의 경제 활동이 정상화되기 이전까지는
큰 정부 및 큰 중앙은행의 역할이 강조되는 시대이다.

코로나19 위기 과정에서 가장 눈에 띄는 경제 주체는 중앙은행과 정부이다. 미 연준으로 상징되는 주요국 중앙은행은 코로나19 위기가 금융위기로 전이되지 않도록 하기 위해 막대한 유동성을 공급하는 동시에 국채는 물론 회사채와 주식마저 매입했다. 중앙은행이 기업 및 정부의 부채를 떠안아준 것이다.

중앙은행의 공격적이고 압축적인 유동성 정책이 기업들의 도미노 파산과 이에 따른 은행 시스템 붕괴를 막는 데 큰 공헌을 했음을 부인할 수 없다. 문제는 너무 비대해진 중앙은행의 역할이다.

언제부턴가 중앙은행밖에
보이지 않는다

글로벌 금융위기를 거치면서 중앙은행의 역할이 크게 변화되었다. 중앙은행의 통화정책이 단순히 물가를 안정시키고 지속 가능한 경제성장을 이루는 것을 넘어 이제는 중앙은행이 위기의 방어막이자 경기 부양의 책임자 역할을 담당하고 있다.

돌이켜보면 글로벌 금융위기 직후 미 연준의 양적완화 정책은 금융위기를 벗어나는 시발점이 된 동시에 자산가격 상승을 통해 경기를 회복시키는 중요 모멘텀으로 작용했다. 이번 코로나19 상황을 거치면서 미 연준 등 중앙은행이 경제에서 차지하는 비중 및 역할은 한 단계 더 높아졌다.

이를 반영하듯 2020년 5월 말 기준 미 연준의 자산규모는 7조 달러를 넘어섰다. 코로나19가 미국 내에서 확산되기 직전인 2월 말 대비 약 3개월 동안 약 3조 달러가 급증했다. 글로벌 금융위기 이후 1~3차 양적완화 정책으로 미 연준 자산이 약 3.6조 달러 증가했음을 감안할 때, 약 5년 동안(2009~2014년) 늘어났던 미 연준 자산규모가 단 3개월 만에 비슷한 수준으로 늘어나는 압축적 자산증가, 즉 폭발적 유동성 확대가 진행되었다. 이에 따라 미국 경제 규모에서 미 연준 자산, 즉 유동성이 차지하는 비중이 급격히 높아졌다.

2020년 1Q 말 기준으로 명목 GDP 대비 연준 자산규모는 약 33%이며, 2021년 말에는 GDP 대비 50%를 상회할 가능성이 커졌다. 미 연준의 각종 유동성 프로그램으로 인해 자산규모가 2021년 말경 8조

~11조 달러에 달할 것으로 추정되기 때문이다. 2019년 기준 연간 명목 GDP가 약 21조 달러임을 감안할 때 미 연준 자산 규모는 연간 GDP의 절반 수준에 이르게 된 것이다.

역으로 미 연준의 유동성 공급이 없다면 경제가 심각한 침체 혹은 위기에 직면했을 것이다. 그러나 중앙은행에 대한 지나친 의존도로 인해 경제와 자산시장이 통화정책에 지나치게 민감 혹은 취약해질 수밖에 없게 되었다. 언제일지 모르지만 미 연준이 양적완화를 중단 혹은 테이퍼링(유동성 긴축)에 나선다면 자산시장은 물론 경제가 휘청일 수 있다.

즉, 미 연준의 유동성 확대정책이 조금이나마 느슨해진다면 기업들의 도산, 즉 신용 리스크도 언제든지 불거질 수 있다. 미 연준 등 각국 중앙은행이 아직 일부 기업을 '악랄한 악마(기업 도산)보다 추락천사(투자등급에서 투기등급으로 강등된 기업)'로 연착륙시키는 정책을 추진하고 있지만, 코로나19 상황이 장기화된다면 추락천사가 언제든지 악랄한 악마가 될 수 있는 잠재적 리스크가 존재한다는 것을 잊지 말아야 한다.

출구가 보이지 않는 미 연준의 유동성 정책은 지속될 가능성이 높다. 최소한 코로나19 진정 이후 미국 경제가 이전 정상화 수준으로 회복되기 전까지 유동성 정책을 지속하거나 제로금리 정책을 지속할 것이다. 그 시기는 최소한 2022~2023년까지일 것이다.

앞으로도 미 연준 등 중앙은행의 유동성 정책을 중심으로 한 통화정책이 경기 및 자산시장에 큰 영향을 미칠 수밖에 없다. "중앙은행에 맞서지 말라"는 시장의 속설을 되새겨볼 시점이다.

다만 리스크도 있다. 당장은 유동성 정책이 자산시장에 효과를 주지만 일본과 같은 상황, 즉 정책효과가 시간이 갈수록 체감하는 유동성 함정에 빠질 수 있다. 또한 뜻하지 않은 인플레이션으로 금리 급등 시 중앙은행이 부채와 자산가격을 통제하지 못하는 상황이 전개될 여지도 있다. 미 연준 등 중앙은행이 전지전능하지는 않다.

가계의 생계와 기업의 생존도
정부가 책임진다

코로나19 사태를 겪으면서 정부의 역할도 비약적으로 확대되었다. 기존 '작은 정부'가 아닌 '큰 정부'가 상당 기간 불가피하다. 협의의 의미에서 정부의 역할은 국방, 치안 및 외교와 함께 경제의 조정자였지만, 코로나19 사태 이후 정부는 광의의 역할인 경제 안정화 및 소득 재분배를 넘어 경제 주체들의 생존도 책임지는 역할을 담당하고 있다. 대표적으로 미 행정부가 생계지원을 위해 현금을 지원하고 한국 정부도 긴급재난지원금을 지원하는 것은 정부가 경제 주체들의 생계도 책임지기 시작했음을 단적으로 보여주는 사례이다.

정부 역할의 확대, 즉 그동안 볼 수 없었던 큰 정부의 탄생은 자연스럽게 재정지출 확대 및 재정수지 악화로 이어지고 있다. 2020년 4월 미국 재정수지 적자 규모는 7,379억 달러로 월간 기준 역대 최대 적자 규모를 기록했고, 이는 2019년 4월부터 2020년 3월까지 연간 적자 규모인 1.04조 달러의 약 71%에 해당하는 금액이다.

미국의 재정수지 적자 규모는 향후 더욱 커질 수 있다. 미국은 최근 2개월 내 3차례에 걸친 부양 프로그램으로 2.8조 달러를 사용했고, 아마도 추가 부양책 실시가 불가피할 것이다. 또한 추락천사가 악랄한 악마로 전락하는 것을 막기 위해 기업에 대한 유동성 보강도 지속적으로 해야 할 것이다.

이 과정에서 기업들의 부채가 정부로 이전될 공산도 높다. 그리고 정부는 가계와 기업들의 생계뿐만 아니라 기업 투자 확대를 통한 고용 창출이 재개되기 전까지 고용시장을 책임져야 한다.

큰 정부의 탄생은 궁극적으로 정부부채 증가로 나타날 것이다. 미국의 2020년 연방부채가 GDP 대비 98%로 급증하고 2023년에는 106.7%로 사상 최고치를 기록할 전망이다. 그리고 이후에도 부채 규모는 급격히 증가할 공산이 높다. 이는 미국만의 문제가 아니라 전 세계 모든 정부가 안게 될 부담이다. 그리고 가계는 물론 기업과 정부마저 빚더미에 올라섰다는 점은 경제에 치명적인 리스크임을 부인할 수 없다. 글로벌 경제가 저성장 국면에 빠질 수 있음을 명심해야 한다.

또한 재정적자 확대는 당연히 국채 발행의 증가로 이어질 수밖에 없다. 경기가 코로나19 이전 수준으로 회복되기 전까지 세입 확대를 기대하기 어렵기 때문이다. 따라서 국채발행 증가는 중앙은행의 저금리 정책과의 마찰적 요인으로 작용할 수 있다.

현재는 국채의 상당 부분을 중앙은행이 흡수하고 있지만 중앙은행의 정책 기조 전환 시 금리 불안을 촉발할 수 있다. 반면 정부부채 증가는 중앙은행의 금리정책 등 통화정책에 제약을 줄 수 있다는 점에서 초저금리 기조의 고착화를 유발시킬 수도 있다.

큰 정부의 시대에는
정부 정책에 편승하라

국내총생산(GDP) 항등식에 따르면 국내총생산은 소비, 투자 및 정부소비(투자) 그리고 순수출로 구성된다. 그러나 포스트 코로나 시대의 국내총생산(GDP)의 경우 정부의 역할, 즉 정부의 성장기여도가 확대될 것이고, 중앙은행 정책도 성장에 큰 역할을 담당할 공산이 높다. 코로나19로 기업들의 투자, 소비 및 교역활동이 크게 위축된 상황에서 정부의 역할이나 중앙은행의 정책 중요성이 계속 커질 수밖에 없기 때문이다.

코로나 이전의 GDP
GDP = C(소비) + I(투자) + G(정부 소비 및 투자) + [X(수출) − M(수입)]

포스트 코로나 시대의 GDP
GDP = C(소비) + I(투자) + G(정부 소비 및 투자) + [X(수출) − M(수입)] + CB(중앙은행)

따라서 코로나19 상황이 진정된 이후에도 정부의 정책 방향을 주목할 필요가 있다. 민간소비 및 기업투자보다는 정부 소비와 투자에 기댄 성장 흐름이 이어질 수 있기 때문이다.

무엇보다 포스트 코로나19를 대비한 각국의 경기부양책 내용을 주시할 필요가 있다. 미국은 생존을 위한 부양책이 아닌 성장동력 확충을 위한 경기부양책이 부재하다. 과거에도 감세 등 소비부양책 이외에 성장동력을 마련하기 위한 부양책이 추진된 사례는 거의 없음을 감안할 때 이번에도 기업들의 자생적 회복에 기댈 가능성이 높다.

다만 미국 정부는 언택트 등 디지털 경제의 패권, 특히 기술 우위를 유지하기 위해 통상정책 등을 한층 강화할 공산이 높다. 역사적으로 성장동력이 약화될 경우 미국 정부는 새로운 경제체제를 마련하거나 통상압박을 확대한 바 있다. 대표적으로 1971년 달러화 태환정지 선언, 1980년대 미일 무역갈등 및 지정학적 위기 고조(1~2차 오일쇼크, 걸프전, 아프카니스탄 전쟁) 등을 들 수 있다. 이번에도 리쇼오링, 니어쇼오링 정책 강화는 물론이고 기술 독점을 위한 정책들이 추진될 수 있다.

반면 한국과 중국의 경우 코로나19 이후 새로운 경제 생태계 변화에 대비한 부양정책을 강화할 움직임이다. 한국의 경우 디지털 인프라 투자를 중심으로 한 한국판 뉴딜 정책을 추진할 예정이고, 중국은 일부 소비 부양책과 함께 디지털 경제 인프라 조성을 위한 '신인프라 투자' 정책을 추진중이다.

향후 수년간 글로벌 경제는 큰 정부와 큰 중앙은행이 이끄는 성장모델에 의존할 수 있다. 따라서 금융시장 입장에서는 큰 정부의 정책 방향에 적극적으로 편승할 필요가 있고, 동시에 자산시장의 큰손인 중앙은행의 정책 기조에 더욱 세심한 신경을 써야 할 필요가 높아졌다. 중앙은행이나 정부에 맞서지 말고 편승해야 할 시기임을 명심하자.

코로나19 이후
빚 증가와 좀비 기업 양산

코로나19 팬데믹으로 인한 양극화 심화와 부채 부담 증가로
좀비 기업, 좀비 개인 및 좀비 국가의 양산이 불가피하다.

각국의 강력한 통화 및 재정정책, 즉 압축 부양에 힘입어 다행히 주식시장이 예상보다 강하고 빠른, 소위 압축 반등을 보여주는 동시에 경기 역시 2020년 2분기 중 저점을 통과한 이후 하반기에는 본격적인 반등 국면에 접어들었다.

　이 과정에서 자산규모가 7조 달러를 넘어섰음에도 미 연준은 저신용 회사채 매입에 본격적으로 나서는 등 최종 대부자의 역할을 충실히 수행 중에 있다. 한국 역시 기간산업 안정기금 및 회사채 매입기구 등을 통해 저신용 기업들의 구제에 본격적으로 나서고 있다. 다

행히 중앙은행의 유동성 공급 확대로 급등했던 신용 스프레드는 안정을 찾았다. 동시에 '추락천사'로 일컬어지는 기업들을 중심으로 한 회사채 발행이 급증했다. 실제로 2020년 4월 한 달간 전 세계 회사채 발행액이 6,314억 달러(약 778조 원)로 사상 최고치를 기록했다. 이는 과거 10년간 월평균 규모의 2.2배에 달하는 규모이다.

경기회복과 빚 부담이라는
유동성의 양면

재정 확대정책도 본격적으로 추진되었다. 중국이 전인대를 통해 경기부양책을 발표한 데 이어 EU는 7,500억 유로 규모, 일본은 100조 엔(약 9,200억 달러)에 달하는 대규모 2차 경기부양책을 실시했다. 한국 역시 3차에 이어 4차 추경도 실시했다. 전 세계 각국이 재정적자 및 정부부채 확대에도 불구하고 강력한 재정정책을 추진할 의사를 분명히 하고 있다.

이론이 맞고 틀리고를 떠나 현대통화이론(MMT)의 주장과 유사한 각종 통화 및 재정정책의 실시로 기업 및 가계의 경제활동은 크게 회복되고 있다. 현대통화이론의 주장을 간략히 설명하면 다음과 같다. 현대통화이론은 "현금이 민간에서 정부로 흐르는 것이 아니라 현대 국가에서는 정부만이 현금을 발행하고 순환시킬 수 있고, 정부는 현금 부족으로 인해 파산하지 않는다"고 주장한다.

현금(=통화) 순환 논리와 관련해 '정부=화폐 발행기'는 정부 지출과 차입금 이자 형태로 민간 부문에 화폐를 공급한다. 민간 부문을 통해 유입된 현금의 규모에 상응하는 양으로 민간 기업들이 재화와 서비스를 생산하지 못할 경우 인플레이션이 발생한다. 따라서 과잉 유동성을 빼줄 통로가 필요하며, 이 통로가 바로 세금과 정부 차입이라고 현대통화이론은 주장한다.

정부 차입, 즉 민간 부문이 국채를 매입하면 매입자금은 국채 계정으로 유입되면서 과잉 유동성에 따른 물가압력을 제어한다. 그리고 국채만기가 도래하면 유동성(=현금)이 민간 부문으로 다시 이동한다.

현대통화이론은 정부 지출을 대단히 중요하게 생각한다. 정부가

■ 현대통화이론(MMT)이 주장하는 정부 지출 흐름: 큰 정부가 필요한 이유

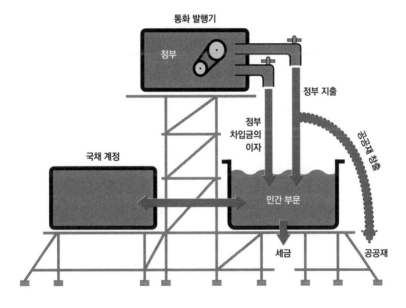

자료: 무디스, 시사 IN

민간에서 재화와 서비스를 매입하면 공공재를 창출하기 때문이다.

따라서 현대통화이론의 입장에서 재정적자는 경제성장에 필수적이다. 정부지출이 확대되어야 민간의 현금 보유가 많아지기 때문이다. 글로벌 금융위기 이후 재정적자 확대 및 양적완화정책이 경기를 부양했지만 물가 압력은 발생하지 않으면서 현대통화이론이 크게 조명받고 있다.

물론 막대한 유동성 공급을 통한 정책이 현시점에서 반드시 필요한 것은 사실이다. 다만 '빚(=부채) 증가와 좀비 기업 양산'이라는 부정적 영향도 커지고 있다. 이번 코로나19발 경기침체와 이전 침체 국면의 차이점 중 하나는 부채 조정과 대규모 기업 구조조정이 없다는 점이다.

과거 대부분의 경기침체 국면을 보면 기업들의 구조조정과 부채 축소 과정이 동반되었다. 대표적으로 글로벌 금융위기 당시를 보면 미국 가계부채가 큰 폭으로 조정되었고, 당시 GM 및 일부 금융기관의 파산 및 구조조정이 진행되었다. IT 버블 당시인 2000년 초반의 경우에도 기업부채 규모의 조정이 있었다. 그러나 포스트 코로나 시대의 경우 강력한 경기 충격에도 불구하고 빚(=부채)이 축소되기 보다는 오히려 빚이 급속히 확대되고 있다.

글로벌 빚(=부채) 문제는 코로나19 사태만이 직접적인 원인은 아니다. 2008년 글로벌 금융위기 과정에서 가계와 기업을 중심으로 부채 조정, 즉 디레버리징이 일어났지만 동시에 정부부채가 급증하는 결과를 초래했다. 즉 가계와 기업 빚(=부채)이 정부로 이전된 것이다. 이처럼 빚(=부채)의 증가는 우선 정부 부문에서 두드러지게 나타나고 있다.

글로벌 금융위기 이후 경기회복 과정에서도 미국의 경우 가계를 제외한 기업과 정부부채는 지속적으로 증가했다. 미국 기업과 정부부채 규모는 이미 사상 최고치를 기록하고 있지만 포스트 코로나 시대에도 기업과 정부부채의 급격한 증가는 불가피하다.

미국 의회 예산국 추정에 따르면 2019년 GDP 대비 79%인 연방부채 규모는 2021년 104.4%, 2030년 108.9%로 급증할 것으로 전망되고 있다. 글로벌 금융위기 직전 2008년 39% 수준이었던 정부부채 규모가 약 13년 만에 3배 가까이 증가한 것이다.

재정 측면에서 이미 문제가 불거진 유럽국가들의 정부부채 상황은 더욱 악화되고 있다. GDP 대비 100%를 상회하고 있는 이탈리아 및 프랑스의 정부부채 규모는 코로나19 사태로 더욱 급격히 증가할 것이다.

이머징 상황도 유사하다. 브라질의 정부부채 규모가 우려스러운 상황이고, 그나마 70% 내외 수준이던 인도의 정부부채 역시 포스트 코로나 시대에는 훨씬 높은 수준의 정부부채 규모에 직면할 전망이다. 다행히 한국은 아직 상대적으로 낮은 정부부채 규모를 가지고 있지만 코로나19 사태로 정부부채가 GDP 대비 40%를 넘어설 것으로 보인다.

과거 침체 국면에서는 부채 축소, 즉 디레버리징 과정이 있었지만 이번 코로나19 사태로 인한 침체 국면에서는 모든 경제 주체의 부채가 오히려 증가하는 첫 번째 사례가 될 것이다. <u>포스트 코로나 시대의 주요 특징 중 하나가 큰(Big) 정부와 큰(Big) 중앙은행임을 감안할</u>

때 가뜩이나 늘어난 정부의 빚 부담이 더욱 급속히 증가할 것이다. 정부가 기업과 가계의 생계를 당분간 챙겨야 하는 상황이고 전 세계가 고령화 사회에 진입하고 있음은 정부부채 증가세가 단지 1~2년 동안의 문제가 아닐 수 있음을 의미한다.

다행히 초저금리 현상이 지속될 공산이 높다는 점이 정부부채 부담 속에 그나마 위안거리이지만 늘어만 가는 정부부채 증가는 중장기적으로 경제에 큰 부담으로 작용할 수밖에 없다. 무엇보다 금리가 예상치 못하게 상승할 경우 정부부채 부담은 위기로 이어질 수 있다. 언제일지 모르겠지만 부채 축소를 위한 증세와 같은 정책 기조 변화 역시 고려해야 할 리스크이다. 이 밖에도 미국 정부부채의 확대는 궁극적으로 달러화 가치의 신인도에도 영향을 줄 수 있음을 염두에 두어야 할 것이다.

정부와 중앙은행이
좀비 기업을 키운다

정부부채와 함께 더욱 심각한 문제는 바로 기업부채의 급증 및 좀비(=한계) 기업 양산이다. 이번 코로나19 위기를 맞이해 각국 정부와 중앙은행의 가장 중요한 정책 목표 중의 하나는 기업들의 도산 방지, 즉 신용 리스크 확산 억제였다. 다행히 적극적인 유동성 공급으로 일차적인 목표는 어느 정도 달성한 것으로 판단된다.

그러나 동전의 양면처럼 기업들의 부채가 줄어들기보다 증가하면서 이자 상환도 힘든 좀비(=한계) 기업이 증가했다. 과거 침체 혹은 위기 국면과 달리 중대형 기업 혹은 금융기관의 파산도 없고 구조조정도 제대로 추진되지 않으면서 기업의 빚(=부채) 부담은 글로벌 경제의 새로운 골칫거리로 대두되고 있다.

미 연준이 저신용 기업들의 회사채 매입에 나서는 것은 신용 리스크 확산 방지와 고용 유지 그리고 경기회복에 일조하는 긍정적 효과는 분명히 있지만, 한편으로 좀비 기업 양상과 구조조정 지연이라는 부작용도 무시할 수 없다. 일부에서는 미 연준의 회사채 매입을 과장해서 "미 연준이 좀비 기업을 키운다"라고 비판하고 있다.

이처럼 <u>포스트 코로나 시대에 좀비 기업이 이슈화되고 있지만 빠른 해결은 요원해 보인다.</u> 좀비 기업이지만 고용시장에서는 이들 기업들이 상당한 역할을 하고 있기 때문이다. 미국의 경우 좀비 기업들에 고용된 인력 규모가 220만 명에 이르고 있는 것으로 알려지고 있다. 미국 총 고용자수가 1.3억 명임을 고려할 때 이는 결코 적지 않은 규모이다.

더욱이 미국의 경우 중소업체로 구성된 러셀2000지수 내 이자보상배율이 1 이하인 기업의 수가 2019년 기준 487개로 약 24%에 이르고 있는 것으로 알려지고 있다. 미국조차도 좀비 기업 문제가 이미 우려스러운 단계에 이르렀고, 코로나19 사태로 좀비 기업 수는 더욱 증가할 것이 분명하다.

한국도 현재 좀비(=한계) 기업의 상황이 녹록치 않다. 한국경제연구원 자료에 따르면 2015~2019년 매출액 데이터가 있는 상장기업 685곳 중 20.9%가 지난해 이자보상배율이 1보다 작은 기업으로 조사되었다. 한국은행도 2018년 국내기업 3곳 중 한 곳이 영업이익으로 이자비용을 지불하지 못하는 것으로 분석한 바 있다. 이처럼 국내 좀비 기업들이 늘어나고 있는 상황에서 갑작스럽게 닥친 코로나19는 기존 좀비 기업들의 상황을 더욱 악화시키는 동시에 새로운 좀비 기업을 양산시킬 전망이다.

좀비 기업 문제는 미국과 한국만의 문제가 아닌 전 세계적인 이슈이다. 글로벌 금융위기를 거치면서 전 세계 기업부채 규모는 비약적으로 증가했다. 특히 금융위기 당시 GDP 대비 50% 수준이던 이머징 기업부채 규모는 이미 100% 수준까지 증가했다. 국가별로 보더라도 대다수 국가의 기업부채가 큰 폭으로 증가하고 있다.

기업부채 확대와 좀비 기업 급증은 당연히 경기회복에 큰 장애물일 수밖에 없다. 글로벌 금융위기 이후 전 세계 성장 궤도가 한 단계 낮아진 현상도 기업부채 및 좀비 기업의 증가와 무관치 않다. 기업들의 부채 증가로 투자 사이클의 선순환이 일어나지 않고 있기 때문이다. 즉 '구조조정과 기업부채 축소 → 공급 부족 → 기업 투자 확대 → 경제성장 및 기업 매출 확대 → 기업부채 축소'와 같은 선순환은 사라지고, '성장 둔화 혹은 위기 발생 → 기업부채 증가 → 기업 투자 위축 → 구조조정 지연 및 공급과잉 지속 → 경제성장 및 기업 매출 둔화 → 기업부채 증가'와 같은 악순환만 일어나고 있다.

여기에 포스트 코로나 시대에서 부채조정과 구조조정의 지연은 성장 궤도를 또다시 한 단계 주저앉힐 수 있다.

기업부채 리스크가 또 하나 부담스러운 것은 위기에 취약하다는 점이다. 이번 코로나19와 같은 대형 악재가 아니더라도 돌발 소형 악재에도 기업들이 도산 위험에 쉽게 노출될 수 있기 때문이다.

'유동성=부채'를 활용한 경기회복이 반드시 필요한 시점이지만 포스트 코로나 시대의 부채 리스크는 유동성이 낳은 커다란 부작용이다. 과연 이를 어떻게 해소해 나갈지가 포스트 코로나 시대의 새로운 도전 과제이다.

코로나19 이후
달러화는 안전할까?

실망스러운 미국 내의 코로나19 방역 관리 및
막대한 재정 투입으로 달러 신뢰도가 낮아졌다.

전 세계적으로 코로나19가 확산되고 경제 대중단 현상이 발생하면
서 두드러지게 나타난 현상 중 하나는 글로벌 자금의 안전자산 선호
현상이었다. 자금이 주식·원자재 등 각종 위험자산에서 썰물처럼 빠
져나왔고, 안전자산인 금과 달러에 몰려들었다.

특히 달러화의 위력은 이번 코로나19 위기에서 재확인되었다. 사
람들이 본능적으로 위기에 대응하기 위해 사재기하듯 달러를 매수하
면서 '킹(King)달러' 현상이 재연된 것이다.

코로나19로 재확인된
'위기=킹달러' 공식

킹달러 현상의 부작용은 즉각적으로 나타났다. 이머징 국가는 물론 기업들이 달러를 구하기 힘들어지는 자금경색 현상 심화로 국가 부도와 기업도산 리스크가 확산되었고, 이는 각국의 주가와 통화가치 폭락으로 이어졌다.

미 연준이 대규모로 달러 유동성을 공급했지만 달러 사재기 현상을 단기적으로는 막지 못했다. 통상적으로 공급이 늘어나면 가격이 떨어지는 것이 일반적인 현상이지만, 달러화는 예외적임을 위기 때마다 입증하고 있다. 달러 혹은 금 이외에는 자신의 재산을 완벽히 보존할 수 있는 자산이 없다는 특수성이 늘 킹달러 현상을 떠받치고 있는 것이다.

잠재해 있는 코로나19 2차 대유행 혹은 엔데믹 리스크는 달러화 가치를 당분간 지지해줄 공산이 높다. 그러나 킹달러 현상의 지속성에 대해서는 의문을 제기하는 목소리도 나오고 있다.

스티븐 로치 미국 예일대 교수는 달러화 가치의 급락 가능성을 경고하고 있다. 미국의 대규모 재정적자와 국제 정세의 변화 등이 미국 달러화 가치의 추락을 촉발시킬 것이라는 주장이다. 달러화 가치의 하락은 불가피하며, 투자자들이 무시해서는 안 되는 위험이라고 강조하고 있다.

국제통화로서 달러 이외의 대안이 없다는 반론에 대해서는 각국 중앙은행의 외환보유고에서 달러화가 차지하는 비중이 2000년 70%

대에서 최근 60% 미만으로 낮아졌다는 반박 논리를 제시하고 있다. 다만 이런 일이 벌어질 예상 시점은 명확하게 제시하지 않았다.

막대한 달러 유동성과 미국 재정적자는
달러화 가치를 흔들 수 있다

트럼프 대통령 당선 직후 인터넷을 달구었던 에피소드가 있다. 미국의 대표적인 애니메이션인 '심슨 가족' 시즌11 17번째 에피소드(2000년 3월 19일)에서 트럼프가 대통령에 당선되는 소재를 다루었고, 이는 2016년 현실화되었다. 특히 눈여겨볼 부분은 트럼프 대통령 퇴

■ 달러화 추이와 주요 이벤트

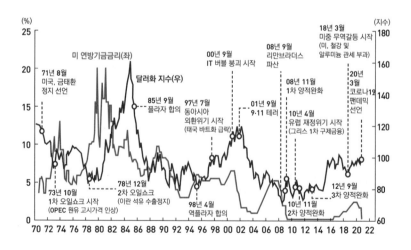

자료: 하이투자증권

임 이후 미국은 재정적자 악화로 국가 부도에 직면한다는 내용이다.

미국이 재정수지 적자로 부도에 직면할 가능성은 희박하다. 미국의 파산은 곧 세계 경제의 파산을 의미하기 때문이다.

그럼에도 불구하고 미국 경제는 코로나19로 미증유의 재정적자 부담을 안게 되었고, 이에 대응하기 위해 미 연준은 달러를 살포하고 있는 상황에 이르고 있다. 과연 달러화가 안전할지 의문이 드는 부분이다.

2차 세계대전을 거치면서 미국은 패권국으로서의 입지를 확실히 굳혔고, 브레턴우즈 협정을 통해 세계 경제를 달러 체제로 재편했다. 그러나 미국이 베트남전쟁 늪에 빠지면서 막대한 전쟁비용을 달러로 찍어내자 달러 가치에 불안을 느낀 영국과 프랑스 등의 금태환 요구가 쇄도했고, 마침내 1971년 미국 닉슨 대통령은 달러의 금태환 정지를 선언한다. 이른바 브레턴우즈체제가 막을 내리게 된 것이다. 이후 두 차례의 오일쇼크(1973년, 1979년) 속에서 세계 경제는 스태그플레이션의 수렁으로 빠져들었고 미국의 재정수지 적자도 급속히 확대되면서 1985년에 플라자합의를 통해 달러화 가치는 큰 폭으로 하락하게 된다.

이후에도 달러화 가치는 몇 차례 큰 사이클을 경험한다. 클린턴 행정부 시절 IT 투자 붐에 기반한 미국 경제 호황과 이에 따른 재정수지 흑자 전환으로 달러화는 초강세를 보였지만 2000년대 들어 IT 버블 붕괴, 9·11 테러 및 아프가니스탄 전쟁 등으로 인한 재정수지 적자 재확대로 달러화는 또다시 약세 사이클을 보인 바 있다.

달러화 사이클은 마치 미국 재정수지 사이클과 같다고 할 수 있다.

미국 경제가 경제 호황 등으로 재정수지 적자 폭이 축소되면 달러화는 강세를 보이는 반면에, 경제 불황 등으로 재정수지 적자 폭이 확대될 경우 달러화는 약세를 보여왔다.

미국 재정수지 적자 폭은 2020년을 고비로 소폭 줄어들겠지만 막대한 재정수지 적자 상황이 개선되기까지는 상당한 시간이 걸릴 수 있다. 이 상황에서 달러지폐 제조기가 쉴새 없이 돌아가면서 달러화 공급은 넘쳐나고 있다. 더욱이 미국의 정책금리 역시 연준이 이미 확인해주었듯이 향후 2~3년 동안은 제로금리 수준을 벗어날 가능성이 희박하다.

위기 지속에 기댄 달러화 수요가 달러화 가치를 지탱해주고 있다. 하지만 역사는 달러화 가치 위험을 예고해주고 있다.

○●○

주식시장은 또 다른 버블인가, 이유 있는 상승인가?

글로벌 패권국 중심에는 늘 혁신 기술 사이클이 있다

서비스 부문이 혁신 기술을 주도한다

기술 혁신을 통해 부의 지도를 바꾸는 기업들

TECHN

3부

코로나19 이후 부의 지도
_ 혁신 기술에 답이 있다

주식시장은 또 다른 버블인가, 이유 있는 상승인가?

역사적으로 혁신 사이클과 주가 랠리는 동반해왔다.
현재 혁신 사이클은 막바지가 아닌 시작 국면임을 주목하자.

코로나19로 전 세계 경제가 심각한 침체를 맞이하고 있지만 주식시장은 그 어느 때보다도 뜨겁다. 글로벌 증시가 코로나19 이전 수준으로 완전히 복귀하는 등 주식시장 반등 속도는 예상을 크게 상회했다.

"골이 깊으면 산이 높다"는 말처럼 코로나19 공포로 인해 미국 다우지수는 역사상 가장 빠른 추락 속도를 기록했다. 주가가 30% 이상 하락하는 베어마켓 국면에 16영업일 만에 진입했다. 이전까지 베어마켓 국면에 가장 빨리 진입한 사례는 1929년 10월 대공황 당시로, 다우지수가 30영업일 만에 베어마켓 국면에 진입한 바 있었다. 주식시장에 몰아쳤던 코로나19 공포감을 가늠할 수 있는 단적인 예이다.

하염없이 추락할 것 같았던 미국 다우지수는 2020년 3월 23일 18,592포인트를 저점으로 누구도 예상치 못한 극적인 반전 드라마, 즉 압축 반등을 시작한다. 고점 대비 약 37% 폭락했던 다우지수는 3월 23일 이후 약 140영업일 만에 낙폭을 고점 대비 -3% 내외로 축소시켰다. 나스닥 지수의 반등은 더욱 놀랍다. 앞에서도 지적한 바와 같이 나스닥은 6월 22일 10,056포인트로 코로나19 이전 수준은 물론 역사상 처음으로 10,000포인트 선을 돌파하게 된다.

코로나19 대충격 이후
너무나도 극적인 주식시장의 반등

코로나19 이후의 주식시장 반등이 얼마나 압축적이었는지는 2008년 글로벌 금융위기 당시 주가 흐름과의 비교를 통해서도 확인된다. 2008년 금융위기를 돌이켜보면 2007년 10월 고점을 기록했던 다우지수는 금융위기 충격으로 2009년 2월까지 약 1년 4개월 동안 하락 추세를 이어간다. 이후 다우지수가 고점 대비 낙폭이 10% 내외로 축소되기까지는 약 3년이라는 세월이 필요했다. 코로나19로 인한 경기 충격은 물론 주가 흐름도 이전에는 경험할 수 없었던 독특한 사례라는 점에서 경제사의 한 페이지를 장식할 것이다.

그럼, 대공황에 버금가는 경기 충격이 왔음에도 주가가 급반등할 수 있었던 원인은 무엇일까?

첫째, 시스템 위기가 없었다. 글로벌 금융위기, 2000년 닷컴 버블,

멀게는 대공황 사례를 보면 기업들의 연쇄 도산 내지 은행 기관의 파산으로 이어지는 경제 시스템 마비 현상이 있었다. 대표적으로 글로벌 금융위기의 경우 서브 프라임으로 상징되는 모기지 대출 및 파생상품의 부실로 베어스턴스와 리먼 브라더스 등 대형 금융기관이 줄줄이 파산했고, GM을 구제하기 위해 구제금융 자금이 투입된 바 있었다.

그러나 코로나19 사태에는 이동제한으로 사실상의 경제 시스템이 일시적으로 마비되는 현상은 발생했지만 다행히 대형 기업이나 금융기관의 파산 사태는 없었다. 중앙은행이 최종 대부자로서 파산의 물결을 적극적으로 막아주기도 했지만, 이전 위기와 달리 경제 전반에 구조적 리스크가 상대적으로 크지 않았다는 점도 경제 시스템 위기가 촉발되지 않을 수 있었던 원인으로 작용했다. 즉 기업부채 등 일부 리스크가 잠재해 있었지만 이번 위기 시 투자과잉 및 모기지 대출과 같은 버블 리스크가 이전 위기에 비해 상대적으로 크지 않았다.

둘째, 누구도 부정할 수 없는 막대한 유동성 효과이다. 코로나19 위기를 통해 금융시장이 또 한 번 뼈저리게 확인한 것은 "중앙은행에 맞서지 말라"는 속설이다. 미 연준 등 주요국 중앙은행이 경제 위기 확산을 차단하기 위해 압축적인 초강력 통화부양책을 실시했다. 초유의 막대한 유동성 공급을 통해 자금경색 현상을 완화시켰고, 파산 직전에 내몰린 기업들을 살리기 위한 광범위한 통화정책이 2020년 3월 중 동시다발적으로 실시되었다.

이는 코로나19 공포감이 안도감으로 변화되는 결정적 역할을 하는 동시에 기업이 망하지 않을 것이라는 확신을 심어주면서 시중의 풍부한 유동성이 주식시장으로 유입되는 선순환 효과를 초래했다.

마지막으로 강조하고 싶은 것은 혁신 기술 사이클이다. 코로나19로 경험하지 못했던 경제적 충격을 맞이하고 있음에도 주식시장이 급반등할 수 있었던 것은 앞서 말한 유동성 효과와 함께 혁신 기술 사이클이 있었기 때문에 가능했다고 판단된다.

이번 혁신 기술 사이클은
상당 기간 가능하다

주가 폭락의 예로 자주 언급되는 대공황, 닷컴 버블 및 글로벌 금융위기를 다시 되짚어보자.

우선 대공황과 관련해 주목되는 부분은 2차 산업혁명 붐이다. 전기와 대량생산으로 특징 지어지는 2차 산업혁명으로 대공황 직전까지 미국 내 자동차가 급속히 보급되었다. 1920년대 미국 자동차 생산의 기하급수적인 증가는 미국 경제 호황의 중요한 원천이었다. 그러나 1920년대 말 자동차로 대변되는 2차 산업혁명 붐의 쇠퇴는 공급과잉부담을 미국 경제에 안겨주면서 경제와 주식시장을 장기 불황으로 이끄는 촉매제 역할을 했다. 전형적인 '버블과 버블붕괴(Boom & Bust)'의 사례이다.

2000년대 초 닷컴 버블 붕괴 역시 3차 산업혁명 사이클과 연관성이 높다. PC와 인터넷으로 상징되는 3차 산업혁명은 1990년대 미국 경제의 장기 대호황을 이끌었지만 한편으로 과잉투자는 동 사이클의 약화로 이어지면서 닷컴 버블 붕괴, 즉 나스닥 폭락과 경기침체로 이어졌다.

글로벌 금융위기의 경우 겉으로는 혁신 기술 사이클 관점의 대공황, 닷컴 버블 붕괴와는 다른 성격으로 보이지만 자세히 들여다보면 중국 내 제조업 혁신 사이클이 일부 영향을 미쳤다. 즉 글로벌 금융위기는 모기지 대출 부실에 따른 위기였지만 이후 중국의 제조업 혁신 사이클 약화가 글로벌 경제를 장기 저성장, 즉 뉴노멀 국면에 진입시키면서 주요 선진국은 물론 중국 증시 등 이머징 증시의 장기 조정을 촉발시켰다.

이전 위기 사례에서 보듯 혁신 기술 사이클은 경기, 주가와 높은 상관관계를 보여왔다. 코로나19 위기 이후 글로벌 주가와 경기 역시 부분적으로는 혁신 기술 사이클, 즉 4차 산업혁명과 연관성이 있다.

다행인 것은 혁신 기술 사이클의 현 위치이다. 이전 위기는 혁신 기술 사이클의 동력 약화와 누적된 과잉투자 부담이 맞물리면서 발생했다는 공통점이 있다. 그러나 현재 진행중인 혁신 기술 사이클은 막바지 국면이 아닌 확산 초기 국면이라는 차이점이 있다. 오히려 코로나19로 인해 4차 산업혁명, 즉 디지털 경제 관련 혁신 기술 사이클이 더욱 주목받게 된 것이 위기 상황에도 불구하고 주식시장이 강한 반등을 유지할 수 있는 힘을 제공하고 있다.

물론 현 주식시장과 경제 흐름 간의 괴리가 크다는 점에서 과잉 유동성의 부작용 혹은 닷컴 버블과 유사한 버블 현상일 수도 있다. 따라서 주식시장이 기대하는 회복 속도와 달리 경기회복이 지연된다면 조정 국면에 진입할 가능성도 있다.

그러나 강조하고 싶은 것은 이번 혁신 기술 사이클이 상당 기간 지속될 여지가 높다는 점이다. 유동성 효과가 약화되면서 주식시장이 일시적 조정을 받을 수는 있겠지만 기술 혁신에 기댄 주식시장 상승 모멘텀은 지속될 여지가 높다.

글로벌 패권국 중심에는 늘 혁신 기술 사이클이 있다

혁신 기술은 글로벌 패권국 흐름, 즉 역사의 흐름을 바꿔왔다.
혁신 기술 사이클을 잘 읽을 수 있다면 부의 흐름을 탈 수 있다.

혁신 기술 사이클의 중요성은 역사적 흐름에서도 확인되고 있다. 전 세계를 호령했던 글로벌 패권국은 늘 혁신 기술을 선도했다. <u>16세기 이후 패권국의 역사는 혁신 기술의 역사라 할 수 있다.</u>

'대항해시대'로 알려져 있는 16세기 글로벌 패권의 주인은 포르투갈과 스페인이었다. 포르투갈과 스페인이 글로벌 패권국이 될 수 있었던 주 요인은 항해술의 발전이었다. 항해술의 발전이 아메리카 대륙 발견 등 대서양 시대를 연 동시에 바다를 활용한 상업을 활성화시키면서 포르투갈과 스페인은 근대 자본주의 경제의 성장을 이끌게 된다.

신대륙 혹은 식민지를 통한 은의 대량 유입에 따른 자본 축적, 대농장 시스템, 이민 증가 등을 통해 대항해 시대는 유럽에 국한된 경제가 세계화되는 첫걸음을 내딛는 동시에 글로벌 공급망을 구축하는 시발점이 되었다.

혁신 기술이
글로벌 패권국을 가능하게 하다

이후 배를 만드는 조선기술의 발전은 네덜란드를 새로운 글로벌 패권국으로 올려놓는다. 1650년경 네덜란드는 영국·스페인·포르투갈 및 독일 상선을 합친 수보다 많은 상선을 보유한다. 청어잡이 어선을 빠르게 건조해야 했던 필요성이 자연스럽게 조선기술 발달로 이어지면서 네덜란드는 17세기 말 영국에 비해 40~50% 저렴한 비용으로 선박을 건조할 수 있게 된다. 당시 네덜란드는 연간 2,000척의 조선 건조 능력을 보유했던 것으로 알려지고 있다.

당시로서는 앞선 조선기술과 풍부한 상선 보유는 네덜란드로 하여금 다양한 무역활동에 나설 수 있게 하는 동시에 신대륙인 아메리카는 물론 아시아까지도 상업활동 범위를 넓히면서 부를 축적하게 만들어주었다. 전 세계 부가 자연스럽게 유입되면서 네덜란드는 글로벌 패권국의 입지를 차지하게 된다.

주목할 것은 역사상 가장 큰 버블로 알려지고 있는 '튤립 버블'이 17세기 네덜란드에서 일어났다는 점이다. 혁신 기술 사이클과 버블

간의 높은 상관관계를 보여주는 대표적인 사례라 할 수 있다.

네덜란드 다음으로 글로벌 패권국을 차지하는 국가는 영국이다. 영국의 패권국 등극은 스페인 및 네덜란드와의 전쟁에서 영국이 승리하면서 유럽 해상패권을 차지하는 동시에 식민지 경쟁에서도 영국이 우위를 점한 것에서 시작된다. 그러나 영국이 100년 가까이 해가 지지 않은 제국을 유지할 수 있었던 주 원동력은 영국 주도의 1차 산업혁명 역할이 크다.

식민지에서 제공되는 원자재에 증기기관을 통한 기계화 혁명의 결합으로 영국 제조업은 글로벌 공급망을 확고히 구축하게 된다. 동시에 전신 및 철도의 발전도 상업, 정보, 금융, 물류 및 노동시장 등을 비약적으로 발전시켜 영국의 글로벌 패권국으로서의 위상을 한층 강화시켜주었다.

혁신 기술이
역사의 흐름을 바꾸다

'권불십년(권력이 10년을 가지 못함)'이라는 말이 있듯이 영국의 글로벌 패권 지위도 권불백년에 그치면서 패권을 미국으로 넘겨주게 된다. 영국에서 미국으로의 패권국 이양은 1차 세계대전으로 인한 영국의 경제적 피폐도 한몫을 했지만, 그 외에도 2차 산업혁명, 철도 혁명, 새로운 신제품의 보급과 대량 생산체제 구축이 어우러진 결과물이다.

물론 미국이 글로벌 패권을 차지할 수 있었던 배경을 꼭 기술 혁신만으로 설명할 수는 없다. 1차 세계대전을 전후로 한 유럽 내 복잡한 경제적 상황, 금본위제를 기반으로 했던 파운드 체제의 붕괴, 식민지 체제 약화 등 다양한 이유가 존재한다. 하지만 미국 경제의 급격한 성장에 기술 발전이 큰 역할을 했음은 분명하다.

대륙횡단 철도를 통한 서부개척과 태평양 시대 개막, 전기 발명에 따른 각종 신제품 개발, 2차 산업혁명에 기반한 대량 생산과 대량 소비체제는 미국이 글로벌 패권국 지위를 차지하는 데 결정적 기여를 했다. 일례로 포드 자동차의 모델 T는 대량 생산체제를 획기적으로 발전시킨 동시에 대량 생산을 통한 가격 혁명, 즉 제품가격 하락을 통한 대량 소비 시대 개막에도 일조했다.

이처럼 혁신 기술 사이클은 글로벌 패권국 흐름, 즉 역사의 흐름을 바꾸었고, 경제와 금융시장에도 커다란 영향을 미쳐왔다. 혁신 기술 사이클을 잘 읽을 수 있다면 부의 흐름에도 한 발짝 빨리 다가설 수 있음을 시사한다.

혁신 기술 사이클은
경제와 주식시장을 춤추게 한다

미국 경제와 주식시장의 장기 호황 사이클에 늘 신제품 등 혁신 기술이 함께했고, 주식시장은 커다란 변화를 늘 즐겨왔다.

미국 경기와 주가의 장기 확장 혹은 상승 사이클은 2차 세계대전 이후 3차례 발생했다. 첫 번째는 1961년 2월부터 1969년 12월까지 106개월간 진행된 확장 국면이며, 두 번째는 1991년 3월부터 2010년 3월까지 120개월간 진행된 확장 사이클이었다. 세 번째는 글로벌 금융위기 직후인 2009년 6월부터 코로나19 확산 이전까지 진행된 약 128개월에 이르는 역사상 최장의 확장 사이클이다.

이 기간 동안 주식시장 역시 호황을 구가했다. 첫 번째인 1960년대 경기확장 국면에서 다우지수는 약 70%의 주가 상승 폭을 기록했고, 1990년대와 2010년대의 주가 상승 폭은 각각 약 300% 상승과 240% 상승 수준에 달했다.

장기 주식시장 상승 뒤에는
늘 혁신 기술이 있다

대공황 직전의 주식시장 붐을 포함해서 앞에서 언급한 3차례의 장기 주식시장 상승과 경기확장 사이클의 공통점은 혁신 기술 사이클이 함께했다.

대공황 직전까지 주식시장 호황에는 자동차 및 전기 관련 혁신 기술 사이클이 있었고, 1960년대는 소득 상승과 더불어 자동차 및 새로운 기술을 바탕으로 한 각종 내구재 제품의 보급 사이클이 있었다. 1990년대부터는 IT를 기반으로 한 혁신 기술 사이클이 있었다는 것은 잘 알고 있는 사실이다. 그리고 코로나19 발생 이전까지 미국 역사상 최장의 경기확장 사이클과 주식시장 호황에도 어김없이 혁신

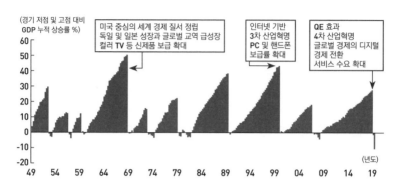

자료: 하이투자증권

기술 사이클이 든든한 조력자 역할을 했다.

　글로벌 금융위기 이후 저성장, 고실업률, 고부채 등으로 뉴노멀 경제를 걱정하는 시각이 팽배했지만 보란 듯이 미국 경제가 장기 호황을 유지할 수 있었던 것은 미 연준의 강력한 유동성 정책을 통한 성장 정책과 함께 스마트폰으로 상징되는 새로운 혁신 기술 사이클이 있었기 때문이다. 혁신 기술 사이클은 언제나 미국 경제는 물론 글로벌 경제와 주식시장을 춤추게 했다는 사실을 다시 한번 되새길 필요가 있다.

　이처럼 혁신 기술과 경기사이클 간 높은 상관관계가 역사적으로 확인되고 있는 가운데 몇 가지 변화의 시그널이 감지되고 있다. 첫 번째는 경기 주기가 기술 주기(Tech cycle)로 변화되고 있고, 두 번째는 기술 주기가 짧아지고 있으며, 세 번째는 서비스 부문이 혁신 기술 사이클의 중심 축이 되고 있다는 것이다.

향후 경기 주기는
기술 주기 중심으로 변화될 것이다

어느 순간부터 우리는 신경제(New Economy)라는 말을 자주 한다. 신경제의 사전적 의미는 정보통신 분야의 기술을 혁신해 생산성을 지속적으로 높이는 경제이다. 반대로 구경제(Old Economy)는 정확한 사전적 의미는 없지만 에너지·자동차·석유화학 등 경기순환 업종을 주로 통칭한다. 구경제가 주로 경기순환 업종을 의미한다면, 신경제는 구경제의 대칭적 의미이다.

신경제는 경기순환과는 다소 무관한 업종일 수 있음을 시사한다. 신경제를 지지하는 쪽에서는 "신경제의 부상으로 인플레이션 압력이 낮아지면서 경기순환 개념도 사라지고 있다"고 주장한다. 이러한 주장이 나오는 이유는 1980년대 중후반 이후 IT 기술의 급속한 발전으로 미국 경기사이클이 2차례의 장기 호황 국면을 경험했고, 물가 압력도 추세적으로 낮아졌기 때문이다.

실제로 경기 주기의 장기화 추세는 부인할 수 없는 사실이다. 곡물 수확에 전적으로 의존했던 농업경제 시대의 경기 주기는 곧 자연환경이었다. 자연환경을 인간이 통제하고 예측할 수 없었다는 점에서 경기 주기의 변동성이 높을 수밖에 없었고, 경기 주기도 짧았다.

상업경제 시대에도 경기 변동성 예측은 힘들었다. 금과 은 유입, 즉 해외로부터의 자본유입 규모와 이에 따른 물가 변동성 확대, 전쟁 등의 통제 불가능한 요소로 경기 변동성이 높아 경기 주기는 높은 불규칙성을 보여주었다.

1차 산업혁명을 기점으로 산업경제로 이행되면서 경기 사이클이 이전에 비해 예측 가능하고 정책 등을 통해 통제할 수 있는 부분이 커지기 시작했다.

그러나 가계, 기업 및 정부 등 경제 주체들의 예측 불가능한 경제 행위는 여전히 경기 주기에 큰 영향을 미쳤다. 특히 대규모 생산 및 소비시대 진입과 자본시장 발달은 과잉투자와 과잉부채 등의 부작용을 양산하면서 예기치 못한 경기 변동과 경기 주기를 촉발시켰다. 더욱이 세계화에 따른 자본의 자유로운 이동은 경기 변동을 더욱 높이는 중요한 요소로 등장하게 된다.

이에 반해 IT 기술 발전으로 본격화된 신경제는 이전의 경기 변동성 요인을 줄여주는 동시에 인플레이션 압력을 낮춰 경기 주기의 장기화에 기여했다.

컴퓨터 보급 확산 등을 통한 재고관리, 생산성 향상, 낮은 물가압력은 정부와 중앙은행 정책에도 큰 변화를 유발시켰다. 경제 안정 중심의 재정 및 통화정책에서 성장 중심으로 정책의 축이 이동한 것도 경기 주기의 장기화에 긍정적 영향을 미쳤다. 여기에 기술을 기반으로 한 새로운 비즈니스 모델의 경쟁적인 시장 도입, 기술 발전에 힘입어 짧아진 상품 및 서비스의 수명(=사용) 주기, 주식시장 및 벤처캐피털 등을 통한 원활한 자금조달 등은 과거에 비해 경제활동이 더욱 활성화될 수 있는 토대를 제공하고 있다.

무엇보다 기술 발전과 더불어 우리가 일상에서 이용하는 각종 상품 및 서비스의 생명 주기가 짧아지고 다양화되는 추세는 더욱더 혁신 기술의 중요성을 높이는 동시에 경제가 기술 중심으로 작동하게 만들고 있다. 결국 신경제 비중과 중요성이 높아지는 추세라는 점에서 향후 경기 주기는 기술 주기 중심으로 변화될 것이 분명해 보인다.

짧아지고 있는 기술 주기
vs. 경기 주기 장기화

3차 산업혁명을 거치면서 글로벌 경제의 기술 의존도는 갈수록 심화되고 있고, 경기 주기와 기술 주기 간의 상관관계 역시 한층 높아지고 있다.

여러 경기 주기론 중 50년 경기 주기론을 주장하는 장기 경기 주기론, 즉 콘드라티예프 주기론이 있다. 초기 산업혁명을 출발점으로 50년 주기로 기술 변화가 일어나면서 장기 경기변동이 발생한다는 내용이다. 콘드라티예프 장기 주기론에 따르면 크게 글로벌 경기는 5차례의 파동으로 구분되는데, 그 파동은 바로 기술 변화에 기반하고 있다.

제1파동은 1780~1840년 시기로 1차 산업혁명이 중심에 있고, 제2파동은 1840~1890년 기간으로 증기기관 및 철도 등 2차 산업혁명이 경기사이클의 중심에 있다.

1890~1940년 시기인 제3파동 역시 2차 산업혁명의 연장선, 즉 전력과 철도 기술 사이클과 함께 대공황 및 1~2차 세계대전의 몸살을 경험했던 시기이다. 제4파동은 1940~1990년 대량생산과 각종 내구재 보급이 확대되는 미국 주도의 글로벌 성장 국면이다. 그리고 제

5파동은 1990년 이후 시기로 정보통신(IT) 관련 기술 혁신이 주도하고 있는 국면이다.

이 이론에 따르면 IT 기술 사이클에 기반한 현재의 제5파동은 2040년까지 이어질 것이다. 그러나 주목할 것은 콘드라티예프가 장기 주기론을 주장할 당시와 달리 기술 사이클의 주기가 매우 짧아졌다는 점이다. 신경제로 대표되는 현 경기 사이클은 IT의 기술 발전에 의해 좌우되고 있다고 해도 과언이 아닌 상황에서 IT 기술 발전 주기가 갈수록 단축되고 있다.

1976년 이후부터 지금까지의
IT 기술 발전 7단계

IT 기술 발전 단계는 크게 7단계로 구분해볼 수 있다.

1단계는 1976~1985년 시기로 마이크로소프트(1975년), 애플 컴퓨터 창업(1976년)과 1980년대 초 IBM PC 등장 등으로 개인용 컴퓨터(PC) 보급이 본격화되면서 3차 산업혁명이 시작된 국면이다. 1단계의 대표적인 기업은 아무래도 애플이라고 할 수 있다.

2단계는 1985~1995년으로 소프트웨어 혁명으로 PC 산업이 한 단계 더 도약했던 시기이다. 1985년 마이크로소프트는 버그가 많아 혹평을 받긴 했지만 윈도우 1.0을 출시하면서 소프트웨어 혁명을 주도하게 된다. 특히 1995년 윈도우95가 세계적인 대히트를 치면서 마이크로소프트는 명실상부하게 2단계 IT 기술 국면의 대표적인 기업

■ 미국 다우지수와 혁신 기술의 추이(1900년~)

(다우지수 로그 값)

디지털 및 그린 경제

스마트폰, SNS

IT, 정보통신

자동차 및 내구재
보급 사이클, 석유화학

자동차, 전기, 화학
기술 사이클

자료: 하이투자증권

이 된다.

3단계는 1993~1999년으로 1994년 내비게이터 등장으로 도래한 인터넷 혁명 기간이다. 필자 역시 직장에 근무하면서 느리지만 인터넷을 처음 경험했던 기억이 난다. 인터넷이 정말 세상을 바꿀 수 있는 혁명적 기술이 될 것이라는 느낌을 세상이 공유했던 시기이다. 이 시기에 국내외적으로 야후 등 검색포털 업체들이 경쟁적으로 출현하는 동시에 아마존(1995년), 이베이(1995년), 구글(1999년) 등 인터넷 기업, 즉 온라인 기반 신생 기업들의 창업 역시 우후죽순처럼 이루어졌다. 이러한 분위기는 당연히 주식시장으로 이어져 소위 닷컴 버블이 만들어지는 등 인터넷 혁명이 절정을 이루게 되었다.

3단계 국면은 짧은 기간이었지만 인터넷 보급과 함께 IT 관련 산업이 비약적으로 성장한 시기로, 미국 경제의 1990년대 대호황의 핵

1단계(1976~85년): 개인용 컴퓨터 혁명

2단계(1985~95년): 소프트웨어 혁명

3단계(1993~99년): 인터넷 혁명

4단계(1999~06년): 검색 혁명

5단계(2007~10년): 스마트폰 혁명

6단계(2010~코로나19): SNS, 클라우드

7단계(코로나19~): 5G, AI, IOT, 모빌리티

심적 역할을 했다. 3단계 국면은 내비게이터로 시작되어 IT 공룡 기업으로 성장하게 되는 아마존 및 구글의 창업으로 마무리되는 시기이다.

4단계는 1999~2006년으로 스마트폰과 소셜 혁명의 태동기로 요약할 수 있다. 닷컴 버블 붕괴로 기업 도산 등 IT 업계도 2000년대 초 한파를 맞이하면서 재도약을 모색하는 시기였다. 2001년 스티브 잡스는 PC 전성시대의 종료를 선언하면서 애플의 디지털 허브로의 정책 전환 필요성을 강조했고, 이에 애플은 2003년 아이튠즈 시스템을 통해 새로운 음악 생태계를 구축했다. 이후 아이튠즈 시스템은 애플 스토어로 확장되면서 성장하게 된다.

이 시기의 또 다른 특징은 소셜 혁명이다. 즉 사회관계망(SNS)을 주도하게 될 페이스북(2004년)과 유튜브(2005년, 2006년 구글이 유튜브 인수)가 창업되면서 소셜 혁명 시대가 태동하기 시작한다. 이 시기 IT 기술 성장은 다소 주춤해지면서 마이크로소프트, 애플, 아마존 등 기

존의 대표적 IT 기업들이 재충전 시기를 맞이한다.

5단계는 2007~2010년으로 아이폰 출시로 시작된 인터넷 혁명에 버금가는 스마트폰 혁명 시기이다. 아이팟 성공 이후 2007년 6월 아이폰 출시는 또 다른 IT 시대를 열어줌과 동시에 우리의 삶을 혁신적으로 변화시킨다. 동시에 스마트폰의 출시와 보급은 4차 산업혁명의 서막을 알리는 신호가 된다.

6단계는 2010년부터 코로나19 이전까지로 본격적인 소셜 혁명과 클라우드 시대이자 4차 산업혁명의 출발기이다. 어찌 보면 진행 중이라고도 할 수 있는 현 시기의 특징은 경제 패러다임의 전환이다. 오프라인에서 온라인으로 경제와 산업의 틀과 생태계가 급격히 변화되고 있다. 소위 플랫폼 경제가 각광을 받기 시작하면서 FAANG[페이스북(Facebook), 아마존(Amazon), 애플(Apple), 넷플릭스(Netflix), 구글(Google)]의 전성시대가 지속되고 있다.

7단계는 코로나19 이후 시대로 4차 산업혁명의 본격화, 즉 디지털 경제의 정착기로 예상된다. 5G, AI, IOT 및 모빌리티 등이 미래 경제를 선도할 것으로 예상되지만, 예상치 못한 혁신 기술과 제품 혹은 서비스가 출현할지도 모르는 미지의 영역이다. 특히 코로나19는 혁신 기술 및 경제 패러다임의 전환을 가속화시키는 계기가 되고 있다.

중요한 것은 이 시기가 미국과 중국 간 글로벌 패권, 즉 기술패권을 두고 경쟁이 더욱 치열해지는 시기라는 점이다. 승자독식이 디지털 경제의 특성임을 감안할 때 승자는 수년간 글로벌 패권자의 위치에 우뚝 서게 될 것이다. 동시에 치열한 경쟁은 기술 주기를 더욱 단축시키는 효과도 발생시킬 공산이 높다.

글로벌 경제의 기술 의존도는
갈수록 높아진다

이상에서 살펴본 바와 같이 3차 산업혁명을 거치면서 글로벌 경제의 기술 의존도는 갈수록 심화되고 있고, 경기 주기와 기술 주기 간의 상관관계 역시 한층 높아지고 있다. 혹자는 기술 사이클이 경기주기를 지배하면서 경기 주기가 사라지고 있다고 주장한다.

물론 기술 발전이 이어져도 경기 주기가 사라지지는 않을 것이다. 다만 이전의 경기 주기와는 사뭇 다른 양상으로 전개될 공산이 높다. 기술 주기가 짧아지면서 경기 주기가 단축되는 것이 아니라 오히려 기술 혁신과 관련된 다양한 신제품이 출현하면서 경기 주기, 즉 확장 사이클이 장기화되는 경향이 강화될 것으로 보인다.

또 하나 명심해야 할 것은 짧아진 혁신 기술 주기는 새로운 기업 출현 가능성을 높일 수 있다는 점이다. 기술 혁신과 이를 뒷받침해줄 수 있는 풍부한 유동성은 신생 기업의 성장과 시장진입을 과거에 비해 쉽게 하는 자양분이 될 것이기 때문이다. 동시에 이는 기업과 개인의 부의 변화가 빠르게 이루어질 수 있음을 의미한다.

단적으로 글로벌 IT 기업의 경우 국경 장벽이 허물어진 지 오래이다. 즉 과거 구경제 패러다임하에서는 대형 기업의 지배력이 한 국가 및 한 지역에 국한되었지만, 디지털 경제에서는 대형 기업이 한 순간에 전 세계를 지배하는 현상이 일반화될 것이다. '0이 아니면 1'의 승자독식 현상이 이미 IT 공룡 기업을 중심으로 보편화되고 있다. 기업 간 부의 변화가 빠르게 그리고 급속히 진행된다는 것이다.

전기 자동차뿐 아니라 전력 에너지 분야에서도 글로벌 1위를 꿈꾸는 테슬라 주가가 1,000달러(2020년 6월 30일 종가 1,079.81달러 = 8월 21일 기준 5대 1 액면분할로 215.96달러)를 넘어섰다. 2020년 들어서만 약 578%(2020년 11월 말 기준) 급등했다. 테슬라 시가총액은 이미 100년 자동차 기업인 포드는 물론 일본 대표 기업인 도요타 등 전통적인 자동차 제조업계 대기업의 시가총액을 넘어섰고, 글로벌 5대 석유사 엑슨모빌의 시가총액마저도 제쳤다.

테슬라 주가의 거침없는 급등에 대해 일부는 "닷컴 버블과 같은 거품"이라고 주장하는 의견도 많다. 테슬라의 주가 흐름이 어떤 방향으로 흘러갈지는 미지수이다. 그러나 테슬라 주가 및 시총 추이는 신경제 패러다임 하에서는 기술 선도 기업이 승자독식할 가능성이 커지고 있음을 잘 보여주는 사례이다. 테슬라가 전기차를 중심으로 전 세계 자동차 시장의 1등 기업이 될지는 아직 불확실하지만 혁신 기술을 기반으로 가능성을 보여주고 있는 것은 사실이다.

테슬라와 같은 기업들이 4차 산업혁명 시대에 다양한 부문에서 출현할 것으로 기대된다. 이는 경기 주기보다는 혁신 기술에 초점을 둔 투자가 기업은 물론 개인의 부를 좌지우지하는 세상이 열렸다는 것을 강하게 시사한다.

서비스 부문이
혁신 기술을 주도한다

디지털 서비스 생태계 구축은 아직까지는 미완성으로,
포스트 코로나를 맞아 새로운 단계로의 도약을 준비중이다.

우리의 일상생활은 어느 순간 디지털 생태계, 특히 디지털 서비스 생
태계에 깊이 빠져 있다. 스마트폰 알람이 잠을 깨우면서 우리는 자연
스럽게 디지털 서비스 생태계에 진입한다. 기상 이후 TV보다는 스마
트폰을 통해 각종 뉴스 및 날씨 등을 검색한다. 출근 시에도 내비게
이션을 이용하거나 음악 및 각종 영상을 시청한다. 지하철 혹은 버스
승객이 스마트폰에 열중하고 있는 모습은 낯선 광경이 아니다. 근무
시간에도 이메일, 메신저, 자료 검색, 사내 인트라넷, 최근에는 화상
회의까지 근무와 관련된 각종 앱 및 데이터 서비스 의존도는 이미 절
대적이다.

친구와의 대화, 각종 예약, 쇼핑, 식사 배달, 주식투자 등에서도 앱이 쓰이지 않는 곳이 없다. 퇴근 후 잠자리에 들기까지 스마트폰 및 인터넷을 통한 디지털 서비스 생활은 지속된다.

중요한 것은 디지털 서비스 생태계 구축이 아직 미완성이고 향후 또 다른 성장이 예정되어 있다는 것이다. 전 세계 약 33억 스마트폰 보유자는 스마트폰을 통해 각종 디지털 서비스를 받고 있다. 스

■ 1분당 발생하는 데이터 규모: 데이터 생태계에서 벗어날 수 없는 경제활동

자료: Visualcapitalist.com

마트폰을 통해 이용되는 서비스 시장 규모는 2020년 기준으로 약 9,440억 달러로 추정되고 있고, 동 시장은 2023년까지 연 5~10%의 성장이 기대되고 있다.

디지털 서비스 생태계에서
빠져나올 수 없는 시대

먹고 마시는 것을 제외하고 우리의 일상이 이제는 디지털 서비스 생태계를 떠나서는 살 수 없는 세상이 된 것이다. 그리고 이제는 스마트폰을 통해 수면의 질을 체크할 수 있는 앱도 있다는 얘기를 들었다. 잠자고 있는 동안에도 디지털 서비스 생태계에서 빠져나올 수 없는 시대가 된 것이다.

앞서 포스트 코로나 시대 이슈와 관련해 무형자산이 더욱 각광받을 수 있음을 지적한 바 있다. 근 100년 동안 세계 경제를 이끌어왔던 원동력은 자동차, TV, 냉장고, PC 그리고 스마트폰 등 신상품 사이클이었지만, 더 이상 이들 제품의 소비가 보급률 측면에서 획기적으로 늘어날 것 같지는 않다.

오히려 이들 제품 간의 상호 연결성을 높이거나 효율성을 높이기 위한 콘텐츠 경쟁이 가속화될 것으로 기대된다. 미래 상품으로 지칭되는 자율주행차, 스마트시티 등도 결국은 디지털 인프라, 즉 디지털 데이터 서비스 없이는 불가능하다. 인간은 늘 새로운 것을 갈망해왔고, 이는 기술 혁신을 통해 신제품 개발로 이어졌다.

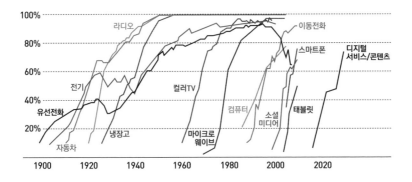

자료: Visualcapitalist.com 등을 참조

인간의 새로운 것에 대한 갈망은 지속될 것이다. 다만 인간이 갈망하는 새로운 것은 더 이상 상품(=물건)이 아닌 서비스(=콘텐츠)일 공산이 높다. 역사적으로 신제품 보급률 사이클이 경제를 주도해왔지만, 향후에는 새로운 디지털 서비스가 경제와 산업을 주도할 것이다.

패권 다툼을 위한
미중 간의 기술 경쟁은 시작되었다

미중 갈등은 단순히 무역갈등이 아닌 글로벌 패권국의 지위를 차지하기 위한 장기 기술패권 경쟁임을 명심하자.

1950년대 말 미국을 패닉에 빠지게 한 '스푸트니크 쇼크(Sputnik Shock)'라는 사건이 있었다. 옛 소련(소비에트연방)이 1957년 10월 4일

카자흐스탄 사막에서 세계 최초로 인공위성 스푸트니크 1호를 발사하는 데 성공한다. 이전까지만 해도 과학기술 분야에서 소련을 압도하고 있다고 믿었던 미국은 엄청난 충격을 받았는데 이를 스푸트니크 쇼크라 한다. 이후 1960년대는 우주기술에서 우위를 차지하기 위한 미소 양국의 '문 레이스(Moon Race)'가 치열해진다. 문 레이스의 정점은 너무나 잘 알고 있듯이 아폴로 계획에 따른 1969년 아폴로 11호의 달 착륙이다.

문 레이스 과정에서 미국은 항공우주국(나사, NASA)을 창설한다. 미국 혁신 기술 사이클에서 나사의 역할은 지대하다. 우주항공 기술뿐만 아니라 나사에서 개발한 각종 기술은 미국이 IT 기술 혁명을 이끌 수 있는 원천 기술 제공처가 되어왔음은 부인할 수 없는 사실이다. 스푸트니크 쇼크가 미국의 기술 발전을 10~20년 앞당긴 계기가 된 것이다.

중국으로부터 위협을 받는
미국의 지위

이런 미국이 제2의 스푸트니크 쇼크에 직면하고 있는데, 이번 상대는 중국이다. '기술굴기' '제조업2025'로 상징되는 중국 기술 발전은 미국의 새로운 위기로 다가오고 있다. 미중 무역갈등을 단순히 미국의 대중 무역수지 적자를 축소하기 위한 트럼프 대통령의 돌발적 행동으로 치부하기는 어렵다는 것이 중론이다.

향후 100년의 글로벌 패권국 위치를 차지하기 위한 미중 간 기술 패권 경쟁으로 보는 시각이 일반적이다. 실제로 중국은 5G 부문에서 미국을 한 발 앞서고 있는 것으로 평가받고 있다. 이에 미국은 중국 5G 기술을 주도하고 있는 화웨이 및 ZTE(중싱통신)을 안보 위협 기업으로 지정 및 규제하면서 자국 내 5G 관련 기술 개발에 박차를 가하고 있다.

그러나 미국의 집중적 견제에도 불구하고 중국 정부 차원의 IT 기술 육성 정책은 더욱 가속화되는 분위기이다. 특히 코로나19 이후 중국은 경기부양 명목하에 '신인프라' 투자를 적극적으로 실시하고 있는데 신인프라 투자의 핵심은 5G, 클라우드, AI 등 디지털 인프라 투자이다. 중국의 '기술 굴기' 정책이 포스트 코로나 시대를 맞이하면서 더욱 탄력을 받고 있다.

중국의 기술 굴기에
주목해야 할 때다

중국의 '기술 굴기' 정책은 이미 가시적인 성과가 나타나고 있다. 대표적인 사례가 위성항법 시스템이다. 중국은 일부 항공기에 베이더우위성항법 시스템을 응용할 것임을 밝혔다. 베이더우 시스템은 미국이 그 동안 독점하고 있던 위성 위치확인 시스템, 즉 GPS(Global Positioning System)를 대체하기 위해 중국이 개발중인 시스템이다. 베이더우와 같은 위성 위치 확인 시스템이 중요한 것은 사물인터넷이나 자율주행차 실용화를 위해서는 반드시 필요한 디지털 인프라이기 때문이다.

참고로 GPS가 GNSS로 전환할 움직임이 가시화되고 있는데, GNSS는 Global Navigation Satellite System의 약자로 미국 국방부가 개발해 운영중인 GPS 독점에 대응하기 위해 주요 선진국이 개발 중인 위성측위시스템을 통칭한다. 대표적으로 러시아가 글로나스(GLONASS: GLObal NAvigation Satellite System)를, 유럽연합(EU)은 갈릴레오(Galileo)를, 중국은 베이더우(北斗, Beidou)를 구축하고 있다.

중국발 제2의 스푸트니크 쇼크가 현실화되고 있다는 측면에서 미국 역시 향후 혁신 기술 개발에 더욱 박차를 가할 수밖에 없고, 이는 기술 주기를 더욱 앞당기는 요인으로 작용할 것이다. 기술패권을 둔 미중 간 경쟁 격화는 우려스러운 부분도 있지만 한편으로는 각종 4차 산업혁명 관련 기술과 제품의 개발을 앞당기는 원동력으로 작용할 것이다.

기술 혁신을 통해
부의 지도를 바꾸는 기업들

데이터는 잠들지 않는다(Data never sleeps).
동시에 돈도 잠들지 않는다(Money never sleeps).

1980년 이후 전 세계 시가총액 10대 기업의 변화를 보면 부의 흐름이 어떻게 이동하고 있는지를 한눈에 볼 수 있다. 기업들의 부의 부침은 주류 산업의 변화를 통해 일어나고 있다.

글로벌 금융위기가 발생하기 이전까지 석유 등 산업재 업종과 금융 업종이 글로벌 경제와 산업의 중심 축이었다. 이러한 산업 흐름의 첫 번째 변화는 1990년대 중후반에서 2000년대 초반까지의 시기로 인터넷 혁명 국면이다. 다만 마이크로소프트, 통신 관련 업종이 글로벌 경제와 산업의 중심으로 부상했지만 닷컴 버블 붕괴와 함께 IT 기업들은 산업 주도권을 잠시 놓게 된다.

본격적으로 IT 기업들이 전 세계 산업을 주도하기 시작한 것은 스마트폰 혁명과 4차 산업혁명 시대가 개막되는 금융위기 이후이다. IT 중심의 글로벌 산업 흐름은 포스트 코로나 시대를 맞아 더욱 강화될 추세이다.

디지털 및 4차 산업혁명을 대변하는 대표적인 기업들

포스트 코로나 시대에 IT 관련 기업들에게 부가 집중되고 있는 현상은 코로나19 사태를 거치면서 시가총액 규모가 증가한 기업들을 통해서도 재차 확인되고 있다. 〈파이낸셜타임스(FT)〉 자료에 따르면 2020년 들어 6월 13일까지 시가총액이 증가한 글로벌 100대 기업의 업종을 보면 IT 업종, 아마존 및 테슬라가 포함되어 있는 임의소비재 업종, 헬스케어 및 페이스북과 알파벳이 포함된 통신서비스 업종 순으로 조사되었다.

특히 시가총액이 가장 많이 늘어난 상위 10개 업체를 보면 '1) 아마존, 2) 마이크로소프트, 3) 애플, 4) 테슬라, 5) 텐센트, 6) 페이스북, 7) 엔비디아, 8) 알파벳, 9) 페이팔, 10) T-Mobile' 순으로 집계되었다. 소위 디지털 및 4차 산업혁명을 대변하는 대표적인 기업들이다.

코로나19는 항공, 관광 등 기존 전통적 업종과 기업들에게는 도산의 위기로 이어졌고, 산업재 및 에너지 관련 기업들 역시 막대한 피해를 피해갈 수 없었지만, 디지털 기업들에게는 부를 축적할 수 있는 기회로 작용했다. 혁신 기술과 코로나19가 산업 측면에서 급격한 부의 이동을 촉발시키고 있고, 이러한 추세는 상당 기간 지속될 것으로 예상된다.

두 번째 부의 이동은 나라별 이동이다. 1980년대 초중반까지 오일

■ 글로벌 시가총액 1~10위 변화 추이

특징	2차 오일쇼크	일본 붐	닷컴 버블	포스트 닷컴 버블	금융위기 & 중국 붐	스마트폰 & 유가 100$	Big-Tech 시대	코로나19
순위	1980년	1990년	1999년	2004년	2009년	2014년	2019년	2020년 (1분기)
1	IBM (IT)	NTT (통신)	Microsoft (IT)	GE (산업재)	Petro China (석유)	애플 (IT)	Microsoft (IT)	Aramco (석유)
2	AT&T (통신)	Mitsubishi Bank (금융)	GE (산업재)	Exxon (석유)	Exxon (석유)	Exxon (석유)	Amazon (IT)	Microsoft (IT)
3	Exxon (석유)	Industrial Bank of Japan (금융)	CISCO (IT)	Microsoft (IT)	ICBC (중국)	Alphabet (IT)	애플 (IT)	애플 (IT)
4	Standard Oil (석유)	Sumitomo Bank (금융)	Exxon (석유)	Pfizer (제약)	Microsoft (IT)	Microsoft (IT)	Alphabet (IT)	Amazon (IT)
5	Schlum berger (석유)	Toyota Motor (자동차)	Walmart (유통)	Citi (금융)	China Mobile (통신)	Berkshire Hathaway (금융)	Facebook (IT)	Alphabet (IT)
6	Royal Dutch (석유)	Fuji Bank (은행)	Intel (IT)	Walmart (유통)	Walmart (유통)	Johnson & Johnson (제약)	Berkshire Hathaway (금융)	Alibaba (IT)
7	Mobil (석유)	Dal-Ichi Kangyo Bank (은행)	NTT (통신)	BP (석유)	중국 건설은행 (금융)	Shell (석유)	Alibaba (IT)	Facebook (IT)
8	Atlantic Richfield (석유)	IBM (IT)	lucent technologies (통신장비)	AIG (금융)	PETROBRAS (에너지)	GE (산업재)	Tencent (IT)	Tencent (IT)
9	GE (산업재)	UFJ Bank (금융)	Nokia (통신)	Intel (IT)	Johnson & Johnson (제약)	Wells Fargo (금융)	VISA (금융)	Berkshire Hathaway (금융)
10	Eastman Kodak (소비재)	Exxon (석유)	BP (석유)	BOA (금융)	Shell (석유)	Roche (제약)	Johnson & Johnson (제약)	Johnson & Johnson (제약)

쇼크와 산업재 중심의 경제 패러다임 하에서 미국과 주요 유럽국가의 기업들이 부를 주도했다. 그러나 오일쇼크가 진정되고 일본 경제가 부상하면서 일본 기업과 은행들이 글로벌 부의 중심에 위치하게 된다. 이후 일본 경제의 버블 붕괴와 미국 IT 혁명으로 미국 기업들이 글로벌 부의 지도를 다시 한 번 바꿔놓는다.

닷컴 버블이 붕괴된 이후에는 중국 기업과 금융기관이 새로운 부의 강자로 등장한다. 또 한 번 부의 흐름이 바뀐 것이다. 물론 중국 등 이머징 기업들 역시 글로벌 금융위기를 맞이하면서 위치가 약화되었지만 중국 기업은 무시할 수 없는 입지를 확보하게 된다.

한편 2010년대 들어 부의 중심에서 밀려나던 미국 기업들은 금융위기 이후 재차 스마트폰을 중심으로 한 혁신 기술 사이클을 주도하면서 다시금 부의 중심을 찾게 된다. 2019~2020년 기준으로 글로벌 시가총액 10위 기업 중 미국 기업은 7~8개 기업이다. 아람코를 제외한 나머지 2개 기업은 중국 IT 기업이다. 미국 기업이 글로벌 부의 중심에 강하게 포진하고 있지만, 중국이 IT 기업을 필두로 거센 도전을 하고 있다.

결코 잠들지 않는 돈은
기회를 찾아 이동중이다

부는 결코 한 곳에만 머물러 있지 않는다. 성장과 기회가 있는 곳으로 흘러가기 마련이다. 부의 이동에 편승하기 위해서는 미래, 특히 포스트 코로나 시대를 주도할 수 있는 혁신 기술을 보유한 기업에 편 승하는 것이 그 어느 때보다 필요한 시점이다.

얼마 전 넷플릭스를 통해 2편의 영화를 감상했다. 첫 번째 영화 는 〈아이리스맨〉으로 1940~1950년대 미국에서 막강한 권력을 누렸 던 트럭 운전자 조합 '팀스터스'의 수장이었던 지미 호파의 실종사건 을 재구성한 영화로 존 F. 케네디 미 대통령의 당선과 암살, 워터게 이트 사건 등 미국 현대사 주요 사건 역시 담겨 있다. 또 다른 영화는 2008년 글로벌 금융위기를 배경으로 월스트리트의 탐욕을 그린 영 화로 2010년작 〈월 스트리트: 머니 네버 슬립스〉이다.

두 영화를 언급하는 이유는 이들 영화가 권력과 돈의 탐욕에 대해 생각해볼 수 있는 영화이기 때문이다. 특히 2010년작 〈월스트리트〉 에서 서브프라임 모기지로 촉발된 금융위기 사태로 위기를 맞이한 금융기관이 미 연준과 협상을 벌이는 장면을 보며 당시 위기가 떠오 르면서 미묘한 감정이 들기도 했다.

〈월스트리트〉는 내용보다 사실 더욱 인상에 깊은 것은 부제인 '돈 은 잠들지 않는다'이다. 탐욕을 상징할 수 있는 문구이기도 하지만, 돈은 결국 가만히 있지 않고 높은 수익률을 찾아 움직인다는 본질적 속성을 표현한 것이다. 이러한 돈의 속성은 경제를 비약적으로 발전 시키기도 하고, 한편으로는 버블을 촉발시켜 막대한 피해와 위기를 주기도 한다.

이처럼 잠들지 않는 돈이 코로나19로 인해 상상할 수 없을 정도로 시중에 풀렸고, 막대한 유동성은 또 다시 수익의 기회를 찾아서 이동 중이다. 코로나19발 팬데믹 초기 생존 공포가 잠시 유동성 흐름을 멈추게 했다. 죽음의 공포뿐만 아니라 경제적으로 경험하지 못했던 대공황 리스크가 돈의 흐름을 정체시킨 것이다. 그러나 정체되었던 돈은 그냥 잠들지 않고 재차 움직이면서 일부 돈은 금과 부동산 등 안전자산으로 이동했고, 또 다른 일부는 높은 수익률을 좇아 주식시장으로 유입되며 예상치 못한 강한 주가 랠리를 유발시켰다. 또 다시 주식 등 자산가격에 거품이 커지고 있는지도 모른다.

그럼에도 불구하고 돈의 흐름을 무시할 수는 없다. 더욱이 포스트 코로나 시대는 위기일 수도 있지만 기회일 수도 있다. 무엇보다 급격한 기술 변화는 산업과 경제 패러다임을 급격히 변화시킬 수 있고, 시중에 풀려있는 막대한 돈은 혁신 기술 분야 혹은 혁신 기업으로 흘러 들어갈 것이다.

미래를 예측할 수 있는 사람은 없지만 가능성은 어느 정도 예상해 볼 수 있다. 혁신 기술이 경제와 금융시장을 지배하는 세상이 다가오고 있다. 그리고 잠들지 않는 돈은 기회를 찾아 이동중이다. 포스트 코로나 시대는 중장기적 관점에서 부의 지도를 바꿀 수 있는 기회이다. 이를 위해서는 혁신 기술 사이클과 혁신 기업에 주목해야 한다.

이번 디지털 혁신 사이클로
테크노믹스 시대가 활짝 열린다

4차 산업혁명으로 대변되는 이번 디지털 혁신 사이클은 기술과 경제가 융합한 테크노믹스(Technomics)가 주도할 전망이다.

■ 산업혁명 사이클과 테크노믹스

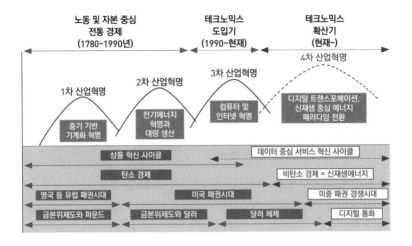

자료: 하이투자증권

글로벌 경제와 금융시장이 새로운 변화의 길에 진입했다. 글로벌 금융위기를 장기간에 걸쳐 극복했지만 코로나19라는 경험하지 못했던 또 다른 충격은 글로벌 경제가 자칫 장기 저성장 국면으로 진입할 수도 있다는 위기감을 증폭시켰다. 특히 2020년 2분기 전 세계 경제가 대공황에 버금가는 경제적 충격에서 가까스로 벗어났지만 코로나19의 장기화 리스크는 언제든지 글로벌 경제 침체를 촉발시키는 동시에 일본형 디플레이션과 같은 장기 저성장을 현실화시킬 수 있는 잠재 위험요인이다.

더욱이 고령화, 과잉투자 및 고부채로 시름을 앓고 있는 글로벌 경제와 산업 입장에서는 성장을 위한 새로운 돌파구가 필요한 시점이다. 그나마 다행인 것은 글로벌 경제와 산업 내 변화의 바람이 불기 시작했다는 점이다.

디지털 혁명 및 에너지 패러다임 전환을 축으로 하는 소위 테크노믹스 시대가 열리고 있다. 디지털 기술을 중심으로 한 테크노믹스는 이전과 다른 산업혁명 사이클로 글로벌 경제의 새로운 성장 동력이자 장기 저성장 압력을 해소시킬 수 있는 돌파구 역할을 할 가능성이 높다.

어찌 보면 코로나19로 인해 더욱 앞당겨진 테크노믹스는 경제 체질과 산업 패러다임을 획기적으로 변화시킬 수 있다. 따라서 향후 글로벌 경제와 금융시장을 이해하기 위해서는 이번 테크노믹스의 내용과 발전 방향을 정확히 이해할 필요가 있다.

○●○

만드는 것도, 포기하는 것도, 성공도 쉬워진 창업 전성시대

월가의 올드머니 시대가 가고 실리콘밸리의 뉴머니가 뜬다

대기업의 시대에서 데카콘의 시대로

플랫폼 기업의 부상과 네트워크효과

강력한 팬덤을 구축한 비즈니스계의 히어로들과 제품들

창업에 최적화된 미국 시스템에서 배우자

TECHN

4부

경제 3주체 중 하나인
'기업'이 변하고 있다

만드는 것도, 포기하는 것도, 성공도 쉬워진 창업 전성시대

젊은 기업가정신이 실리콘밸리를 필두로 싹트고 있다.
디지털 혁신은 창업도, 도전도, 성장도, 포기도 쉽고 빠르다.

산업혁명으로 봉건시대의 왕족과 귀족이 사라진 후, 새로운 계급인 기업가는 자본주의 시대를 열었다. 누구나 새로운 아이디어와 기술, 기업가정신을 가지면 기업을 만들어 자본가의 반열에 오를 수 있었다. 그래서 기업은 '자본주의의 꽃'이라 불린다. 기업이 만든 제품이나 서비스를 통해 이윤이란 부가가치가 창출되고, 일자리가 만들어지면서 근로소득이 발생한다. 법인세와 근로소득세의 원천 역시 기업이라는 프레임이 있기에 가능하다.

기업은 내수시장에서의 소비와 수출을 통한 무역수지에도 기여한다. 기업이 튼튼하고 안정되면 그 구성원들도 급여나 우리사주 등을 통해 부를 축적할 수 있다. 기업은 성장을 위해 설비투자를 하고, 더 큰 산업의 생태계를 만들어간다. 많은 기업들이 만들어낸 부가가치들이 그 국가의 자산증분을 이룬다. 경제라는 거창한 집합도 수많은 기업이 만들어낸 결과물인 것이다.

법인격인 기업도 사람의 생애와 마찬가지로 생로병사(生老病死)가 있다. 수많은 기업들이 창업과 폐업을 반복하고, 사세 확장과 축소를 경험한다. 새로운 경쟁자 혹은 신기술의 등장이 기존 강자를 위협하기도 하고, 경쟁을 통해 더 강해지기도 한다. 세계화가 진행된 이후엔 다른 나라의 경쟁자 동향까지 살펴봐야 했다.

디지털 기업들이
아날로그 기업을 대체하다

제조업의 블랙홀인 중국이 등장한 이후 제품 아이템 결정은 매우 신중해질 수밖에 없어졌다. 중국의 저렴한 인건비와 막대한 시설투자, 엄청난 내수시장의 뒷받침으로 가격 경쟁력에서 어떻게든 열세에 놓일 수밖에 없기 때문이다. 중국의 등장으로 전 세계의 제조업 기반이 무너졌다.

새로운 비즈니스가 생겨날 때면 기득권의 저항이나 사회적 수용 여부도 매우 중요하다. 신구산업 간에 조율을 해야 하는 국가의 간섭이나 특허 인허가 문제도 기업의 탄생과 죽음에 큰 영향을 미치는 변수다. '네거티브 규제냐, 포지티브 규제냐'에 따라 창업의지가 달라지기도 한다.

특히 최근의 기술고도화는 파괴적 혁신(Disruptive Innovation)을 빈번하게 만들어내고 있다. 인터넷을 통한 정보통신 혁명에서 디지털라이제이션(Digitalization)을 거쳐 ICT기술의 융합까지 파괴적 혁신이 속속 나타났다.

이러한 신기술은 전통산업의 붕괴를 가속화시키고 있다. 예를 들어 아이폰의 등장으로 디지털카메라, 팩시밀리, MP3플레이어, 녹음기, 스캐너, 전자사전, 전자수첩, 포터블게임기 등 수많은 제품이 사라졌다. 아무리 해당분야에서 혁신을 이끌고 있었다 하더라도 이런 융합적 기술의 등장은 가히 파괴적일 수밖에 없다.

그만큼 전통적으로 강한 기업이 오랫동안 잘하기 힘든 환경이 조성되고 있다. 변화를 인지하고 혁신하지 않으면 무너지기 쉬운 시대라는 것이다. 기업의 평균수명이 길 수 없는 이유다. 이런 까닭에 산업화가 늦게 시작된 한국의 경우, 기업 평균수명이 33년에 불과하다(대한상공회의소 보고서, 코스피 상장회사 686개 평균).

반면에 신기술로 무장한 새로운 기업가들에게는 쓰러지는 전통기업들의 틈 사이에서 창업에 도전할 기회가 많아지고 있다. 기술 변화가 그만큼 빠르고 빈번해진다는 것은 오랫동안 강자의 위상을 견지해오던 전통기업에서 벌어지는 틈이 자주 발생한다는 의미이기도 하다. 인터넷에 의한 정보혁명이 닷컴기업들에게 큰 기회를 허락했고, 디지털 트랜스포메이션(Digital Transformation)의 변화가 디지털 기업들이 아날로그 기업을 대체할 수 있는 기회를 줬다.

성공한 벤처기업가들이
전 세계 젊은이들의 롤모델

한국의 인터넷기업들이 대부분 86학번 창업자들에 의해 생겨난 것도 결코 우연이 아니다. IBM 퍼스널 컴퓨터가 처음으로 보급되던 시기였기에 도스(DOS)와 윈도우를 접했던 86학번이 사업 아이디어를 다 같이 떠올릴 수 있었던 것이다.

또한 아이폰이 등장하고 애플리케이션 생태계가 생겨났기 때문에 카카오를 비롯한 다양한 애플리케이션 비즈니스가 태동할 수 있었다. 이처럼 신기술의 태동은 전통기업에게는 큰 위험이 될 수 있지만, 조기에 신기술을 습득한 기업인들에게는 다양한 신규 비즈니스 기회로 다가올 수 있다.

이렇듯 너무나 변화무쌍한 현대에는 업력의 장단(長短)이 기업 성공의 전제조건이 될 수 없다. 젊은 청년들이 기업가정신, 즉 새로운 혁신과 기술로 무장해 비즈니스를 일으키려는 도전의식을 가져야 새로운 비즈니스가 생기고, 트렌드에 맞는 변화를 만들어갈 수 있다.

지금은 그 어느 때보다도 성공한 벤처기업가들이 전 세계 젊은이들의 롤모델이 되어 있다. 애플의 스티브 잡스, 아마존의 제프 베이조스, 테슬라의 일론 머스크, 페이스북의 마크 저커버그 등의 성공을 따르기 위해 대학교 때부터 학교 내 창업동아리를 만들고, 아이디어를 모으는 등 예비기업가로서의 꿈을 키우고 있다.

꿈을 가진 창업자는 멘토, 멘티제도나 창업지원 정책으로 인해 창업에 대한 구체적인 실행을 할 수 있게 되었고, 온라인상에서 인재를 매칭시킬 수 있는 방법도 많아지고 있다. 아이템은 디지털 전환의 과도기적 단계에서 다양한 니즈가 쏟아지고 있는데다가 디지털 베이스라 아날로그에 비해 비교적 접근이 용이해졌다. 음식배달에서 세탁, 집청소에 이르기까지 다양한 분야에서 O2O(Online to Offline) 창업이 활발하다. '온라인 주문, 오프라인 수령'이라는 새로운 공식이 젊은 창업자들에게 많은 기회를 만들어주고 있다.

그동안 가장 어려운 영역이었던 자금모집은 다양한 스타트업 경연대회와 여러 성향의 벤처캐피털, 창업지원금, 크라우드펀딩, 시리즈 단계별 펀딩 등으로 예전에 비해 한결 쉬워지고 있다. 스타트업으로 크게 성공한 많은 유니콘, 데카콘 기업들이 스타트업에 활발히 투자하기도 한다.

한국의 경우 정부투자자금도 매우 크다. 정부는 저리의 정책자금 융자, 상환의무가 없는 청년창업사관학교, 창업지원금, 국가 연구개발 지원금 등 다양한 지원책을 마련해두고 있다.

물론 이런 다양한 서포트에도 불구하고 기업을 시작하고 유지하고, 성장시킨다는 것은 결코 쉽지 않다. 처음 의욕과는 달리 '죽음의 계곡(Death Valley*)'에서 많은 스타트업들이 넘어지거나 쓰러진다. 핵심기술이 있다면 그나마 인수합병을 통해서 탈출(Exit)하고 재기를 모색해볼 수도 있다.

창업과 인큐베이팅 과정의 스타트업에 있어 손익구조가 적자인 회

---

* 죽음의 계곡(Death Valley): 창업 3~7년 차에 나타나는 자금 고갈 구간. 후속 투자가 없는 상황에서 판로 개척에 어려움을 겪는 구간임

사는 부지기수로 많다. 하지만 최근에는 <u>오랜 기간 적자를 지속하는</u> <u>업체들의 기업 공개(IPO)도 크게 증가하고 있다는 점에서 주목할 만</u> <u>하다.</u> 현재 벤처캐피털뿐만 아니라 월스트리트 역시 바이오 기업이나 네트워크효과를 확장시키는 플랫폼 기업의 적자를 용인하는 추세다.

다시 말해 적자기업이라 하더라도 기업가치 상승이 가능해진 것이 다. <u>전통적인 가치측정은 이익 대비 혹은 유형자산 대비 시가총액의</u> <u>배수로 이뤄졌으나, 최근에는 무형자산의 가치를 활발히 기업가치에</u> <u>반영해주고 있다.</u> 이러한 경향은 단기 이익보다는 중장기 비전을 가 진 창업가들에게 큰 용기를 주고 있으며, 기존의 전통기업과는 다른 발상, 다른 과정으로 기업을 성장시키도록 환경을 만들어주고 있다.

법인등록도 법무사나 온라인을 이용하면 쉽게 진행할 수 있다. 그 어느 때보다 기업을 만들고 키우고 매각하는 시스템이 잘 갖춰진 시 대다.

■ 적자기업의 미국 기업 공개(IPO) 상장 비율

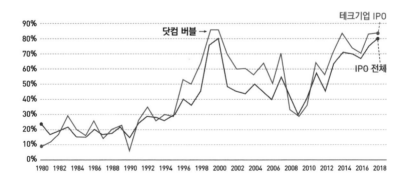

자료: www.vox.com

월가의 올드머니 시대가 가고
실리콘밸리의 뉴머니가 뜬다

천사(엔젤)의 투자가 실리콘밸리 뉴머니로 확대되고 있다.
이들 돈은 FAANG의 성공으로 올드머니를 압도하는 세력이 되었다.

1990년대 초 미국의 브로드웨이 연극무대에 투자하는 개인투자자들을 천사(엔젤)라고 불렀다. 흥행 여부를 예상하기 힘든 연극이란 문화상품에 선의를 가지고 투자하는 개인들이 나타난 것이다. 여기에 연유해 성공여부를 짐작하기 힘든 젊은 창업자들에게 투자하는 엔젤투자가 등장하기 시작했다. 엔젤투자의 대부분은 창업 경험이 있는 선배창업자들로부터 이루어진다.

실리콘밸리에서는 어느 정도 성공하면 반드시 젊은 창업가들에게 투자하고 멘토링하는 문화가 형성되어 있다. 엔젤투자는 90% 이상 실패하지만 엔젤투자자들은 돈을 벌겠다는 생각보다 새로운 배움과 네트워킹, 초창기 기업가정신을 재차 회복하는 데 의미가 있다. 반면 10%의 성공에서 유니콘 기업이 탄생하며 90%의 실패를 만회하고도 남는 경우도 많다.

이런 천사 같은 기부행위가 거대한 투자성공으로 나타나기도 한다. 이렇듯 대가를 바라지 않는 투자와 도움은 계속해서 선순환으로 이어지고 있고, 이것이 미국 실리콘밸리의 강한 전통과 문화로 자리 잡아가고 있다.

월가의 올드머니가 아닌
실리콘밸리의 뉴머니에 주목

실리콘밸리의 스타트업에 전문적으로 투자하는 벤처캐피털 심사역들은 기술전문성을 가지고 있다는 점에서 전통적 금융 중심지인 월스트리트와는 차별화된다. 1972년 실리콘밸리에서 벤처캐피털이 생겨날 때로 돌아가보면, 최초의 클라이너퍼키스(KPCB)와 세콰이어 캐피털(Sequoia Capital)이 페어차일드 반도체(Fairchild Semiconductor)의 핵심멤버들로부터 비롯되었음을 알 수 있다. 기술을 이해했던 사람들, 스타트업의 성공과 실패를 경험했던 사람들이 직접 투자의 길로 나선 것이다.

세콰이어캐피털은 애플, 구글, 유튜브, 줌, 왓츠앱, 드롭박스, 도어대시 등 수없이 많은 스타트업의 주요주주로 아직까지 실리콘밸리의 최대 큰손이다. 수백 개 기업에 초기 자금제공을 통해 큰 기회를 붙

잡고 있는 회사이기도 하다. 이들 벤처캐피털은 신기술에 대한 안목과 정보가 전통 투자회사들보다 훨씬 앞서 있다. 그리고 성공과 실패에 대한 철학도 남다르기에 투자 후 회수까지의 '인내'와 '대응'이 다를 수밖에 없다. 소위 '죽음의 계곡'에서 추가로 투자하는 용기 역시 다르다. 행여 실패로 투자가 마감된다 해도 기술과 경험을 분리해 다른 투자에 접목시킬 수 있는 네트워크도 갖추고 있다.

1990년대 말 미국에선 소위 '닷컴버블'이 생겼다. 대부분 인터넷 포털이 중심이 된 변화였다. 구글, 야후, 라이코스 등 통신망을 통한 인터넷 혁명은 Y2K라는 새로운 세기와 맞물리면서 환상을 갖게 했다. 포털은 초기 적자가 날 수밖에 없지만 성장은 자명하므로 투자해야 한다는 얘기들이 많았다.

<u>미래 성장성에 대한 의문과 수익의 메커니즘이 불투명하다는 의심이 많았지만, 결국 인터넷 혁명의 주체인 닷컴기업에 투자한 많은 투자자들은 실리콘밸리의 뉴머니(New money)였던 것이다.</u> 당시 미국의 상황은 기업 공개 업체 중 86%가 돈을 벌지 못하는 적자기업이었다. 대부분이 인터넷을 기반으로 한 포털업체였기 때문에 배너광고로도 돈을 벌기가 쉽지 않은 때였다. 정말 기술에 대한 이해와 확신이 없다면 이해가 가지 않는 투자세상이 펼쳐진 것이다.

이후 닷컴버블의 몰락으로 많은 기업이 도산하고 사라졌다. 당연히 기업 공개의 보수화도 이어졌고, 무모한 실리콘밸리의 뉴머니(New money)에 대한 비판, 쉽게 돈을 가져다 쓴 젊은 창업자들의 도덕적 해이에 대한 비판이 이어졌다. 치열한 경쟁과 자금난에서 어려움을 겪은 기업들이 수익모델을 찾기 위해 분주한 노력을 해야 했다.

■ 아마존의 수확체증 메커니즘(Amazon Flywheel)

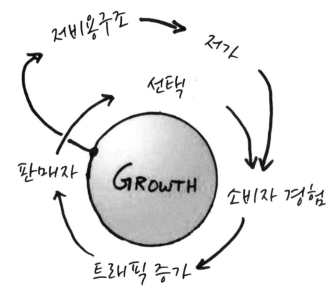

자료: Amazon

결국 이런 과정에서 살아남아 하위업체들의 몰락을 딛고 일어난 1등 기업들이 본격적인 네트워크효과(Network Effect)를 누리기 시작했다.

네트워크효과는 앞에서 일어난 수요가 이후 수요에 영향을 미치는 효과다. 어떤 상품에 대한 수요가 형성되면 이것이 다른 사람들의 상품 선택에 큰 영향을 미치는 현상을 의미한다. 닷컴기업은 특히 회원 수가 많아지면서 네트워크효과에 의해 제공되는 서비스 가치가 기하급수적으로 증가하는 경험을 하게 된다.

기술기업들의 낙관적 미래에
베팅하는 뉴머니

이 같은 불확실성에도 인내와 확신을 가지고 버틸 수 있었던 것도 같은 경험을 가지고 있는 뉴머니가 아니고서는 힘들었다. 당시 해당분야 1등 기업에 투자했던 주주들은 엄청나게 큰 부를 거머쥐게 되었다. 기술주에 대한 믿음을 가지고 인내했던 투자자들의 승리였다.

이런 기업들이 지금은 미국 주식시장의 최상위 기업들인 FAANG(페이스북, 아마존, 애플, 넷플릭스, 구글 모기업 알파벳)이다. 이들의 거대한 성장을 함께 누릴 수 있었던 주체는 그 어려움을 함께 했던 초기 엔젤들이었다.

미국의 경기가 되살아나고 역사적인 저금리 상태에 '나라가 헬리콥터로 돈을 뿌린다'는 QE(양적완화)에 나서면서 다시 버블이 양산되기 시작했다. 비난이 많았지만 이번엔 AI(인공지능), IoT(사물인터넷), Robot(로봇)을 기반으로 하는 4차 산업혁명이란 큰 변화가 그 기저에 깔렸다. 무엇보다 1990년대 말의 학습효과에 대해 믿음이 생겼다. 더 빠르게, 더 크게 돈이 돌고 기업의 시장사이즈가 커져갔다.

FAANG의 세력이 점점 커지면서 이들 스타트업 기업에 더 많은 돈이 수혈되고, 밸류체인이 생겨난다. 자연히 미래에 대한 공감능력이 있는 실리콘밸리의 뉴머니들은 가능성 있는 적자기업에 엄청난 모험자금을 투입한다.

테크 스타트업은 전체의 83%가 수익이 전혀 없는 기업들이다. 올드머니는 이런 불확실성에 투자할 수 있는 투자결정이 어려운 구조를 가지고 있다.

따라서 뉴머니는 모험자금으로 당장의 무수익에도 불구하고 시간과 기회를 산다. 인재를 사고, 기업의 인수합병으로 시간을 아낀다. 피투자기업의 입장에서도 펀딩과 설득에 들일 시간을 기술개발과 제품개발기간 단축에 사용한다. 투자자들의 멘토링과 네트워킹도 엄청나게 큰 힘이 된다. 이런 과정이 있기에 단기간에 큰 폭의 성장이 가능한 것이다.

미국의 최근 기업 공개 역사는 적자 속 1등이 될 진주 찾기 게임이었다. 이후 거기서 살아남은 아마존, 페이스북, 구글 같은 1등이 모든 걸 다 가져간 역사라고도 할 수 있다. 지금의 투자도 결국 20년 전 벤처에 투자했던 그들과 똑같은 길을 걷는다. 유동성이 넘치면서 많은 돈들이 상장 전 투자유치(Pre IPO)로 몰리고 있다. 플랫폼 기업들, 바이오 기업들이 적자임에도 대규모 펀딩에 성공하고 있고, 인수합병도 활발하다. 실리콘밸리 중심의 뉴머니가 계속해서 올드머니를 압도하고 있다.

코로나19 이후 사회적 거리두기, 실업자 대량속출, 기업체 이익급감 및 파산기업 확대 등으로 미래가 불투명했던 상황에서도 뉴머니의 선구안이 통하고 있다. 주가 급락 이후 올드머니와 뉴머니의 행보는 완전히 달랐다. 오랜 기간 적자를 보이던 테슬라의 주가가 이를 대변한다. 많은 플랫폼 기업들이 코로나19 이전보다 더 높은 주가를 형성하기 시작했다. 경기침체를 예상한 올드머니의 투자가 보수화된 데 반해, 뉴머니는 다시 한 번 기술기업들의 낙관적 미래에 베팅해 성공한 것이다.

전통기업의 부진과
신생 스타트업의 가파른 성장

신생 스타트업이 오랜 업력과 자본력을 갖춘 전통기업을 단번에 넘어서기란 여간 어려운 것이 아니다. 새로운 트렌드에 맞는 신기술을 무기로 시장에 조금씩 발을 딛고 전통기업의 틈새로 파고들 때 가장 먼저 나타나는 변화는 그 회사의 가치를 대변하는 주가의 움직임이다. 이는 스타트업의 투자유치 단계에서 관찰될 수 있다. 자본시장은 미래에 대한 성장률(g)을 지렛대 삼아 신생 스타트업이 전통기업을 넘어설 수 있는 강력한 힘을 제공하는 역할을 한다.

주가는 많은 정보를 담고 있는 결정체다. 주가는 실적(Earning)과 주가배수(Multiple)의 조합으로 결정된다. 고든(Gordon)의 배당성장 모형에 따르면 주가는 배당(D), 성장률(g)에 비례하고 기대수익률(Ke)에 반비례한다. 여기서 가장 중요한 변수가 성장률이다. 주로 실적이나 배당은 가치주의 주가를 결정하는 요인이고, 성장률은 성장주의 주가를 결정하는 요인이다.

고든의 배당성장률 모형

$P_0 = D_0(1+g)/(K_e-g) = D1/(K_e-g)$

P_0: 가장 최근에 지불된 배당
D_0: 예상되는 일정한 배당성장률
K_e: 주식투자의 요구수익률

성장률이야말로
성장주의 주가 결정요인

새로운 기술이 등장할 때 투자자들은 이 기술이 얼마나 빠르게, 그리고 크게 확장될지, 얼마나 많은 밸류체인을 만들어낼지, 얼마나 인류에 큰 영향을 미치게 될지 판단하기란 힘들다. 코로나19를 겪으면서 전 세계가 백신 개발에 관심을 가질 수밖에 없었다. 가능성이 타진되는 정도에도 바이오·제약 산업의 주가가 큰 폭으로 상승한 것도 같은 맥락이다. 단순히 백신 개발을 뛰어넘어 인류의 바람으로 차원이 높아진 까닭이다. 이렇듯 성장률에 대한 판단, 미래 가능성에 대한 기대감이 각기 다를 수밖에 없다.

신생 스타트업으로 수익이 없거나 사업궤도에 본격적으로 진입하지 않았더라도 성장성이 큰 아이템에서 발군의 실력을 갖췄다고 평가되면 실적이 아닌 주가배수로만 기업평가(Valuation)가 작동하기도 한다. 수소연료전기차(FCEV)에서 완성차 한 대도 출시한 경험이 없는 미국의 니콜라모터스(Nikola motors)의 시가총액이 짧게나마 원화 기준 30조를 터치한 것이 극단적인 예이다. 당시 시가총액은 800만 대 이상의 생산캐파를 가졌음은 물론이고 수소연료전기차를 생산하고 있는 현대차그룹보다도 높은 것이어서 세상을 놀라게 했다. 뿐만 아니라 2013년 모델S를 시판하고 있던 당시 테슬라와 같은 시가총액이기도 했다.

PC 등장 이후 반도체와 소프트웨어 기업들, 인터넷 시대의 도래와 함께 생겨난 수많은 닷컴 기업들, 아이폰 등장 이후 애플리케이션 생태계 기업들, O2O가 활발해지면서 나타난 플랫폼 기업들, 기술의 고도화로 나타난 AI·IoT 기업들, 인간게놈 프로젝트 이후 바이오·제약 회사 등 전부 새로운 기술이 세상에 처음 등장할 때 성장에 대한 기대감이 매우 컸던 신생 스타트업 기업이었다.

초기엔 비즈니스에 대한 이해 부족과 미래전망에 대한 이견들이 분분하기 마련이다. 상장 이전(Pre IPO)단계에서나 IPO 이후에 대부분 버블 논란과 고평가 논란이 있었지만, 상위기업들이 차별적으로 성장하고 경쟁자들이 속속 정리되면서 높은 주가배수가 정당화되기 시작한다. 또한 실적이 뒤따라오면서 기업평가가 낮아지는 현상도 나타난다. 이들 스타트업들은 현재까지 높은 가치를 인정받고 있는 경우가 많다.

특히 이런 스타트업 기업들은 파괴적 혁신의 성향을 많이 띈다. 전통기업의 활동영역에 작은 틈을 만들고 침투해가는 도전자이다. 많은 스타트업이 이 과정에서 무너진다. 하지만 살아남아 지속적으로 성장을 보이는 업체들의 경우, 미래 성장률에 대한 기대감이 높기 때문에 전통기업보다 월등히 높은 기업가치(Valuation)를 부여받는다.

미래의 성장성이
주가를 결정한다

PC, 인터넷 기업의 등장 시기나 3G 서비스 이후 스마트폰 관련 비즈니스의 등장, 4G LTE 서비스 이후 유튜브나 넷플릭스 같은 동영

■ 아날로그카메라 → 디지털카메라 → (카메라가 장착된) 스마트폰

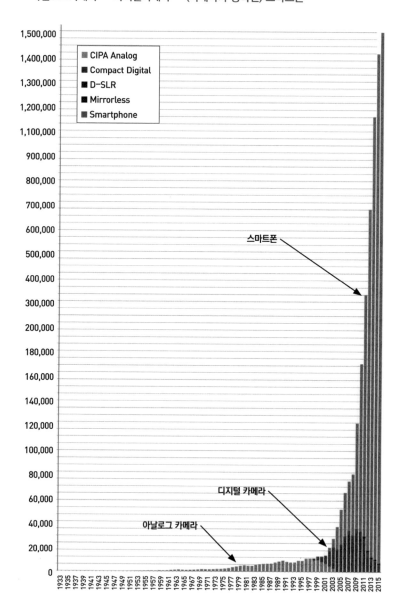

자료: petapixel.com

상 관련 서비스 등 기술 혁신이 크게 일어나는 변곡점에서는 신규 비즈니스가 많이 쏟아져 나올 뿐 아니라 투자자들의 성장 기대감이 매우 두드러진다. 초기엔 가랑비에 옷 젖듯이 변화가 눈에 띄지 않지만 점진적으로 전통산업들이 신규 스타트업 확장에 시장을 내줘야 하는 상황, 투자자금을 빼앗기는 현상이 나타난다. 주가가 현상에 선행해서 변하는 것이다.

신기술의 총아인 스마트폰의 등장과 더불어 디지털카메라, MP3 플레이어, 노트북, 전자사전, DVD, 포터블 게임기, TV, 집전화기 등의 몰락이 왔음을 우린 잘 기억하고 있다. 개별 IT기기로는 세계최대 회사였던 소니가 어려움을 겪었던 것도 스마트폰의 등장과 무관하지 않다.

전통 필름카메라의 몰락에도 디지털 카메라로 전환해 살아남았던 캐논, 니콘, 소니도 고화소 카메라를 탑재한 스마트폰의 등장엔 고전을 면치 못하고 있다. 신기술의 등장에 전통기업이 긴장해야 하는 이유를 스마트폰 출시 이후 생태계 변화가 잘 말해주고 있는 것이다.

이는 비단 디지털 디바이스 같은 하드웨어에서만 나타나는 현상은 아니다. 비대면 상황을 조성한 코로나19 이후 아날로그·오프라인 위주의 전통기업과 디지털·온라인 기반의 스타트업 운명이 바뀌는 사례는 무수히 많이 나타났다. 전통의 오프라인 비즈니스가 O2O 비즈니스에 완전히 자리를 내주는 상황도 많이 발생했다.

우리 주변에도 이런 사례들은 무수히 많다. 늘 사용하는 통신환경에서도 이런 변화는 자주 목격된다. 새로운 통신기술로의 변화에도 어김없이 나타난다. 기술에 대한 이해가 빠른 신생사들이 통신환경의 변화마다 어김없이 등장해서 존재감을 드러내고 있다. 3G 도입과 함께 애플이 화려하게 재기할 수 있었고, 페이스북 같은 사회관계망 공룡들이 출현할 수 있는 바탕이 마련되었다.

영상 스트리밍이 가능한 4G의 도입과 함께 넷플릭스 같은 신생기업이 블록버스터 같은 기존 비디오·DVD 기업을 침몰시킨 바 있다. 블록버스터도 당시 DVD 대여에 앞선 QR코드 시스템을 도입하는 등 디지털화에 애썼지만, 더 멀리 내다보지 못한 이유 때문에 넷플릭스에게 시장을 송두리째 빼앗긴 것이다. 앞으로 다가올 5G도 수많은 스타트업들에게 큰 무대를 마련해줄 것이라 생각된다.

지난 수십 년간 글로벌 주식시장에서의 시가총액 상위사의 변화를 보면 충분히 이해할 수 있을 것이다. 오랜 기간 시가총액 상위사를 엑슨모빌·Shell·GE·월마트·코카콜라·P&G·J&J 등이 차지하다가, 잠시 CITI Group·AIG·HSBC·BOA 같은 금융사들이 들어왔다가, 이후 페트로차이나·차이나모바일·ICBC·중국건설은행 등 중국기업으로 바통이 넘어갔고, 테크자이언트인 애플·마이크로소프트·구글·아마존·페이스북 같은 FAANG으로 완전히 대체된 바 있다.

산업의 트렌드는 지속적으로 변화되고 있고, 새로운 기회를 발견하고 이를 붙잡은 신생기업들이 언제라도 치고 올라올 수 있는 환경이 조성된 것이다. 지금 당장의 실적만이 주가의 100% 결정요소가 아니며 미래의 성장성(Growth)이 주가를 결정한다는 사실이 글로벌 주식시장의 시가총액 변화에서 충분히 입증되어 온 것이다. 주가가 선행하고 실적이 후행하는 것도 역시 여기에서 얻어진 교훈이다.

대기업의 시대에서
데카콘의 시대로

아이템과 아이디어만 좋다면 상장 전에 1조 가치의 유니콘,
10조 가치의 데카콘 기업이 나올 수 있는 세상이다.

대기업의 총수를 지칭하는 한국어 단어인 '재벌(Chaebol)'은 해외에
서도 잘 알려진 고유명사가 되었다. 사전적 의미로는 '재계(財界)에
서, 여러 개의 기업을 거느리며 막강한 재력과 거대한 자본을 가지고
있는 자본가·기업가' 정도이다. 여러 개의 기업을 거느린다는 의미
는 주로 수직계열화를 통해 생태계를 점유하고 있거나, 문어발식 확
장을 빗댄 부정적 색채가 담겨 있기도 하다.

자본의 집중과 인력, 기술의 집중으로 인해 대기업이 비즈니스를
확장하고 장악하기가 쉬운 것은 사실이다. 하지만 현대사회에서 공
정거래법 등 대기업에 대한 견제수단이 너무 많아졌고, 오히려 대기

업이 기회를 박탈당하는 경우도 많아졌다. 높은 고정비 부담과 잦은 경제환경의 변화(무역여건 변화, 각종 규제 등)는 덩치가 큰 대기업에게 불리한 상황을 조성하기도 한다.

세계적인 투자 트렌드는 무엇인가?

반면 세계적인 투자 트렌드는 스타트업에 대한 엔젤투자나 액셀레이팅 펀드에 투자해 확률은 낮지만 높은 수익률을 거둘 수 있는 성향으로 흐르고 있다. 투자란 늘 고위험 고수익(High Risk High Return)일 수밖에 없지만 유통시장보다 오히려 발행시장, 그리고 발행시장에서도 초기단계(Early Stage), 인큐베이팅, 액셀러레이션 투자 등으로 투자시점을 앞당기고 있다. 오히려 초기에 주식지분을 다량으로 확보하고 성장과정에서 증자에도 참여하는 방식을 택하고 있는 것이다. 경영자문과 네트워킹, 설비투자, 마케팅 등을 통해 성공확률을 높이는 것도 최근 트렌드다.

이런 과정을 거쳐 성공한 기업이 유니콘, 데카콘이라 불리우는 초대형 스타트업들이다. 보통 유니콘 기업은 기업가치가 10억 달러 이상인 비상장사를 의미하며, 데카콘 기업은 100억 달러 이상인 비상장사를 지칭한다. 보통 기업들이 상장하려는 이유는 원활하게 자금을 모집하기 위해서이다.

하지만 앞서 언급했듯이 액셀러레이팅 자금이 계속해서 수혈될 수 있다면 비상장 상태를 계속 유지하는 것이 오히려 유리할 수 있다. 엄격한 심사 의무도 없고, 실적에 대한 압박으로부터도 자유로울 수 있으며, 오너의 자율권이 계속 지켜질 수 있기 때문이다.

성장기업에
돈이 몰리다

상장 후인 유통시장에서의 기업평가 잣대도 비상장 상태의 발행시장에 비해 훨씬 엄격해 기업가치가 오히려 하락할 수 있다는 점도 상장을 꺼리게 하는 요소다. 그렇다보니 100억 달러가 넘는 데카콘 기업이 상장하지 않은 채 계속 비상장 상태로 사세를 확대하고 있는 것이다.

그렇게 <u>오랜 기간 데카콘으로 존재하던 기업이 기업 공개로 상장할 경우, 단번에 시가총액 상위사에 명단을 올리게 된다.</u> 미국에 상장된 페이스북, 알리바바, 우버, 리프트(Lyft) 등이 그런 경우다. 2012년에 상장된 페이스북의 경우, 기업가치가 자그마치 1,176억 달러(137조 원)에 달했다. 당시로서는 역사상 최고 가격의 기업 공개로 기록된 바 있다.

한국의 경우도 미국에 비해 개별회사의 규모는 작지만 전체에서 차지하는 비중은 무시할 수 없을 정도로 커졌다. 매일경제신문에 따르면 2018년 기준 3만여 스타트업 기업의 총매출액은 192조 원에 달해 이들을 합친다면, 삼성전자(400조 원, 2020년 11월 23일 기준) 다음인 2위 수준이다. 스타트업이 고용하고 있는 인원만도 71만 명을 넘어 삼성, 현대차, SK, LG 등 4대 그룹의 총 68만 명보다 더 많은 숫자임을 알 수 있다.

향후 투자 트렌드가 현재와 유사하게 지속된다면 발행시장에서 유니콘과 데카콘 기업은 꾸준히 생겨날 것이다. 또한 기업 공개와 동시에 대기업으로 성장하는 경우를 많이 목격하게 될 것이다.

특히 기업의 형태가 앞서 언급한 실적 베이스가 아닌 주가배수(Multiple) 베이스가 용인되는 성격의 성장기업이라면 발행시장에 돈이 몰리는 현상은 더욱 강해질 것이다. 실적에 대한 부담에서는 자유로우면서 기업의 성장방향에 대해서도 창업자의 의견이 대거 반영될 수 있으며, 주주들의 견제에서 자유롭기 때문이다.

이렇게 자유로운 자본환경에서 기업가치라는 덩치는 크게 키워놓은 상태에서 단숨에 유통시장으로 자리를 옮기는 경향은 더더욱 두드러질 것이다.

플랫폼 기업의 부상과
네트워크효과

네트워크효과, 롱테일효과가 마법을 부리는 플랫폼 인더스트리.
많은 기업들이 플랫폼 기업으로 체질 변화를 모색하고 있다.

마이크로소프트, 애플, 아마존, 알파벳(구글), 페이스북, 알리바바, 텐센트의 공통점은 무엇일까? 세계에서 기업가치가 제일 비싼 업체이자 플랫폼 기업이라는 점이다. O2O가 비즈니스의 핵심이 되면서 이들 플랫폼 기업의 영향력이 점차 커지고 있다.

이번 코로나19를 겪는 과정에서는 그 속도마저 가속화되고 있다. 영화스트리밍 업체인 넷플릭스, 모빌리티의 선두주자인 우버도 대표적인 플랫폼 기업이다.

'기차의 승하차장'을 의미하는 단어인 플랫폼이 온라인상에서는 '수요와 공급을 연결하는 장소'로 사용되고 있다. 건강한 플랫폼은 네트워크효과를 만들어내는데, 이는 사용자 간 관계가 돈독해지면 높은 가치를 만들어낼 수 있다는 이론이기도 하다. 이미 잘 알려진 메칼프 법칙(Metcalfe's Law)이 여기에 적용된다.

메칼프 법칙이란
무엇인가?

메칼프 법칙(Metcalfe's Law)의 핵심은 n명의 노드(참가자)가 참여하는 네트워크에는 n(n-1)/2가지 연결의 경우의 수가 생긴다는 것이다. 하지만 실제에선 노드의 숫자보다 이들 간에 활발한 교류가 발생해야 본격적인 네트워크효과가 발생할 수 있다. 전통적 개념의 물리적 공간에서 플랫폼을 만들려면 막대한 자금이 소요된다. 하지만 온라인 상에서 플랫폼을 만드는 데는 큰 돈이 들지 않는다.

세계 최대의 이커머스 및 유통공룡으로 거듭나고 있는 아마존의 경우를 통해 플랫폼 기업의 특징을 살펴보자. 창업자인 제프 베이조스(Jeff Bezos)는 1994년 아마존닷컴을 설립한 후 규격화되어 있어 가장 유통하기 편한 서적을 내세워 유통 플랫폼을 구축하기 시작했다.

물리적 공간의 제약이 없는 온라인상에 100만 종 이상의 다양한 서적을 소개하고, 오프라인 매장에 비해 10~30% 저렴한 가격으로 판매함으로써 오픈 첫 주에만 무려 1만 2천 달러의 매출을 기록했다. 오프라인 서점에서는 100만 종 이상의 서적을 전시할 수 없다. 반면에 오래된 고서부터 일부 전문서적까지 아마존은 베스트셀러 위주로

■ 참가자가 늘수록 더 높은 가치를 만들어낸다는 메칼프 법칙

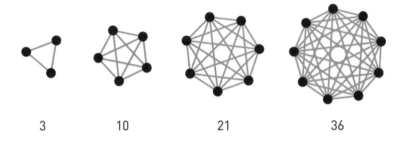

| 3 | 10 | 21 | 36 |

자료: 해외자료 참고

서적을 구비하는 오프라인과 달리 모두 구비할 수 있었다.

이것이 이른바 롱테일효과(Long tail effect)다. 롱테일효과는 1년에 단 몇 권밖에 팔리지 않는 '흥행성 없는 책'들의 판매량을 모두 합하면 놀랍게도 '잘 팔리는 책'의 매상을 추월한다는 온라인 판매의 특성을 이르는 개념이다. 찾는 모든 책이 다 있을 것이란 믿음이 고객들에게 뿌리내리기 시작한 것이다. 뿐만 아니라 초기부터 네트워크 효과에 대한 믿음을 가지고 수익을 최소화하면서 네트워크의 넓이를 확장하는 데 주력했다.

이후 서적의 종류를 계속 늘리는 것은 물론 플랫폼 충성도가 높은 고객들에게 음악CD·DVD·비디오를 비롯한 디지털 콘텐츠, 미디어 영역은 물론 전자기기, 홈, 가든, 건강, 미용, 스포츠용품을 비롯해 산업재와 자동차까지 다양한 영역으로 비즈니스 영역을 확대할 수 있었다. 그런 다음 8년 만인 2012년 세계 최대 온라인 소매업체로 성장했다. 제프 베이조스는 각국 소비자들이 지구상에서 원하는 어떤 물

■ 롱테일의 효과를 제대로 이해한 아마존

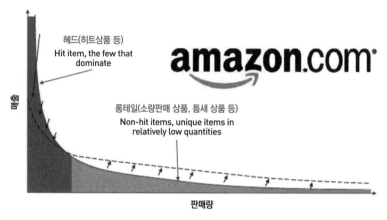

롱테일은 우측으로 긴 꼬리를 갖고 있는 80%에 해당하는 제품을 의미하며, 좌측 20%의 제품은 초기에 높은 매출을 기록하는 베스트셀러를 의미함
롱테일은 단기적으로 적은 매출량을 나타내지만 장기간 긴 꼬리를 합산하면 상당한 매출량이 된다는 것을 의미함(네이버 참조)

자료: Anderson C, 『The long Tail : Why the Future of Business a Selling Less of More』

건이든지 아마존을 통해 구매할 수 있게 하겠다고 천명했다.

아마존의 성공요인은 오프라인 매장에 따른 고정비가 없는 것은 물론이고 재고관리와 배송과정에서 획기적인 IT솔루션을 갖춤으로써 재고 회전율(Inventory Turn Over)을 극대화하고, 운전 및 자본지출을 최소화한 데 있다. 광범위한 상품 제공을 최대한 신속하게 할 수 있도록 IT 기반의 온라인 전자상거래를 가장 효율적으로 도입한 것이다. 광범위한 상품 제공을 최대한 신속하게 할 수 있도록 IT 기반의 온라인 전자상거래를 가장 효율적으로 도입한 것이다.

아마존은 이와 병행해 각종 최첨단 물류/유통시스템 도입·개선, 권역별 물류창고 마련, 로봇회사인 Kiva 인수로 창고의 물류자동화를 더욱 고도화, 라스트마일 단계에서 드론을 활용한 무인 배송, IoT

기술을 활용한 무인점포 아마존고(Amazon Go) 도입 등 이전에는 없던 새로운 혁신을 시도하고 있다.

물론 그 과정에서 수집된 고객성향의 로그데이터(IT 인프라에서 시간에 따라 생성되는 모든 상황에서의 데이터, 행위, 의도, 시간, 접속루트, 횟수, 명령어, 열람여부 등 일정시간에 발생하는 모든 정보를 총칭) 분석을 통한 상품 추천과 재방문, 재구매 유도 그리고 이러한 데이터 기반 사업을 뒷받침하며 시작된 컴퓨팅 서비스 아마존웹서비스(AWS: Amazon Web Service)까지 그 영역을 확장해 그 누구도 넘보기 힘든 시스템을 구축했다.

플랫폼을 구축하고
네트워크효과를 누리려는 기업들

이런 아마존의 성과로 이론적으로만 회자되었던 네트워크효과(Network Effect)와 롱테일효과가 얼마나 실제로 강력한 힘을 가지는지 확실히 깨달을 수 있게 되었다. 이러한 아마존의 노력과 투자는 더 많은 공급자를 플랫폼 내로 유입시켰고, 풍성한 제품 라인업과 신속한 배송 서비스, 높은 가격경쟁력은 소비자들을 이끌기에 충분했다. 아마존은 플랫폼에 최신 IT기술을 대거 접목시켰는데 고객들의 구매패턴 빅데이터를 활용한 예측배송(Anticipatory Shipping)도 그중의 하나이다.

아마존의 큰 성공으로 네트워크효과의 중요성을 깨달은 업체들은 각 산업에서 이를 구현하기 위해 애썼다. 가장 유사한 모델로 중국의 알리바바가 성공했고, 영화스트리밍의 넷플릭스, 숙박에서의 에어비앤비, 모빌리티 플랫폼에서의 우버 등이 두각을 나타냈다.

코로나19 이후 사회적 거리두기가 생활화되면서 O2O에서 이들 플랫폼의 중요성은 훨씬 더 부각되었다. 예상치 못한 이동제한으로 비대면 생활을 영위해야 했기 때문이다. 헬스케어, 쇼핑, 수업, 재택근무, 음식배달, 인터넷 뱅킹 등 다양한 영역에서 비대면·온라인·디지털을 이용할 수밖에 없어졌다. 가장 인지도가 높은 업체들에 소비자들이 대거 몰리는 결과로 이어졌다.

온라인 없는 오프라인 매장만 가지고 있는 사업 아이템의 경우 큰 어려움에 봉착했지만, 온라인을 가지고 있는 사업의 경우 오히려 더 많은 고객이 몰려드는 결과로 이어졌다. 플랫폼에 더 많은 소비자가 몰렸기에 자연히 공급자들도 몰리게 되었다. 코로나19가 완전히 종식되어도 온라인을 갖춰놓지 않으면 언제라도 다시 힘들어질 수 있기에 이런 트렌드는 오히려 더 강화될 수밖에 없다.

앞으로도 많은 스타트업들이 플랫폼을 구축하고 네트워크효과를 누리기 위해 애쓰는 모습을 보일 수밖에 없다. 네트워크효과는 한번 제대로 구축되고 갱신만 꾸준히 한다면 독점적 성격을 나타내기도 한다. 따라서 1위 기업으로 자리매김한다면 그 가치 역시 월등히 높게 인정받을 수 있다. 따라서 수많은 업체들이 초기 수익성 악화를 감내하면서 이 효과를 구축하려 드는 것이다.

강력한 팬덤을 구축한
비즈니스계의 히어로들과 제품들

미국 특유의 히어로이즘은 기업가정신을 가진 창업자나
특정 브랜드를 대상으로 하는 팬덤으로 나타난다.

미국의 헐리우드 영화의 주요 소재는 '히어로'다. 마블이나 DC 같은
코믹스 회사가 최고의 영화 콘텐츠를 다루는 회사가 된 것도 히어로
물에 열광하는 미국인들 덕분이다.

1930년대 대공황이 발생하고 희망을 잃은 미국인들에게 10센트
짜리 가판대 만화잡지는 기쁨을 주는 소중한 매체였다. 현재의 어려
움을 타개해줄 슈퍼히어로가 만화잡지에는 가득했다. 1938년 초월
적인 힘은 물론이고 악을 응징하며, 인격적으로는 완벽한 선의 상징
인 '슈퍼맨'이 등장해 지친 미국인들에게 폭발적인 인기를 누리게 된
다. 이를 계기로 베트맨 등 다양한 히어로들이 잇따라 등장한다.

2차 세계대전이 발발하고 미군 입대와 국가에 대한 충성심, 독일 나치에 대한 적개심을 고취시키고자 캡틴아메리카가 등장하기도 했다. 어김없이 이들은 악당과 힘겹게 싸우다 마침내 승리하며, 힘없이 당하는 약자들을 구원한다. 이런 히어로는 어린이부터 성인까지 미국인들에게 영웅에 대한 이미지를 형성시키기에 충분했다.

영웅을 갈구하는 시대, 히어로이즘이 세상을 휩쓸다

그래서 숱한 화재 현장에서 히어로가, 숱한 전쟁터에서 히어로가, 9·11테러에서도 히어로가, 스포츠경기에서도 히어로가 어김없이 등장한다. 그들의 역경과 극복과 영광을 많은 언론이 극찬한다. 오랜 영웅들은 명예의 전당을 만들어 많은 사람들의 기억 속에 잊혀지지 않게 한다. 많은 미국인들의 마음속엔 '나도 히어로가 되어야지' 하는 꿈이 자란다.

개인의 노력과 위기극복, 인격적 수련과정 등으로 이뤄낸 성공이 사회나 국가까지 영향을 미치게 된다는 히어로이즘(Heroism)이 권장되기도 한다. 히어로이즘은 이를 추종하는 사람들에게 모티베이션을 제공한다는 측면에선 매우 큰 힘을 발휘한다.

비즈니스계에도 시기를 막론하고 강한 기업가정신을 가지고 고난을 이겨내고 큰 성공을 일군 히어로들이 있었다. 투자자나 소비자, 미국 국민들은 이런 히어로를 원하고 이들에게 열광했으며, 늘 롤모

자료: DC Comics

델로 삼는 창업지원생들이 따랐다. 미국은 특히 이들의 성공을 헐리
우드 영화처럼 바라보고 환호하고 박수를 쳐주는 문화다. 기업가들
이 존경을 받는 데도 이런 히어로의 후광(Halo)이 작용한 것이 아닌
가 싶다.

미국의 짧은 역사에도 앤드루 카네기(US steel), 헨리 포드(Ford mo-
tors), 리 아이아코카(Chrysler), 월트 디즈니(Disney), 잭 웰치(GE), 빌
게이츠(Microsoft), 리처드 브랜슨(Virginia Group), 스티브 잡스(Apple),
래리 페이지(Google), 제프 베이조스(Amazon), 마크 저커버그(Face-
book), 일론 머스크(Tesla) 등 이루 말할 수 없이 많은 히어로들이 등

장했다. 이들은 제품이나 제조공정을 혁신하거나 세상에 없던 것들을 발명하며 미국을 넘어 세상을 깜짝 놀라게 했던 사람들이다. 특히 그들의 성공과정에서 필연적으로 생긴 고난과 실패, 주변의 비웃음 등을 성공적으로 딛고 일어났다는 점에서 존경을 표한다.

단순히 흥미를 유발하고자 히어로의 개념을 들고 나온 것이 아니다. 이들 비즈니스계의 히어로들과 제품들은 강력한 팬덤을 동반한다. 이미 우리는 애플의 신화를 통해 이를 경험한 바 있다. 스티브 잡스에 대한 팬덤뿐 아니라 그의 혁신과 철학이 담겨있는 아이폰, 아이팟, 에어팟, Mac 등에 높은 가치를 부여하고 신모델 출시 때마다 밤을 새우고 줄을 서는 진풍경을 보아왔다.

스타벅스 역시 하워드 슐츠의 스토리와 철학에 매료된 수많은 팬덤을 볼 수 있다. 심지어는 스타벅스 다이어리와 서머레디백 같은 증정품을 받기 위해 개점시간보다도 한참 전에 줄을 서는 모습을 보고 있다. 그 많은 커피 브랜드에도 불구하고 스타벅스의 아성을 무너뜨릴 대안이 보이지 않는다.

최근 테슬라의 주가를 설명하는 많은 요인들 중에서도 일종의 '테슬라 덕후'들의 엄청난 팬덤을 무시할 수 없다. 최악의 공매도 세력에도 불구하고 주가가 급등하는 덴 온갖 악재에도 일론 머스크를 신뢰하는 투자자와 소비자들의 팬덤이 자리잡고 있다.

팬덤 경제는 이전에는 볼 수 없었던 새로운 현상이다. 히어로들의 회사라면 소비자, 금융기관, 투자자, 임직원, 심지어는 입사지원자들까지 끝까지 믿고 기다려준다. 히어로들이 제시하는 경영목표는 늘 딛고 나가기 힘든 장애물이나 악역 캐릭터와 같이 느껴지고, 이를 달성해나가는 과정에서 고난과 위기는 반드시 닥칠 수밖에 없음을 '이해'까지 해준다.

결국엔 히어로가 어려움을 딛고 경영목표를 달성할 것이란 믿음을 갖고 있기에 월별실적, 분기실적, 연간실적에도 일희일비하지 않는 초연함을 보인다. 그러다 그 목표가 달성되는 순간 추가 펀딩이나 주가 상승의 폭은 단순한 기업평가의 한계를 월등히 뛰어넘어버린다. 그렇기에 일반 평범한 기업과는 완전히 다른 위상을 가지고 경영에 임할 수 있는 것이다.

주인공 옆에는
항상 훌륭한 조연이 있다

히어로 옆에는 항상 도움을 주는 조력자들이 있게 마련이다. 히어로의 잠재적 능력을 가장 먼저 알아보는 것은 주변인들이다. 히어로들의 능력이 발휘되는 곳들이 대부분 실리콘밸리라는 사실이 놀랍지만은 않다.

실리콘밸리는 앞서 언급한 신경제의 본산지이다. 초창기에 성공한 많은 벤처기업들이 번 돈으로 다양한 투자를 해오고 있다. 기술주 관련 투자라면 월스트리트보다 기술적인 선구안이 있는 이들의 투자수익률이 월등히 높다. 이들 중에선 특히 페이팔(Paypal) 출신의 성공한 벤처캐피털들이 많다는 사실은 널리 알려져 있다.

헤지펀드 매니저로 스탠포드대학교에서 강의를 하던 피터 씨엘

■ 실리콘밸리 뉴머니의 주인공인 페이팔 마피아들이 투자한 기업들

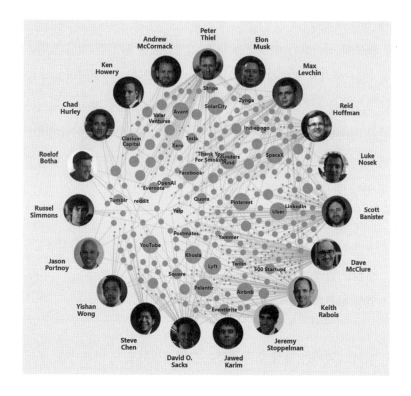

자료: fleximize.com

(Peter Thiel)과 보안과 코딩에 관심이 많던 학생인 맥스 래브친(Max Levchin)이 창업에 대한 의견을 나누고 만든 기업이 페이팔의 전신이다. 다양한 기업홍보(IR) 활동으로 자금을 모집했고, 이 돈으로 실리콘밸리의 훌륭한 인맥을 대거 회사에 스카웃한다. 이후 일론 머스크의 인터넷뱅크 X.Com을 합병해 만든 회사가 페이팔이었다. 이후 페이팔은 이베이에 15억 달러에 매각되며 구성원들 모두가 천문학적

부자의 반열에 오르게 된다.

　여기서 이들의 활약이 끝난 것이 아니라 유튜브, 핀터레스트, 링크드인, 징가, 위페이, 슬라이드닷컴 등의 투자자나 경영자로 활발하게 활동하게 된다. 이들을 보통 페이팔 마피아라 부르며, 실리콘밸리에서 기업을 운영하거나 벤처캐피털로, 무한책임사원(GP)으로 참여하면서 수많은 성공한 기업들의 주주가 된다. 이들이 관여한 기업들만 해도 앞의 그림과 같다.

창업에 최적화된
미국 시스템에서 배우자

미국에서 끊임없이 혁신 기술과 기업이 등장하는 것은
잘 갖추어진 환경과 시스템의 영향이 크다.

미국이 최첨단 기술의 주도권을 오랫동안 유지할 수 있는 힘은 어디에서부터 비롯될까? 창업에 필요한 요소들은 수없이 많겠지만 신기술 습득, 기업가정신, 다양한 자본조달 루트, 중장기적 연구개발 투자 등 많은 것들이 기본이 되고 있음을 알 수 있다.

미국이 오랜 기간 전 세계 Top기업을 보유하고 해마다 세상을 깜짝 놀라게 할 혁신 기업을 탄생시키는 나라가 될 수 있었던 이유는 미국이란 나라가 가진 시스템에서 찾을 수 있다.

다양한 시각이 있을 수 있겠지만 대표적으로 민간분야에서 실리콘밸리, 명문대학, 국가 차원에서 달파(DARPA: Defense Advanced Research Project Agency, 방위고등연구계획국), 나사(NASA)의 존재와 역할에 대해 생각해보고자 한다. 이 네 주체들의 상호작용이 미국을 경쟁국 대비 최고의 기술대국으로 우뚝 설 수 있게 만들었다. 수많은 창업의지를 가진 기업가들에게 훌륭한 멘토가 된 이들을 소개한다.

혁신 시스템의 상징인
실리콘밸리

실리콘밸리는 지역명이지만 미국의 혁신 시스템을 대변하는 상징적 존재이기도 하다. 실리콘밸리는 인재, 기술, 네트워크, 자본, 혁신의지, 개방성, 건강한 경쟁, 트렌드 선도력, 세계 유수기업들의 연구개발 센터 밀집 등 많은 특징을 갖고 있다. 무엇보다 창업에 대한 의지가 강하고, 이를 서포트하는 인력과 자금, 기술기반 등 자원이 풍부한 곳이다. 실패 후 재도전의 기회도 많고, 보유한 기술단위 매각도 가능해 파산이 아닌 탈출의 길도 다양하게 열려 있다.

테크 대기업들이 열린 기업인수 전략을 쓰고 있고, 스타트업과 이들을 연결해주는 많은 서비스 회사들이 존재하기 때문에 선택의 길이 많은 것도 실리콘밸리 창업생태계가 건강한 이유다. 인재들의 활발한 교류도 기술 간의 융복합과 퓨전을 가능케 하는 원인이 되고 있다. 실리콘밸리 인재들의 자유로운 사고방식과 활발한 이직이 다양한 산업의 기술들을 혼합시키고 있는 것이다.

실리콘밸리의 4가지 자극 요인(Motivation)으로 언급되는 것은 바로

'1) 인적자원(Human Capital), 2) 자금제공처(Financial Vehicle), 3) 문화(Culture), 4) 창업인프라(Startup Infrastructure)'다. 실리콘밸리는 아시아계와 인도계, 남미계 인재들이 많이 몰려든다. 오히려 백인 비중이 상대적으로 낮아지고 있는 추세다.

실리콘밸리에서 중국인들의 위상이 대단하지만 미중 무역갈등 이후 최근엔 인도 파워가 매우 드세다. 글로벌 테크자이언트 기업의 CEO, 최고기술경영자(CTO) 중에서 유독 인도인들이 많아지고 있기 때문이다. 알파벳(구글)의 CEO인 선다 피차이나 마이크로 소프트의 CEO 사티아 나델라, IBM의 아르빈드 크라슈나, 마이크론의 산제이 메로트라 등이 대표적이다. 인종의 용광로라 불리우는 미국에서도 실리콘밸리는 기술인재에 대한 등용에서 차별이 없다. 아이디어만 있으면 창업부터 인큐베이팅, 액셀러레이팅, 위탁생산, 전략적제휴, 자본제휴, IPO까지 모든 것이 실리콘밸리에서 해결된다.

앞서 언급한 뉴머니(New money)의 투자 선순환이 풍부한 유동성을 실리콘밸리에 공급하고 있을 뿐 아니라 수많은 테크기업들의 기술요구를 면밀히 파악하고 있어 인수 및 합병(M&A) 기회도 많다.

최고의 경쟁력을 가진
미국의 대학들

미국의 대학은 기술에 대한 전문성도 세계 최고수준이지만 기업가정신을 함양시키고, 실제 기업을 창업하고 성장시키며, 동문들에 의한 강력한 서포트까지 책임지는 다양한 기능을 전담하고 있다. 전세계 논문이나 기술특허를 보면 테크 자이언트 기업과 미국 상위대학이 어깨를 나란히 하고 있음을 알 수 있다.

ICML이 공개한 2019년 AI관련 논문의 순위를 보면 기업체에선 1위가 구글(4위 구글브레인, 8위 구글딥마인드), 7위가 마이크로소프트, 10위가 페이스북이지만 이에 맞서는 미국 대학들의 실력과 위상도 만만치 않다. 2위 MIT, 3위 UC버클리, 5위 스탠포드, 6위 카네기멜론, 9위 조지아텍 등이 빼곡히 상위권에 포진되어 있다. 미국을 제외한 해외대학은 11위 옥스포드, 14위 취리히연방공대, 17위 로잔공대, 18위 칭화대, 20위 카이스트 정도였다. 미국 대학의 경쟁력이 실로 엄청나다는 사실을 알 수 있다.

특히 실리콘밸리의 성공에는 스탠포드대학교가 있었다. 실리콘밸리의 인재 양성소는 자타공인 캘리포니아 팔로알토에 위치한 스탠포드대학교이다. 연구중심 대학으로 정평이 나있으며 AI분야에서 카네기멜론 대학과 1, 2위를 다투기도 한다. 스탠포드의 수많은 졸업생들이 미국 테크기업을 이끌고 있기에 산학협동 프로그램도 다양하게 운영되고 있다.

스탠포드 출신들이 세운 회사만 해도 캘리포니아 내에 1.8만 개에 달한다. 시스코, 구글, 휴렛팩커드, 야후, 썬마이크로시스템, 페이팔, 테슬라, 엔비디아, 인스타그램, 스냅챗 등 헤아릴 수 없을 만큼 다양하다. 스탠포드 출신들이 1957년에 세운 페어차일드(Fairchild Semiconductor)가 인텔과 AMD의 모태가 되었다는 사실은 이미 잘 알려져 있다. 이 두 회사 주변으로 많은 반도체 회사들이 생기면서 이 지역의 이름이 반도체 소재인 '실리콘'밸리가 된 것 역시 상식이다.

세계 최초의 공과대학인 MIT 역시 AI 및 컴퓨터공학, 항공우주, 기계공학, 재료공학을 비롯한 테크(Tech) 기술에 관한한 미국 최고의 경쟁력을 가지고 있다. 전교생에게 미래의 언어인 AI 의무교육을 시키고 있기도 하다. 컴퓨터공학부가 전체 대학교 정원의 1/6이 될 정도로 컴퓨터에 집중하고 있는 대학이기도 하다. 학업에 대한 스트레스가 가장 큰 대학 중 하나로 알려져 있을 만큼 학부 때부터 치열한 경쟁이 수반된다.

UC버클리 역시 최고의 대학원 컴퓨터 공학프로그램으로 유명하다. 칼텍(California Institute of Technology)은 컴퓨터공학과 항공우주, 화학, 물리, 수학, 지구과학, 생물학 분야에서 미국대학 중 상위에 랭크되어 있다. 카네기멜론대학은 AI 분야에서 1위를 기록하고 있고, 자율주행차 분야에서도 매우 유명하다. 조지아텍의 경우 항공공학, 기계공학, 생명공학에서 두각을 나타내고 있다. 이외에도 미국의 많은 대학들이 기술분야에서 두각을 나타내고 있다.

미국의 대학은 순수한 창업 동아리, 창업지원센터 외에도 정규과목으로 창업전략, 경영전략, 창업자금 조달방법 등 스타트업 실무에 관한 많은 강의를 제공한다. 졸업 동문들과의 투자연결도 대학이 적극적으로 모색해주고 있다. 다양한 워크샵은 물론이고 기업가 지원계획(Entrepreneurship Initiative)도 갖춰놓고 있다.

학부와 대학원에서 기술을 학문적으로 가르치고, 창업기회를 제공하는 것 외에도 대학과 기업체 간의 제휴도 활발하다. 예를 들면 테슬라는 미국 내 대학과 협력해 서비스센터 테크니션 양성을 위한 견

습생(Apprentice) 프로그램까지 제공하고 있다. 12주 동안 진행되는 집중교육에 참여하는 학생들은 테슬라 정비사 자격증과 학점 인정 외에도 시간당 9.46달러 정도되는 수당을 지급받는다. 학생들은 학비를 마련함과 동시에 자격증 취득까지 가능하며, 입사특전이 주어지기도 한다.

미국 국방부와 달파가
기술 혁신에 미치는 영향

미국이 한 해 국방비에 지출하는 금액은 무려 7천억 달러가 넘는다. 국방비 지출 2위인 중국부터 10위인 한국까지 전부 합쳐도 1위 미국에 못 미치는 수준이다.

천문학적 금액이 국방비로 사용되지만 그중 8%가량인 600억 달러가 연구개발 비용으로 사용된다. 임무에 필요한 직접투자는 육·해·공 각 군이 담당하지만, 미래 선도기술을 선정하고 투자하는 역할은 34억 달러 규모의 예산이 할당된 달파(DARPA)가 주도한다.

민간입장에서는 수익창출이 쉽지 않다면 지속적으로 투자를 하기가 결코 쉽지 않다. 따라서 국가의 적극적 개입이 필요한 부분은 당장의 수익이 발생하지 않는, 오랜 기간 연구개발이 필요한 분야가 될 것이다.

미국은 2차 세계대전 때 독일과의 과학(첨단무기) 경쟁과정에서 뼈저리게 이 필요성을 느끼게 된다. 그래서 태동된 것이 레이더나 첨단

무기를 개발하기 위해 미국의 최고 과학자들을 연구에 참여시킨 맨하튼 프로젝트(Manhattan project)였다. 국운을 건 연구개발 덕분에 독일의 잠수함과 제트기, 미사일을 미리 발견할 수 있는 레이더를 확보하게 되었고, 패전을 거듭하던 전장에서 승리를 이끌어낼 수 있었다.

종전 후에 이 프로젝트는 달파 조직으로 그대로 계승되기에 이르렀다. 이후 달파에서 우주항공 분야가 나사로 분리되었지만 방위산업의 연구개발에서 상징적 존재임에는 여전히 변함없다.

이미 널리 알려진 기술만 해도 스텔스, 야간 투시경, 레이저 유도폭탄, 무인 드론 및 감시 센서 등이 달파의 선투자 영향을 받은 것들이다. 오늘날 가장 널리 사용되는 무기 시스템 중 다수는 달파 프로그램으로 비롯된 것이다.

잘 알려진 달파 그랜드 챌린지(DARPA Grand challenge)에서 구글 웨이모를 비롯한 자율주행차의 도전이 시작되었다. 적진에 투입될 장갑차나 탱크의 무인화 기술을 위해 현상금을 걸고 자율주행차의 경주대회를 연 것이다. 기술이 진일보함에 따라 3회 대회는 도심에서 열렸으며, 그 유명한 달파 어번 챌린지(Urban Challenge)로 불리우는 대회이다.

여기서 다양한 자율주행차 기술이 싹을 틔우게 된다. 달파 로보틱스 챌린지(Robotics Challenge)도 다양한 로봇들이 개발될 수 있는 계기를 마련해주었다. 일본의 쓰나미 충격 이후 반파된 원자력시설에 투입할 변변한 로봇기술조차 없다는 데서 전 세계 로봇공학자들이 반성하게 되었고, 이에 달파가 로봇기술 진화의 장을 마련한 것이다. 선발된 7개팀에 각 20억 원, 본선에 나가는 6개팀에 각 13억 원 지원,

우승 상금만 22억 원인 엄청난 규모의 경진대회였다. 달파 측은 다양한 장애물과 미션을 부여하고 이를 극복해 최종임무를 완수하는 로봇에게 수상을 하도록 대회를 디자인했다. 이런 과정을 겪어 지금의 자율주행과 로보틱스 산업이 성장하게 된 것이다.

달파의 목표는 민간분야와 다른 나라의 무기시스템보다 20년 앞서 고민하고 선투자하는 데 있다. 현재 광범위하게 사용되는 센서기술도 위성으로 적진을 감시하기 위한 요구에서 발달하기 시작했고, 자율주행도 전쟁터에서 인명사고를 최소화시키기 위해 설계되었다.

이미 달파는 베트남 전쟁에서 원시드론을 띄운 바 있으며, 60여 년이 흐른 현재 드론기술은 일상생활에 널리 활용되고 있으며 차세대 교통수단으로 진화하고 있는 중이다. 전쟁에서 인명이 살상되지 않게 하려는 목적에서 다양한 종류의 로봇이 만들어졌다. 이제는 더 나아가 우주방위사령부를 창설하고, 우주전쟁에 대비한 블랙잭 프로젝트도 전개하고 있다.

달파는 관료조직이 아니며 연간 30억 달러(공식적으로 알려진 금액이나 비공개 예산이 더 큰 것으로 알려져 있음) 이상의 집행권한을 120명의 달파 프로젝트 담당자들이 유연하게 관리한다. 현재 자율주행차에 반드시 필요한 V2X(자동차와 모든 것이 통신으로 연결)나 도심형 항공 모빌리티(UAM)에서 필요한 무인기 교통관리 UTM(UAV Traffic Management)도 모두 달파의 전략기술사무소(STO: Strategic Technology Office)가 계획한 군용통신시스템에서 비롯되었다.

달파의 전략기술사무소는 전투가 네트워크로서 가능한 군사적 효과와 비용 레버리지, 적응성을 높일 수 있는 기술에 초점을 맞추고

■ 달파의 최근 프로젝트와 당시 최첨단 무기혁신 타임라인

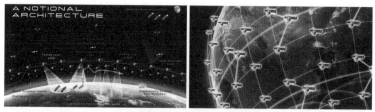

DARPA의 Blackjack Project: DARPA

X-Plane Program: DARPA

MAARS RobotDARPA

〈DARPA Innovation Timeline 1957~2019년〉

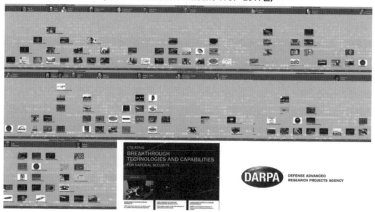

1973년 – TCP/IP(인터넷의 시초) → 아파넷(국방성 통신망) / 1977년 – 스텔스기 / 1978년 – 허블망원경
1983년 – 소형 GPS 수신기 / 1991년 – Radar Mapping / 2002년 – PAL 시스템(음성인식의 기초)
2005년 – Bigdog / 2007년 – DARPA Urban Challenge(자율주행) / 2008년 – 대용량 데이터 분석
2009년 – 고성능 LIDAR / 2013년 – 휴머노이드 Atlas robot / LS3 Pack Mule robot
2015년 – DARPA Robotics Challenge / 2016년 – SIGMA(스마트폰 맵핑)

자료: DARPA Hompage

있다. STO의 관심 분야는 전투 관리, 지휘 및 통제, 통신 및 네트워크, 정보, 감시 및 정찰, 전자전, 위치 확인, 항법 및 타이밍, 기본 전략기술 및 시스템 등이다.

이렇듯 달파, 아니 미국의 국방 연구개발 예산이 기술 혁신에 미치는 영향은 실로 어마어마하다. 그리고 많은 스타트업 기업들이 국방예산에 힘입어 사업을 전개할 힘을 얻고 있기도 하다.

나사의 연구개발 결과물들이
민간분야에 활발히 전수되다

기업의 입장에선 당장의 수익이 발생하지 않는 중장기 연구과제를 수행한다는 게 쉽지 않다. 대학 역시 연구비용을 감당할 능력이 안 된다. 연구과제가 실패로 마무리 될 경우 천문학적 비용에 대한 책임소재도 문제가 될 수 있다. 미국은 국방분야의 달파와 우주항공 분야의 나사가 기술의 양대산맥으로 자리 잡고 있다. 나사(NASA) 역시 달파로부터 분리된 조직이다.

나사는 냉전시대 구 소련과의 우주개발전쟁에서 세계 최초의 인공위성을 소련이 먼저 띄우면서 충격을 받은 아이젠하워 대통령이 발족시켰다. 이후 제미니, 아폴로, 스카이랩, 우주왕복선 계획 등을 차례로 수행하면서 많은 기술을 축적해왔다.

나사는 수십 년간 미국의 우주항공 기술을 선도해왔으며, 다양한 과제와 미래기술에 관한 선도력을 유지해왔다. 천체물리학, 지구과학, 행성과학, 위성기술, 탐사임무 등에 관련한 세계 최고의 인재들이 모여 있는 곳이기도 하다.

나사의 연구개발은 항공우주 분야에 집중되어 있지만, 이 과정에서 다양한 파생기술이 등장했다. 슈퍼컴퓨터, 클라우드 컴퓨터, 집적회로, 로봇, 정수기술, 연료전지, 태양광발전, 풍력발전, 위성통신, 첨단소재, 형상기억합금, 나노테크놀로지, 센서, 레이더, 인공장기, 의료, 노이즈 처리, 심지어 군용 야전식량에 이르기까지 이루 헤아릴 수 없는 많은 기술들이 모두 나사 엔지니어의 연구 결과물이다. 지구와 상이한 환경에서 우주용품이 최상의 성능을 발휘되도록 하려면 지구상의 최고기술이 투입될 수밖에 없다.

나사의 연구개발 결과물들이 민간분야에 활발히 전수될 수 있는

■ 나사(NASA)의 우주탐험 계획과 상업화 프로젝트

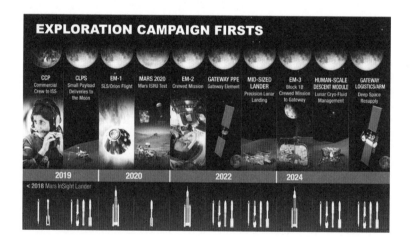

자료: NASA

이면엔 '나사 기술이전 프로그램(NASA Technology Transfer Program)'의 도움이 크다. 나사의 연구인력들이 우주선과 우주용품을 만들던 중 고안된 최신기술 가운데 일상에 적용가능한 기술이 있다면, 이를 민간에 과감히 이양해주는 프로그램이기 때문이다. 실제로 나사가 활발히 개발을 하던 때에는 과학, 공학의 모든 분야에 발을 담갔다고 해도 과언이 아니다.

나사에 투입되는 국가예산은 최근 21억 달러 수준이지만, 한때 미국 전체 예산의 4%가 나사에 배정될 정도로 비중이 컸었다. 우주탐험에 사용되는 금액이 전체 예산의 절반을 차지할 정도로 막대한 자금이 투입되는 사업이다.

최근에는 민간의 우주사업, 즉 상업적 전환(Commercial Launch) 프로그램도 활발히 전개되고 있는데 일론 머스크의 스페이스X를 서포트하는 데도 나사의 예산과 기술이 많이 투입되고 있다. 달이나 화성을 탐사하거나 향후 여행을 가능케 하기 위한 우주선 적재용량 및 추진력 증가, 탐사용 로봇개발 등에도 많은 자금이 소요된다.

아날로그 시대에서 디지털 시대로

디지털의 발자국, 다양한 데이터가 만드는 마법

4차 산업혁명의 핵심인 CPS(사이버 물리시스템)

실제 세계에서 가상의 세계로

빅데이터의 시대를 맞아 점차 중요해지는 사이버 보안

TECHN

5부

디지털 전환의 시대가
본격화된다

아날로그 시대에서
디지털 시대로

코로나19 이후의 급격한 디지털 전환 과정에서
아날로그 경제의 추락은 불가피하다.

디지털 경제는 이 책의 가장 핵심적 키워드다. 표면적으로는 기존 아날로그 경제를 대체하는 과정에서의 경제적 변화가 생겨날 것이고, 디지털로의 전환이 상당히 이루어지고 나면 본격적으로 데이터와 인공지능이 만들어낼 새로운 부가가치에 집중할 수 있게 될 것이다.

디지털 전환 과정에서 아날로그 경제의 충격은 불가피하다. 이미 그 과정을 상당히 지나오고 있지만, 코로나19 이후엔 더 크고 빠른 전환의 압력과 대면하고 있다. 변하지 않으면 죽지만, 변하는 데 성공하면 새로운 부가가치를 기대할 수 있다. 그래서 지금은 디지털 트랜스포메이션이 가장 중요한 키워드인 것이다.

현재 최고의 핵심 키워드는
바로 디지털 트랜스포메이션

먼저 아주 기초적인 얘기부터 해보자. 아날로그와 디지털은 어떤 차이가 있는 걸까? 디지털이란 단어를 귀가 따갑도록 듣지만 개념이 잘 정리되지 않는 것도 사실이다. 아날로그와 디지털의 가장 큰 차이는 기술의 속성에서 나온다. 아날로그는 소리, 빛, 자기장, 전기 등 연속되는 물리적 신호로 표현되는 정보를 말하는 반면, 디지털은 모든 정보를 0과 1의 단절된 숫자로 표시한다.

아날로그와 디지털을 비교해서 표현해보면 오른쪽 그림과 같다. 검은 곡선이 연속된 아날로그의 신호라면, 붉은색 직선이 0과 1의 이진수로 이루어진 디지털 신호다. 아날로그는 선형으로 이루어져 아주 미세한 정보까지 표현이 가능하나 정확도가 떨어지고, 저장매체의 내구성에 따라 반복이나 복사, 전송시 품질이 떨어질 수 있다.

반면 디지털은 표현에 한계가 있고 다소 인위적이지만 아날로그의 다양한 단점들을 모두 해결해낸 기술이라고 말할 수 있다. 무엇보다도 저장과 전송이 자유롭고, 원본을 복제해도 손상이 없다. 정보의 수정과 변형, 편집이 가능하며 반영구적으로 사용이 가능하다.

인류가 지금까지 이용했던 대부분의 음성·영상정보들은 아날로그 기술로 이루어졌었다. 즉 주파수를 맞추면 잡히던 라디오, 전화선을 타고 먼곳에서부터 음성신호를 전달하던 유선전화, 안테나로 신호를 잘 잡아야 선명하게 비춰지던 텔레비전, PVC플라스틱 원형판에 작은 소릿결을 새겨넣어 음성신호들을 기록했던 엘피(LP: Long Playing

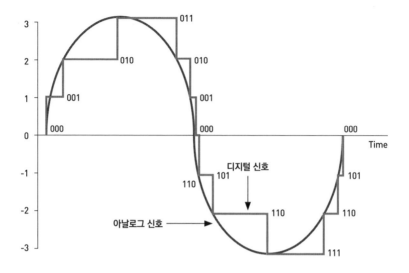

자료: 하이투자증권

Record), 필름을 넣어 인화해야 했던 필름 카메라 등 대부분이 아날로그였다.

　디지털로의 변환은 이런 아날로그 신호들을 0과 1의 이진수로 바꾸는 기술이었다. 이 작업을 디지털화(Digitization)라고 하며, 음성이나 영상같은 신호를 아날로그에서 디지털로 바꾸어주는 변환의 과정만을 지칭한다. 디지털로 정보를 생성하기 위해서는 별도의 입력장치가 필요했다. 음성의 경우 디지털 마이크, 영상의 경우 디지털 카메라가, 각종 정보들은 디지털 센서가 필요했으며, 기존 아날로그의 디지털 변환에 필요한 각종 장비도 소요되었다. 기술의 변화는 늘 새로운 장비의 수요를 발생시킨다.

여기에서 더 나아가 본격적으로 디지털화된 정보를 비즈니스로 적극 활용하는 과정을 디지털라이제이션(Digitalization)이라고 부른다. 상당히 오랜 기간 동안 이진수를 이용한 디지털로의 변환이 지속되었는데 음성이나 문서, 사진, 동영상 등을 CD, 블루레이, USB메모리, 플래시메모리 등 다양한 저장매체에 저장하거나 컴퓨터, MP3플레이어, DVD 플레이어, 게임기, 전자사전, 디지털 카메라, 내비게이션 등 활용할 수 있는 디지털 디바이스 개발이 활발히 진행되면서 디지털라이제이션이 본격화되었다.

　저장매체뿐 아니라 재생에 필요한 하드웨어의 변화가 중요했다. 디지털 신호를 읽지 못하는 아날로그 기기는 시장에서 도태될 수밖에 없었기 때문이다. 이 시기 고부가가치 가전제품은 대부분 오디오·비디오(A/V: Audio, Video)였기 때문에 더더욱 이 변화는 중요했다. 이러한 변화에 가장 활발하게 대처했던 회사는 일본의 소니였다. 워크맨과 Betamax VTR로 대변되는 아날로그 오디오·비디오 기기를 디스크맨과 DVD 플레이어 같은 디지털기기로 전환하는 데 전력을 쏟았다.

　소니는 상당 기간 아날로그를 완벽히 디지털화시켰고 제2의 중흥기가 오는 듯했다. 소니는 디지털 변화를 주도하는 혁신 기업의 상징처럼 인식되어왔다. 하지만 지금에 와서 돌아보면 아날로그 신호를 디지털로 전환하고 이를 저장하는 표면적 방식에만 초점을 맞추었을 뿐, 디지털이 만들어낼 융복합이란 근본적 변화를 읽어내지 못했다는 것을 알 수 있다.

　하드웨어의 변화뿐 아니라 음악이나 영상 콘텐츠의 저장, 전달방식도 크게 변했다. CD나 USB, MP3 등 저장매체에 따른 하드웨어의 변화는 스마트폰의 등장, 초고속통신 보급으로 의미가 없어져버렸기 때문이다. 스마트폰에 담긴 기술의 융복합과 스트리밍 기술로 인해 각각의 하드웨어 자체가 불필요해졌다.

아이튠즈와 안드로이드 애플리케이션 생태계의 등장으로 더 이상 저장매체를 요하지 않는 새로운 음원 스트리밍 시장이 열린 것이다. 통신이 빨라지면서 이젠 영화까지 다운로드-스트리밍 할 수 있는 세상이 되었다. 저장, 전송, 복사 등 디지털의 속성이 이렇게 빨리 생태계를 바꾸어 버릴지 그 누구도 예상하기 힘들었을 것이다.

미국에서 음원의 저장매체별 매출액 변동을 보면 매우 다이내믹하다. 엘피(LP)나 카세트(Cassette)로 대변되는 아날로그가 지배했던 1970~1980년도를 거쳐 디지털 저장매체인 CD가 확산되기 시작

■ 미국 음원시장의 포맷별 매출액 추이

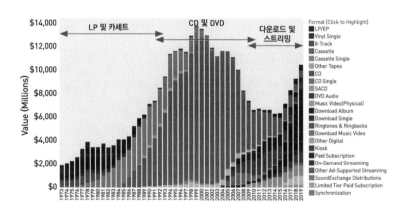

자료: RIAA

한 것이 1984년 이후다. 매우 빠른 속도로 성장하던 CD는 금새 엘피와 카셋트를 대체했다. CD가 시장에 보급되고 정확히 20년 후인 2004년부터 다운로드 앨범이 등장하기 시작하면서 결코 끝나지 않을 것 같았던 CD의 자리를 빠르게 차지해나갔다.

이후 음원 스트리밍 구독서비스들이 등장하면서 다시 순위가 변경된다. 디지털은 복사와 전송이 쉽기에 다양한 루트로 서비스될 수 있다. 딱히 어떤 형태로 정의되거나 고정될 수 없다는 것이다. 2010년 이후에 다양한 디지털 서비스가 혼재되어 있지만 매출액 기준 전성기는 CD가 대세였던 1999년이 정점이었다. 이후 다운로드가 활발해지면서 추락하던 음원산업은 2014년 바닥을 찍고 구독서비스로 인해 재차 증가하고 있다.

완전한 4차 산업혁명은
멀지 않았다

비단 이런 역사는 음반시장에만 머물지 않는다. 늘 정해진 방송편성에 맞춰 시청해야 했던 TV와 달리 VTR이 생기면서 대여점에서 테이프를 빌려 언제든 보고 싶은 영화를 볼 수 있게 되었고, 시청이 불가능한 방송은 녹화해서 볼 수 있었다. 비디오 대여점과 비디오방은 서비스업으로 굉장히 큰 비즈니스 영역을 차지하기도 했다.

그랬던 VTR이 소니와 필립스가 공동개발한 디지털 저장매체인 DVD로 바뀌었을 때, 그 영상의 고퀄리티에 모두들 흥분을 감출 수 없었다. 가격이 비디오테이프에 비해 훨씬 비쌌음에도 하드웨어 교체를 통해 디지털 영화를 감상할 수 있었다. 하지만 이 역시 짧게 끝났고 PC와 인터넷을 통해 다운받는 영화를 즐길 수 있게 되었다. 4G LTE의 확대와 더불어 넷플릭스 같은 구독경제 기반의 영화 실시간 스트리밍이 대세로 자리 잡게 된다.

아주 간단한 음반과 영상만을 살펴봤지만, 기술의 진보에 따라 디바이스와 저장매체, 서비스 방법들은 계속해서 변화를 거쳐왔다. 이는 모든 분야에서 동일하다. 따라서 디지털의 본질은 플레이어나 저장매체 같은 하드웨어에 있는 것이 아니다. PC의 보급, 통신의 발달, 스마트폰의 보급 등을 거치면서 소프트웨어나 시스템까지도 확대해 생각해야 하는 것이다.

지금 우리가 맞이하고 있는 세상은 이런 디지털라이제이션 단계를 넘어 디지털 트랜스포메이션(Digital Transformation)으로까지 진화하고 있다. 여기에서 본질은 아날로그 시대에 존재하지 않았던 데이터의 사용 유무가 될 것이다. '디지털의 발자국'인 로그데이터를 이용한 빅데이터와 이를 통한 AI까지 꿈꾸는 시대가 된 것이다.

로그란 디지털 디바이스를 사용함에 있어 발생하는 모든 행위와 정보를 시간에 따라 남기는 데이터다. 전원을 켰을 때, 일정한 사이트에 접속했을 때, 페이지를 바꾸거나 이동할 때 얼마나 오래 그 페이지에 머물고 있었는지, 어떤 제품에 관심이 있는지, 어떤 특정한 기사와 연관된 정보를 찾았는지, 일정영역을 클릭하거나 확대하는 등 디지털 환경에서 유저(User)가 하는 모든 행위와 발생한 정보를 담고 있는 게 바로 로그다.

이 로그데이터는 지금까지 버려져왔다. 하지만 디지털 트랜스포메이션 시대에는 저장·분석기술이 월등히 향상되었기에, 이 잠자는 로그데이터를 활발히 이용할 수 있게 된 것이다. 소중함을 모르고 흘려버려왔던 빅데이터(Big data)가 사람들의 생각을 읽어내고 미래를 예측하며 여태껏 인류가 깨닫지 못했던 과제를 해결해줄 수 있는 소중한 보물이 된 것이다.

이를 위해서 정형·비정형 데이터를 포함, 온갖 사물에 센서를 부착해 정보를 '수집'하고, 여기서 얻어진 엄청난 양의 데이터를 '저장'하고 '처리'하는 능력을 갖춰야 한다. 여기서 의미 없는 데이터를 '여과'하고 의미 있는 데이터만을 '추출'해내는 처리과정을 거쳐 인공지능으로 '분석'해 일정한 패턴을 '도출'할 수 있다. 이런 과정을 거쳐 지금까지 발견해내지 못한 원리와 질서를 찾아낼 수도 있는 것이다.

■ 디지털 트랜스포메이션의 핵심 프로세스

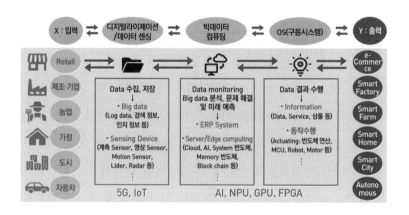

자료: 하이투자증권

200

다양한 부문에서 다양한 방법으로 이 결과물을 '활용'하면서 새로운 비즈니스들이 속속 생겨날 것이다. 여기에 사람의 근력을 대신해 물리적 영역에서 작업을 해줄 수 있는 로보틱스(Robotics)까지 연결해 '실행' 단계까지 거치게 되면 완전한 4차 산업혁명이 이뤄지는 것이다.

　도로를 스스로 달리는 로봇이 자율주행차이고, 하늘을 스스로 나는 로봇이 무인항공기(Unmanned Aerial Vehicle)이며, 스스로 물건을 집 문앞까지 내려놓을 수 있는 로봇이 배송로봇이며, 식당에서 주문을 받고 서빙까지 해주는 로봇이 서비스 로봇인 것이다.

디지털의 발자국, 다양한 데이터가 만드는 마법

폐기되었던 로그데이터들이 디지털 트랜스포메이션으로 빅데이터화되면,
다양한 지식으로 축적되어 기계가 스스로 판단한다.

데이터가 돈이 되는 시대다. 데이터는 분석의 과정을 거치기 전까진 그 가치를 판단하기가 애매하기 때문에 현재로선 가치를 제대로 인정받지 못하고 있는, 매우 중요한 무형자산이다.

빅데이터는 그야말로 정형데이터(Structured data)와 비정형데이터(Unstructured data)를 모두 포괄하는 거대한 데이터를 의미한다. 보통 정형데이터에는 일정한 포맷으로 차곡차곡 쌓이는 데이터 베이스, 전사적 자원관리 시스템(ERP시스템), 고객관계관리(CRM) 데이터 등이 포함된다. 반면 비정형데이터는 SNS 등에서 얻어지는 텍스트, 음성/영상데이터와 앞에서 언급한 각종 디지털환경에서의 로그데이터,

앞으로 펼쳐질 사물인터넷(IoT)에서 얻어지는 데이터까지 모두 포함한다.

이들 데이터는 디지털화된 디바이스, PC나 스마트폰이나 심지어 IoT가 구현된 모든 사물에서 얻어질 수 있다. 세상의 대부분을 차지하던 아날로그가 기술의 힘을 빌어 대부분 디지털로 전환되고 있는 현대에는, 이전엔 상상도 못할 엄청난 양의 데이터가 생성되고 있다.

이미 전사적 자원관리 시스템으로 독일 주식시장의 시가총액 1위를 기록하고 있는 SAP만 보더라도 얼마나 정보를 통해 생산성 향상을 가져다주는 기술의 가치가 큰 것인지 알 수 있다.

SAP의 전사적 자원관리(ERP)는 재무, 인사, 제조, 영업, 물류/유통, 설비 및 공사관리 기능뿐만 아니라 사용자들에게 문서를 자동으로 전달하는 워크플로우까지 포함된다. 당연히 기업에서 얻어진 방대한 데이터를 클라우드(마이크로소프트 Azure 기반)와 연결해 다양한 서비스로 확산하고 있기도 하다.

데이터가 데이터로서의 의미를 지니기 위해선 4가지가 필요하다. 이를 데이터 혁신의 4V라고도 부르는데, 데이터의 양을 의미하는 볼륨(Volume), 데이터 생성 스피드를 나타내는 속도(Velocity), 연관 데이터의 종류를 의미하는 다양성(Variety), 데이터의 정확성을 나타내는 진실성(Veracity)이 그것이다. 여기에 가치(Value)를 포함해 5V로 설명하기도 한다.

정형데이터는 기존 4V로도 어느 정도 설명되지만 다양한 로그데이터나 소셜데이터, 즉 음성·영상·텍스트 등을 포함하는 비정형데이터가 포함되면 가치(Value)의 중요도가 높아질 수밖에 없다.

매우 빠른
데이터 확장 속도

지구상의 데이터 확장 속도는 매우 빠르다. 이미 2003년 구글의 에릭 슈미츠 회장이 3천 년 동안 지구상에 쌓인 문서를 모두 디지털화하는 데 성공했다고 발표했다. 그게 5엑사바이트(Exabyte: 10의 18제곱 바이트)였는데, 미국 국회도서관 5천 개 분량의 데이터였다. 인류가 3천 년 동안 쌓은 5엑사바이트의 데이터를 생산하는 데 걸린 시간이 2017년 기준 24시간이었다. 하루에 그만큼의 엄청난 데이터가 축적되는 셈이다.

최근 전 세계에서 생성되는 단 하루의 데이터가 2.5quintillion(250경) Byte에 달한다(자료마다 상이하지만 천문학적 규모임에는 틀림없다). 기업체에서 사용하는 데이터는 1.2년에 2배씩 폭증하고 있다. 만일 IoT(사물인터넷)가 모든 사물로 확산되고, 달리는 자동차에 V2X(자동차와 모든 것이 통신으로 연결)가 실시간으로 도로 주변의 모든 것들을 센싱하고 통신으로 연결되며 이를 클라우드에 업데이트하는 시대가 온다면 데이터의 용량은 기하급수적으로 증가하게 될 것이다. 센서를 통한 다양한 정보의 생성은 물론이고 모든 사람의 활동이 디지털로 데이터화된다면 정보의 양과 속도는 엄청나게 증가할 것이다. 이 막대한 데이터를 이젠 저장해야 한다.

다행히 컴퓨터의 고집적화와 메모리 반도체의 가격 하락, 저전력 마이크로서버 등의 등장으로 저장 단가가 낮아졌을 뿐 아니라 저장 자체도 쉬워졌다. 기술발달에 의해 클라우드 서버의 크기는 작아지

■ 빅데이터의 생성 프로세스

- 1.7MB of data is created every second by every person during 2020.
  (2020년, 각각의 사람들이 매초마다 생성하는 데이터의 양은 1.7MB에 달한다.)
- In the last two years alone, the astonishing 90% of the world's data has been created.
  (지난 2년 동안 만들어진 데이터가 놀랍게도 세계 데이터의 90%를 차지한다.)
- 2.5 quintillion bytes of data are produced by humans every day.
  (매일 250경(2.5X100경) 바이트의 데이터가 사람들에 의해 만들어진다.)
- 463 exabytes of data will be generated each day by humans as of 2025.
  (2025년이 되면 사람들에 의해 매일 463엑사바이트(엑사=1,000경)의 데이터가 생성될 것이다.)
- 95 million photos and videos are shared every day on Instagram.
  (인스타그램에서 매일 9,500만 장의 사진과 영상이 공유되고 있다.)
- By the end of 2020, 44 zettabytes will make up the entire digital universe.
  (2020년 말까지 44제타바이트(제타=1,000,000경)가 전체 디지털 우주를 구성하게 된다.)
- Every day, 306.4 billion emails are sent, and 5 million Tweets are made.
  (매일 3,064억 건의 이메일이 발송되고, 500만 건의 트윗이 만들어진다.)

자료: Techjury blog

고 집적도는 높아지고, 전력소비량은 낮아졌으며, 입출력 속도도 크게 증가해 정보의 저장을 클라우드 컴퓨터로 집중시킬 수 있는 환경도 조성되고 있다.

각 업체들은 이들 클라우드 컴퓨팅을 구독경제의 형태로 운영해 소비자들의 부담을 줄여주고 있다. 이미 아마존의 전체 이익에서

■ 빅데이터의 수집, 저장, 처리, 관리, 분석, 활용의 프로세스

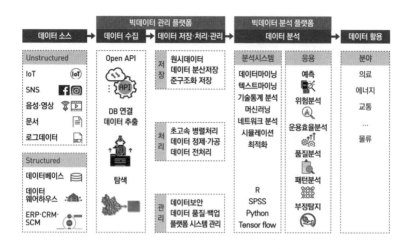

자료: 하이투자증권 정리

AWS가 60% 이상을 차지하고 있다는 사실이나 마이크로소프트가 Azure 사업의 활성화 이후 다시 턴어라운드에 성공해 시가총액 1위를 재탈환한 사실은 널리 알려져 있다. 이미 클라우드 경제가 활성화되고 있는 것이다.

클라우드 비즈니스의 매출액은 점차 커지고 있지만 진정한 가치는 데이터에서 나오기에 '단순 매출=가치'로 볼 순 없다. AI의 발달과 더불어 얼마나 획기적인 분석과 이의 활용, 실행에서 부가가치를 만들어낼 수 있는지에 따라 기업가치 역시 변화할 것이다. 미국의 테크 자이언트들이 전 세계 클라우드 시장을 독식하고 있는 현재의 구조도 어떻게 변화될지 면밀히 살펴봐야 할 것이다.

최근 클라우드는 단순 정보의 저장기능만 갖춘 것이 아니라 업무

■ 클라우드 인프라서비스 시장의 성장과 시장점유율

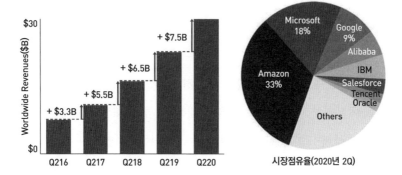

자료: 시너지리서치그룹

■ 아마존웹서비스의 다양한 서비스

자료: AWS

에 필요한 A-Z까지 모두 갖추고 있어 기업운영을 쉽게 해주고, 비즈니스의 수행 코스트를 크게 낮추는 데 기여하고 있다. 이 점을 많은 사람들이 간과하고 있다. 데이터가 집중된다면 이를 이용한 다양한 서비스가 가능해진다.

클라우드도 네트워크효과가 확실히 발휘되는 비즈니스다. 비즈니스에서 원하는 다양한 기능들을 탑재해 더 높은 충성도와 데이터 집중을 꾀할 수 있다. 클라우드 비즈니스의 선두주자인 아마존의 AWS만 보더라도 4차 산업혁명에서 필요한 기능들을 전부 탑재하고 있음을 알 수 있다. 여기에는 비즈니스 애플리케이션을 비롯해 머신러닝, 사물인터넷, 모바일, 블록체인, 보안, 인공위성, 로보틱스 등 개별기업이 갖추기 힘든 다양한 기능(Tool)들이 내재되어 있다.

구독 시 이 강력한 시스템을 중소기업이라도 사용할 수 있게 되는 것이다. 따라서 사용의 기간과 빈도가 높아질수록 종속될 가능성이 높아진다. AWS 베이스로 한번 비즈니스 스트럭쳐를 구성했다면 웬만해선 업체를 변경하기가 힘들 정도로 많은 기능들이 통합되거나 각각의 기능이 시스템 내에 의존하도록 만들어져 있기 때문이다. 이런 측면에서 해외 빅클라우드에 대한 의존도가 높아짐에도 불구하고 클라우드에 대한 규제개혁을 미루고 있는 정부의 늑장대응으로 클라우드 변방으로 전락해버린 한국이 심히 우려스럽다.

앞서 언급했지만 각종 센서들의 도움으로 모든 디지털 기기들은 스스로 정보를 생성해내는 개체로 탈바꿈될 것이다. 인터넷을 넘어 사물인터넷(IoT)의 시대로 도약하기 위해서는 각종 센서와 통신용 애플리케이션 프로세서(AP), 연산이 가능한 지능형반도체(NPU) 등이

■ 로버트보쉬 센서테크(모션센서, 스마트센서, 환경센서)와 삼성전자 IoT용 통신모듈 엑시노스

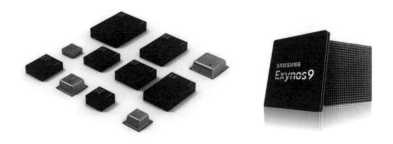

자료: Bosch, 삼성

■ 다양한 센서의 분류 및 설명

센서분류	설명
감지대상별	물리센서(힘, 온도, 전자기, 광학 등), 화학센서(가스, 이온, 수질, 바이오 등)
감지방식별	저항형센서, 용량형센서, 광학식센서, 자기식센서 등
집적도별	단순센서, 전자식센서, 디지털센서, 지능형센서
구현기술별	반도체센서, MEMS 센서, 나노센서, 융복합센서
적용분야별	자동차용, 모바일용, 가전용, 환경용, 의료용, 산업용, 국방용, 우주용

자료: 하이투자증권

장착된 디지털 디바이스들이 보급되어야 한다.

독일의 최대 자동차부품 회사인 로버트보쉬가 초소형 정밀기계 기술(MEMS: Micro-Electro Mechanical Systems) 센서 분야에 세계 최고가 되겠다고 선언한 것이 이 시장의 성장성을 크게 봤기 때문이다. 현재 알려지기론 지구상에 500억 개의 센서를 갖춘 장치들이 IoT로 연결되어 있지만, 향후 더욱 보편화될 경우 더 많은 데이터들이 생성

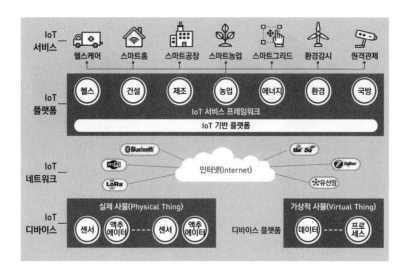

자료: 행정안전부

될 것이다.

사물인터넷은 가정용 전자기기부터 건물 구석구석, 공장의 로봇, 웨어러블 기기 등 다양한 곳에서 사용될 것이다. 이들은 모두 내부에 센서와 지능형반도체, 애플리케이션 프로세서 등을 내재화해 통신으로 연결될 것이다. 가정의 다양한 스마트기기들은 스마트폰, 스마트냉장고 등과 연결되어 편리하게 상호작용할 수 있을 것이며, 여기서 생성된 데이터들이 생활 곳곳의 불편함을 해소해주고 삶의 패턴에 맞는 다양한 서비스를 제공해줄 수 있을 것이다.

공장의 로봇들은 최상단의 ERP와 연계되어 재고레벨에 맞는 부품 주문, 생산속도 조절, 옵션에 맞는 다양한 제조, 자동물류 등이 가능해

■ 테슬라 오토파일럿 운행 마일 추이와 예상

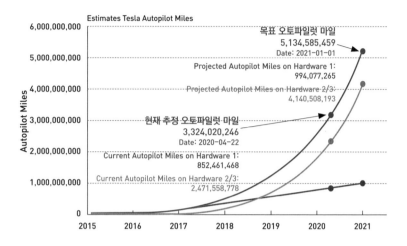

Estimates Tesla Autopilot Miles

목표 오토파일럿 마일
5,134,585,459
Date: 2021-01-01

Projected Autopilot Miles on Hardware 1:
994,077,265

Projected Autopilot Miles on Hardware 2/3:
4,140,508,193

현재 추정 오토파일럿 마일
3,324,020,246
Date: 2020-04-22

Current Autopilot Miles on Hardware 1:
852,461,468

Current Autopilot Miles on Hardware 2/3:
2,471,558,778

자료: Lexfridman

질 것이다. 공장의 사물인터넷은 스마트팩토리의 기본조건이기도 하
다. 여기서 얻어진 데이터들은 작업최적화를 위한 밑거름이 될 것이다.

그중에서도 많은 데이터 트래픽을 만들어내는 곳은 사람이동
(Mobility)와 물건이동(Logistics) 분야이다. IoT를 자동차에 접목하면
V2X(Vehicle to Everything)가 된다. V2X 기술을 통해 V2V(자동차와 자
동차), V2I(자동차와 도로 및 도로구조물), V2P(자동차와 보행자), V2S(자동
차와 위성) 등이 모두 연결될 수 있다. 뿐만 아니라 자동차에 설치된
센서들을 통해 SLAM도 구현할 수 있다.

SLAM(Simultaneous Localization and Mapping)은 차가 위치한 지점
에 대한 측위와 동시에 차가 주변부 지도를 자동으로 그려나가는 기
술을 의미한다. 센서와 통신이 완벽히 갖춰진다면 V2X는 매우 강력

한 기능을 제공함과 동시에 수많은 차량에서 엄청난 데이터가 생성될 것이다.

자율주행에 필요한 다양한 기술이 있지만 더 높은 수준이 가능하려면 데이터와 이에 대한 분석이 필연적이다. 자동차의 인공지능을 학습시키기 위해선 많은 데이터가 필요하다.

구글웨이모와 테슬라가 데이터 양에서 가장 앞서고 있는데, 최근엔 테슬라의 자동차판매가 크게 증가하면서 데이터가 35억 마일을 돌파했다. 이는 구글웨이모의 2천만 마일과 비견해 175배 이상 많은 데이터다. 데이터의 힘이 곧 자율주행의 성능과 비례할 수 있기에 주목해야 할 흐름이다.

디지털 트랜스포메이션으로
많은 것들이 변화되다

우스갯소리로 "구글은 큰돈을 투자해 자율주행 데이터를 획득하지만, 테슬라는 돈을 벌면서 데이터를 획득한다"는 평가가 많다. 테슬라 고객들은 앞서 언급한 팬덤 성향이 강해, 큰 금액을 지불하면서도 여전히 안전에 관한한 미완의 오토파일럿을 회사 측과 함께 완성해가고 있다. 구입 당시 차에서 생성되는 데이터 활용에 관한 동의까지 하면서 운행정보를 매순간 테슬라에 전송해주고 있다.

이렇게 모인 데이터는 인공지능의 도움을 얻어 알고리즘 정교화에 사용되고, 이를 소프트웨어(S/W)에 반영함으로써 테슬라 오토파

■ 테슬라의 OTA S/W 업데이트로 감소하는 사고주기

	2018년 3Q	2019년 Q3	변화율 %
테슬라 오토파일럿 (Tesla Autopilot, 유료)	3.34백만 마일	4.34백만 마일	30% 개선
테슬라 액티브 세이프티 (Tesla Active Safety, 주행보조)	1.92백만 마일	2.7백만 마일	41% 개선
기타 테슬라	2.02백만 마일	1.82백만 마일	10% 악화
미국 평균	0.492백만 마일	0.498백만 마일	1% 개선

사고주기: 사고가 발생하는 주기. 거리가 길수록 사고가 드물게 발생하였음을 의미

자료: Tesla

일럿 성능은 점점 더 진화하고 있다. 이를 통해 개선된 소프트웨어는 FOTA(Firmware Over The Air) 기능을 통해 고객들 차량에 주기적으로 버전 업(Version Up) 되고 있다. 고객들이 제공한 다양한 데이터를 기반으로 완성도가 높아진 소프트웨어가 수시로 업데이트되면서 하드웨어인 자동차의 샤시(Chassis)를 컨트롤하고 자율주행 기능과 안전기능이 향상되는 것이다.

2018년 대비 2019년 같은 분기에 오토파일럿은 30% 안전해졌고, 액티브 세이프티는 41% 안전해진 것을 알 수 있다. 이런 데이터 수집과 분석이 일정수준을 넘어서면 테슬라는 모든 차량을 로봇 택시(Robotaxi)로 업그레이드 하겠다고 밝힌 바 있다. 테슬라를 통해 사물인터넷의 힘을 어느 정도는 가늠할 수 있을 것이다.

디지털 트랜스포메이션으로 많은 것들이 변화되겠지만, 이번 코로나19를 겪으면서 많은 사람들이 비대면의 삶을 강요받고 있다. 앞으로 본격적인 O2O(Online to Offline) 시대가 열릴 것이라고 예상은 했

■ 코로나19 이후 더욱 가속화된 O2O 시대

온디맨드(On Demand): 고객이 원하는 것을 즉시 해결해주는 새로운 정보산업체제를 말함. 주로 고객의 요구를 디지털 디바이스 서비스업체에 전달

자료: 하이투자증권

지만 세계를 뒤덮은 바이러스의 창궐로 인해 가속화될 것이라는 점은 그 누구도 생각하지 못했다.

바이러스로 매개체인 사람과 사람이 만날 수 없었지만 인간의 욕구가 변할 리는 없다. 생존과 생활을 위한 활동들을 멈출 수도 없다. 따라서 온라인을 통해 쇼핑, 식사주문, 영화관람, 음악청취, 은행업무, 재택근무, 학교수업, 지인들과의 네트워크 등과 같은 활동을 계속할 수 있었던 것이다. 디지털 환경에 익숙하지 않았던 장노년층도 스마트폰과 PC 사용법을 배워야 했다.

겪어보지 못한 초유의 상황에서 곧바로 떠오르는 플랫폼에 의존하는 사람들이 늘어갔다. 예를 들면 쇼핑은 아마존, 영화는 넷플릭스, 온라인 의료는 텔레닥(Teledoc), 화상회의는 줌(Zoom) 같은 대표적

플랫폼에 신규회원이 집중되는 현상이 나타났다. 비대면이 선택적 상황이 아닌 필수적 상황이 되면서 디지털 공간으로 들어갈 수 있는 문이 플랫폼이란 사실을 많은 사람들이 깨닫게 되었다. 당연히 이런 디지털 서비스를 받으면서 요금지불은 인터넷 뱅킹이나 새로운 핀테크 기술들이 도맡아 하게 되었다.

앞서 디지털의 특성을 얘기했지만 어떤 활동이라도 데이터가 생성되기에 여기서 소비자 패턴, 고객성향, 선호도 등의 빅데이터가 얻

■ 자동차에 불고 있는 기술 변화와 이의 응용산업

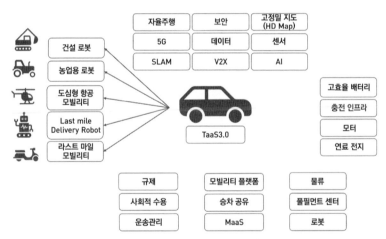

1) 라스트 마일(last mile) 모빌리티: 목적지에 도달하기 전 마지막 1마일(약 1.6km)의 짧은 거리 이동을 위한 공유 이동수단
2) SLAM: 위치를 측정함과 동시에 실시간 지도를 그리는 기술
3) V2X: 차량사물통신. V2X는 Vehicle to Everything의 약자로, 차량이 유·무선망을 통해 다른 차량, 모바일 기기, 도로 등 사물과 정보를 교환하는 것 또는 그 기술을 말함
4) 풀필먼트(Fulfillment): 마감시간 없이 계속 이어지는 전자상거래 주문에 대응할 수 있는 물류 시스템
5) MaaS: Mobility as a Service의 약자로 전동휠, 자전거, 승용차, 버스, 택시, 철도, 비행기 등 모든 운송수단(모빌리티)의 서비스화를 의미함
6) Taas3.0: Transportation as a Service3.0은 자율주행을 기반으로 사람과 물건의 이동을 공유형태로 이용할 수 있는 서비스임

자료: 하이투자증권

어질 수 있다. 온라인을 통해 고객의 니즈가 전달되면 그 이후로는 물리적 영역에서 활동이 전개된다. 인터넷으로 주문하면 현실세계에서 누군가 물건을 구해서 박스에 포장하고 집까지 배달하는 오프라인의 절차가 진행된다.

지금은 대부분 사람의 노동에 의존하고 있지만 이 영역에서 점차 로봇에 의한 자동화가 진행될 것이다. 그래서 오프라인의 디지털화 끝판 왕은 로보틱스(Robotics)가 될 것으로 보는 것이다.

간단히 살펴봤지만 O2O는 미래에도 그 틀이 유지될 수밖에 없다. 사람은 가상현실이 아닌 현실세계에서 물리적인 활동을 할 수밖에 없는 존재이기 때문이다. 이커머스는 아마존이나 쿠팡 같은 온라인 쇼핑몰에서, 모빌리티는 우버 같은 모빌리티 플랫폼에 니즈를 입력하면 물리적 영역에서 배달이 오거나 이동을 가능하게 해준다.

아날로그 시대가 100% 현실에 기반을 둔 오프라인의 세상이었다면, 디지털 시대는 가상현실에 기반을 둔 온라인이 주를 이루는 세상이 될 것이다. 넷플릭스로 영화를 관람하거나 줌을 통한 화상회의의 예를 들더라도 가상현실 세계에서 모든 것이 이뤄질 수 있다.

따라서 영화관을 찾거나 회사에 출근하는 등 물리적 행위를 많이 축소할 수 있다. 영화표를 구매하거나 표 검사 같은 과정도 과감히 생략된다.

아날로그 시대에 물리적 행위의 상당 시간은 사람이동(Mobility)과 물건이동(Logistics)의 이동과정에 소모되었다. 이는 디지털 시대의 자율주행 차량과 최종단계의 배송로봇(Last mile Delivery Robot)에 의해 상당히 대체될 수 있다고 본다. 기계공학의 발달로 모터, 액추에이터가 한계를 넘어서고, 화학·전기 분야의 발달로 2차전지가 오랜 기간 큰 에너지를 제공하며, 디지털 기술로 제어와 효율이 크게 향상되면서 로봇과 드론이 사람의 물리적 행위를 상당히 대체해줄 수 있게 되었기 때문이다.

이제 수많은 기술이 동시에 발달하면서 스마트폰 터치만을 통한 온디맨드(On-demand)로 사람의 이동인 모빌리티(Mobility)와 물건의 이동인 물류(Logistics)가 함께 해결되는 TaaS(Transportation As A Service)3.0의 시대가 도래할 것으로 본다. 시속 200Km 이상의 극한 환경에서도 이 기능들이 수행될 수 있다면 건설중장비, 농기계, 도심형 항공모빌리티, 서비스로봇 등에서 이 기술들의 응용이 충분히 가능하다. 많은 물리적 세계의 행위들이 무인화되면서 O2O 서비스로 진화해나갈 것이다.

4차 산업혁명의 핵심인
CPS(사이버 물리시스템)

Cyber(가상)와 Physical(물리) 시스템의 유기적 통신 연결로
모든 디바이스들이 스스로 판단·작동하는 스마트화가 가능해진다.

앞서 4차 산업혁명의 핵심이 되는 내용들에 대해 넓게, 또한 간단하게 살펴봤다. 4차 산업혁명을 또 다른 키워드로 요약하면 CPS로 정리할 수 있다. CPS는 독일이 제조공정의 디지털화를 이끌며 주창한 Industry4.0의 핵심개념이기도 하다.

CPS는 Cyber Physical System의 약자로 사이버(가상) 물리시스템 정도로 번역할 수 있다. 기존 기계는 사람이 직접 입력해주는 명령에 의해 각각의 개체들을 대상으로 단순제어만 가능했다면, 4차 산업혁명의 핵심기술들에 힘입어 로봇은 IoT 기기에 장착된 센서에 의해 다양한 종류의 데이터를 수집하고 통신으로 연결(Communication)해

로봇 간 정보를 교류하거나, 클라우드에 저장한 후 AI의 학습과 연산 (Computing)을 통해 최적의 작업이 가능한 패턴을 도출해 실행하는 자율제어(Control)가 가능하다.

스마트팩토리 시대가 성큼 다가온다

당연히 도출된 최적의 작업패턴은 클라우드에 저장된 후 다시 통신을 통해 각각의 로봇에게 전송된다. 이 시스템에 속해 있는 모든 산업현장이 진화될 수 있다. 이런 힘이 모여 국가의 제조역량이 향상될 것으로 보는 것이다.

기계와 로봇의 차이는 스스로 인지하고 판단하며, 정보를 교류하고 학습해 스스로를 제어할 수 있느냐 없느냐에 따라 결정된다. 사이버(Cyber) 영역에 해당되는 기술은 인공지능(AI)과 사물인터넷(IoT)이 될 것이고, 물리(Physical) 영역에 해당하는 기술이 로봇(Robotics)이 되는 것이다.

앞서 언급했던 사람의 사고를 대신하는 'AI', 사물이 생각하기 시작하는 'IoT', 사람의 근력을 대신하는 'Robot'이 사이버(가상) 물리 시스템 개념에 모두 녹아들어 있다. 바로 이것이 독일에서 주창하는 Industry4.0, 즉 스마트팩토리다.

OPC UA(Open Platform Communications Unified Architecture) Foundation에서 제공한 도식을 보면, 기업의 뇌에 해당하는 전사적 자원

■ CPS 핵심도와 Industry4.0 구성도

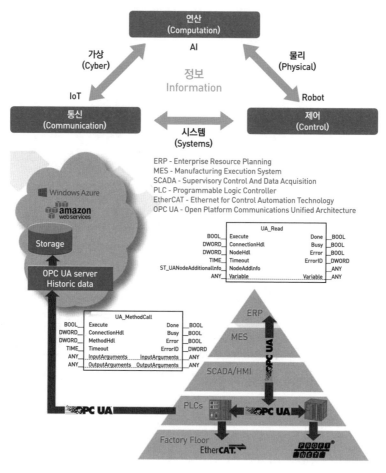

1) ERP(전사적자원관리): 기업 내 생산, 물류, 재무, 회계, 영업과 구매, 재고 등 경영활동 프로세스들을 통합적으로 연계해 관리해주며, 기업에서 발생하는 정보들을 서로 공유하고 새로운 정보의 생성과 빠른 의사결정을 도와주는 전사적자원관리 시스템 또는 전사적통합시스템을 말함
2) MES: 환경의 실시간 모니터링, 제어, 물류 및 작업내역 추적관리, 상태파악, 불량관리 등에 초점을 맞춘 현장 시스템
3) SCADA: 집중 원격감시 제어시스템 또는 감시 제어 데이터 수집시스템
4) PLC: 각종 센서로부터 신호를 받아 제어기에 신호를 보냄으로써 사람이 지정해둔 대로 로봇이 작동하도록 해주는 장치
5) EtherCAT: 벡호프 오토메이션에서 개발된 이더넷 기반의 필드버스 시스템
6) OPC UA: 제품을 공급하는 업체들에 특정되지 않은 통신 표준이라는 의미

자료: OPC UA Foundation, 하이투자증권

220

관리 시스템부터 공장 말단의 각종 로봇, 기계의 통합구동에 사용되는 프로토콜인 이더캣(EtherCAT)까지 모든 과정이 OPC UA로 연결된다. 즉 위로부터는 명령을, 아래로부터는 정보를 실시간으로 얻을 수 있는 것이다.

이 시스템을 클라우드 컴퓨터인 아마존 AWS나 마이크로소프트 Azure까지 연결시켰다. 어떤 현장에서든지 통신을 통해 클라우드와 접속할 수 있으며, 클라우드는 실시간으로 올라오는 데이터들을 역시 분석하고 패턴화시켜 최상의 시스템 컨디션을 만들어낸다. 매일같이 더 나은 방향으로 진화할 수 있다는 의미다. 심지어 하나의 업체에만 이 시스템이 구축된 것이 아니라 시스템 하에 소속된 많은 기업들이 이런 과정을 반복하기에 이종산업으로부터 생각하지도 못했던 혁신이 제공될 수도 있는 것이다.

사이버(가상) 물리시스템에서 언급한 AI, IoT, Robotics가 산업계에 완벽히 적용된다면 매우 큰 힘이 될 수 있다. 업력이 오래되어 숙련된 근로자들이 많은 회사의 노하우가 이제는 시스템에 가입하는 순간 신생 스타트업에도 발현될 수 있다는 의미이기도 하다.

인간의 영역을
인공지능과 로봇이 대체하다

제조강국으로 군림하는 독일이 Industry4.0 기반의 스마트팩토리를 강조하는 이유가 있다. 미국, 중국의 최첨단 ICT 기반의 회사들이 인공지능을 통해 설계기술, 생산기술에서 노하우를 빠르게 학습하면, 오랜 기간 독일이 강점을 가지고 있는 기계공업, 정밀가공 기술에서의 위협이 불가피할 수밖에 없다. 사람에 의한 노하우 전승은 언제든 단절될 수 있지만, 지금의 노하우를 독일 정부차원에서 빅데이터화하려는 것이다.

■ 스마트팩토리의 구조

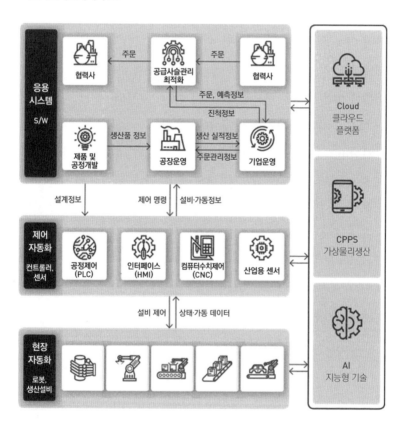

자료: www.smart-factory.kr

222

또한 중소기업의 열악한 여건과 인재이탈 상황을 사이버(가상) 물리시스템 기술로 막겠다는 의지도 포함되어 있다. 이런 절박함에 국가가 나서 플랫폼을 구축하고, '1) 기술모델 솔루션 및 표준화, 2) 연구 및 혁신, 3) 시스템 보안, 4) 법, 제도, 5) 직업 훈련 및 재교육'의 5개 분야에 많은 기업들, 산업별 협회, 산업별 노조의 참여를 유도하고 있다.

국가차원의 프로젝트인 Industry4.0에는 SAP, Siemens, ABB, KUKA, BOSCH, Schneider 같은 쟁쟁한 대기업들이 참여하고 있다. 보안, 시스템, 센서, 로봇 등에서는 독일업체들이 주도하고 있지만 독일의 기술이 부족한 분야에는 미국과 이웃 유럽기업들, 중국·한국·일본의 업체들도 대거 참여하고 있다.

미국 실리콘밸리가 주축이 되어 빠르게 변화하는 디지털 트랜스포메이션에 전통적인 방식으로 비즈니스를 전개하던 개별기업의 대응이 쉽지 않은 것은 어찌 보면 당연하다. 그렇기에 제조강국 독일은 이처럼 국가차원에서 새로운 기술변화에 대응하는 것이다. 독일뿐 아니라 많은 국가들이 기술변화의 속도와 넓이에 두려움을 느끼고 있다. 한국도 이런 세계적 흐름에 도태되지 않기 위해 기업 스스로도, 정부도 스터디하고 시스템을 구축하고자 하지만 여전히 부족함이 많은 상황이다.

특히 소수의 대기업을 제외한 중소기업은 개념조차도 잡고 있지 못하다. 한국정부도 스마트팩토리 지원사업을 통해 다른 국가들에 뒤쳐지지 않겠다는 의지를 피력하고는 있지만, 기업의 자발적 참여가 아닌 탑 다운(Top-down) 방식으로 광범위한 공감을 얻고 있지 못하며, 가장 중요한 데이터의 수집과 분석에서 시너지를 내지 못하고 있다.

사이버(가상) 물리시스템으로 대표되는 사고(思考)와 노동(勞動)의 자동화, 기술대체라는 변화가 만들어나갈 경쟁구도의 변화, 사회의 변화상, 인간의 소외문제에도 깊은 고민이 필요하다. 인간의 영역을 인공지능과 로봇이 대체할 미래에는 사회의 제도, 법, 역할이 크게 달라질 수밖에 없기 때문이다.

실제 세계에서
가상의 세계로

AI는 화이트 칼라, 로봇은 블루 칼라의 노동을 대체하겠지만,
기본적 욕구를 충족시키기 위해 인간을 가상 세계로 이끌 것이다.

앞서 살펴본 Industry4.0은 사람의 노동력에 의존했던 제조공정을
자동화시키고, TaaS3.0은 이동과 배송을 자율주행차와 로봇으로 대
체해 무인화시킬 것이다.

이를 긍정적으로 해석하면 인간이 노동으로부터 해방되는 것이겠
으나, 부정적으로 해석하면 노동으로부터 소외된다고도 볼 수 있다.
가장 바람직한 방향은 이 둘의 균형으로 인간은 더 창의적인 일에 몰
입하고, 3D업종은 과감하게 로봇에 맡기며, 업무시간을 획기적으로
단축시켜 개인의 여가시간을 더 확보하는 것이다.

따라서 디지털 트랜스포메이션과 사이버(가상) 물리시스템로의 변

화는 100%의 현실세계에서 출발해 점차 그 비중을 줄이고 가상세계의 공간을 넓히는 방향으로 전개될 것이다. 노동에서 소외된 사람들은 현실이 아닌 가상세계에서 새로운 부가가치 창출에 나설 수 있고, 창의적 업무로 직업을 유지하는 사람들도 늘어난 여가시간을 활용해 가상세계에서 엔터테인먼트를 즐길 수도 있다. 독창적인 아이디어로 현실세계에는 존재하지 않는 새로운 세상을 만들어 많은 방문객들을 대상으로 수익을 창출할 수도 있다. <u>결국 시간이 흐르고 기술이 진일보함에 따라 사람은 많은 시간을 가상세계에서 보내게 될 것이다.</u>

몰입형 가상현실이 가능해지며 가상세계가 현실을 능가하다

가상세계란 개념은 현재로선 정적인 온라인공간·영화·게임 같은 '비몰입형 콘텐츠'에 국한되어 있지만, HMD(Head Mount Display)와 3D 영상기술, 모션트래킹(촬영된 피사체의 움직임을 추적해 합성할 그래픽에 같은 움직임을 주는 기술) 기능 및 진동센서가 장착된 가상현실(VR) 수트, VR 시뮬레이터(Simulator) 등이 함께 수준이 높아질수록 '몰입형 가상현실'이 가능해질 것으로 예상한다.

CES2019에 엔비디아(nVIDIA)가 선보인 레이트레이싱(RayTracing) 기술은 자칫 드라이한 디지털 그래픽에 질감에 따른 빛의 반사, 자연스러운 그림자, 물결의 미세한 파동 등을 인공지능이 자동으로 구현함으로써 현실과 매우 유사하게 느끼도록 착각하게 만들어줄 수 있

■ 전신햅틱 기능의 테슬라수트와 Exon VR의 수트+시뮬레티어

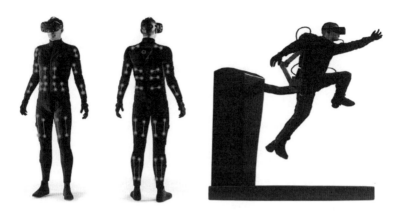

자료: Tesla, Exon

는 기술이다.

　더 먼 미래에는 뇌의 감각부위에 전기신호를 흘려 현실과 가상을 분간하지 못하게 함으로써 완전몰입형 가상현실(Full Dive Virtual Reality)까지 가능해질 것이다. 아직까진 기계와 인간의 뇌 사이에 빠르고 안정적인 연결이 쉽지 않다. 뇌의 신호를 잡아내기 위해선 '뇌-컴퓨터 인터페이스(BCI: Brain-Computer Interface)'를 통해 인간 신경 시스템과 접속되어야 하는데 기술적으로나 윤리적으로 문제가 있다. 인간의 뇌가 워낙 복잡해 이를 전부 데이터화하려면 현재의 컴퓨팅 파워로는 한계가 있으며, 양자컴퓨터가 도입되어야 가능해질 것으로 전망하고 있다.

　혹시 모를 뇌손상이나 육체적 위험도 극복해야 한다. 현재기술로는 VR헤드셋인 Nerve Gear 등으로 몰입형 가상세계를 구현하는 수

준에 만족해야 할 것 같다. 테슬라의 뉴럴링크 프로젝트도 뇌-컴퓨터를 연결하는 두뇌 인터페이스 기술을 기반으로 하고 있으며, 페이스북의 Building8 프로젝트도 같은 연구를 수행하고 있다. Building8은 1분 만에 단어 100개를 암기할 수 있는 비침투적 시스템도 연구중이다. 기술의 진화속도는 점점 빨라진다.

비행 시뮬레이터(Flight Simulator)의 예를 들어보자. 비행 조종사를 시뮬레이션을 통해 교육시키는 용도의 비행 시뮬레이터는 예전부터 가장 값비싼 시스템이었다. 한 명의 파일럿 양성에 소요되는 비용이 워낙 크고, 실수에 의한 비행사고는 치명적인 결과를 초래하기 때문에 사전 교육의 목적으로 이 시뮬레이터를 만든 것이다.

■ 비행 시뮬레이터의 변천사

자료: 마이크로소프트

■ 현실세계와 디지털공간을 일체화시키는 디지털 트윈

자료: Dassault system

　마이크로소프트가 만든 이 시스템은 1970년대 말의 원시적 형태
로부터 지금까지의 발전과정이 고스란히 간직되어 있다. 1980년 그
래픽 기술이 열위했을 때부터 현재 현실세계와 구분이 모호할 정도
로 진화된 모습에서 가상현실의 빠른 도래를 짐작해볼 수 있다.

　이런 빠른 발달은 모든 현실세계를 디지털세계에 그대로 옮겨 상
호작용이 가능하도록 만들기도 한다. 이를 디지털트윈(Digital Twin)
이라고 부른다. 디지털트윈은 사이버-물리적 생산시스템을 설계, 시
뮬레이션 및 최적화해 현실과 가상(디지털) 간 싱크로가 가능하도록
만든 것이다. 현실-가상을 원격제어할 수도 있고, 협업 방식으로 상
호 작용할 수 있게 하는 핵심 기술이다.

싱가폴의 경우 Dassault system과 함께 인공위성으로 건물·지형을 모두 스크리닝해 입체지도를 만들고, 드론으로 건물외관을 완벽히 촬영해 이를 3D로 형상화했다. 여기에 각종 데이터를 입력하고 컨트롤 시스템을 접목해 현실세계와 디지털공간을 일체화시키는 디지털트윈 시스템을 만들고 있다. 한국도 이번 한국판 뉴딜 정책에 디지털트윈 관련 예산이 편성되어 있다. 이런 기술적 요구로 인한 디지털 작업들도 가상현실(VR)을 통한 가상세계 확장에 매우 중요한 자원이 될 것이다.

인간이 기술을 컨트롤하는
주체가 되어야 한다

아직은 멀어 보이는 가상세계지만 충분히 기술적 접근은 가능하다. 따라서 디지털 트랜스포메이션과 4차 산업혁명의 기술은 더 이상 현실세계가 아닌 디지털이 만들어낸 가상세계로 인간의 영역을 확장시킬 수밖에 없다. 기술의 발달로 지금까지 사적영역으로 여겨졌던 개인의 깊숙한 내면까지 디지털세계의 로그데이터를 통해, 국가가 운영하는 CCTV를 통해, 뇌-컴퓨터 간 연결을 통해 오픈되게 생겼다.

디지털 환경에서 사람이 행하는 모든 일거수일투족은 로그데이터로 흔적이 남게 된다. 이 데이터가 무분별하게 공개되고 있고, 이를 취합하면 그 사람의 은밀한 내면이 다 드러날 수밖에 없다. AI기술의 발전은 사람들의 행동을 모니터링함으로써 자유를 침해하고 행동반

경의 위축을 가져올 수 있다. 사람은 사람을 속일 수 있어도, 이제 디지털 가상세계에서는 컴퓨터를 속일 수 없다.

따라서 인간이 기술을 컨트롤 하는 주체가 되어야 한다. 또한 그것이 가능한 시스템 설계를 해야 한다. 그래서 최소한의 방어기제가 필요한 것이고, 그 두려움이 한낱 기술에 불과한 블록체인을 철학적 경지로 높이고 심지어 우상화시키고 있는 것이다. 현존하는 최고의 사이버 보안시스템이기 때문이다.

고도로 정교화된 가상현실 세상이 도래한다면, 사람들은 현실세계를 기피하고 가상현실이 만들어낸 가상세계에서 더 많은 시간과 에너지를 쓰게 될지도 모른다. 가상세계는 현실세계에서 불가능했던 많은 것들을 가능케 해주고 현실세계의 한계를 뛰어넘으면서 참여자들로 하여금 더 많은 시간과 돈을 투입케 할 것이다. 현실도피를 꿈꾸는 많은 사람들이 가상세계에 펼쳐진 화려한 아이템과 구매목록에 호기심을 가지고 지출을 강요받을 것이다.

게임이 단순 오락이 아닌 생업이 될 수도 있고, 몰입형 기술로 인해 삶의 더 많은 부분을 차지할 수도 있다. 게임에서 얻어지는 성과가 디지털자산이 되어 삶의 목적이 될 수도 있다. 사이버 아이템과 물리적 아이템이 모두 가상세계에서 판매될 것이다. 완벽히 현실과 동일하게 창조된 세계 각국의 휴양지나 관광지를 걸으면서 현지 관광기념품을 구입할 수도 있을 것이다. 선택하는 순간 드론이 배송을 시작해 짧은 시간 내에 아파트 옥상에 배달을 완료하고, 아파트 내 로봇이 이를 문 앞까지 옮겨줄 것이다.

이렇게 만들어진 가상세계에서 다양한 경제활동과 소비활동이 전개된다면, 과연 현실세계의 법정화폐를 사용할까, 아니면 다양한 방법으로 창출된 가상화폐(Crypto Currency)를 사용하게 될까?

지금의 핀테크 기술의 발달은 O2O 비즈니스 활성화에 따른 자연스러운 흐름이다. 하지만 전통 금융산업에 대한 기득권 보호나 혹 있을지 모르는 소비자 피해, 사금융의 무분별한 확장을 막기 위한 규제가 강하다보니 핀테크가 분야별로 파편화되어 있는 게 사실이다. 그리고 많은 기업들이 신용이나 정보보호 관련 비즈니스를 영위하다보니, 이를 한꺼번에 무용지물로 만들 수 있는 신기술 도입에 보수적인 색채를 띨 수밖에 없다. 그럼에도 금융 역시 디지털화의 빠른 변화에 예외가 될 수 없으며, 필요에 의해 서비스는 융합되고 플랫폼화

■ 블록체인과 보안기술에 힘입은 핀테크

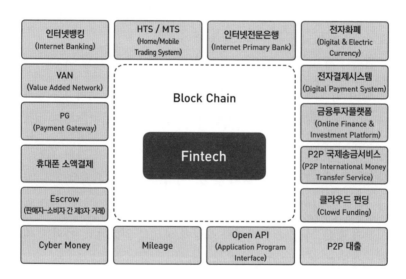

자료: 하이투자증권

될 수밖에 없을 것이다.

가상현실 세상이 물리적 세상에 필적하는 또 하나의 큰 세상으로 성장한다면 가상화폐의 가치가 달라지지 않을까? 현실세계가 대부분인 현시점과 가상세계가 힘을 얻을 미래의 세계에서 화폐에 대한 논의는 달라질 수밖에 없다. 앞에서 살펴본 현대통화이론(MMT)과 가상화폐도 아직까지는 연결고리가 약하지만, 통화의 발행주체가 국가 외 다양한 디지털환경으로 확산된다면 암호화의 당위성이 강조될 수밖에 없을 것이다.

기업이 스스로 가치를 지닌 디지털화폐를 발행한다면 분명 그 형태는 위변조가 불가능한 암호화폐의 형태를 띨 것이다. 30억 명이 넘는 회원을 확보하고 있는 페이스북의 리브라가 현재는 제도적 한계 때문에 주춤할지는 몰라도 미래를 위해 절대 포기할 것이라고는 생각하지 않는다. 또한 중국이 인민은행을 통해 중앙은행 디지털화폐(CBDC: Central Bank Digital Currency)를 발행하려는 것도 이런 흐름에 선도적인 입지구축, 민간화폐에 대한 선제적 조치 차원의 성격이 강하다고 본다.

빅데이터의 시대를 맞아
점차 중요해지는 사이버 보안

미래의 청사진이 유토피아가 아닌 디스토피아로 많이 묘사되는 이유도
해킹과 사이버테러로 무질서해진 세상을 그리기 때문이다.

앞에서도 잠깐 언급했듯이 빅데이터의 시대다. 지난 3,000년 동안 생
성된 지구상 모든 문서에 해당하는 데이터의 규모는 5엑사바이트이
다. 하지만 2019년에는 이 데이터를 생성하는데 1분밖에 걸리지 않
았다. 더욱이 2020년 현재 기술로는 단 10초밖에 걸리지 않는다. 이
처럼 빅데이터는 무시무시한 속도로 확장되고 있다.

데이터를 만드는 개개인은 알기 힘들지만, 모으는 회사나 국가는
엄청난 힘을 가지게 된다. 국가나 대형플랫폼이 주도하는 빅브라더
사회를 걱정하는 이유가 바로 여기에 있다.

엄청난 양의 데이터를 소유한 국가나 기업이, 구성원인 개개인을

철저히 통제하고 지배할 수 있다는 두려움도 일리가 있는 부분이다. 그래서 블록체인 같은 적극적 보안기술이나 유럽의 일반 개인 정보 보호법(GDPR: General Data Protection Regulation) 같은 제도적 보호장 치가 각광을 받고 있는 것이다.

디지털 혁명 속도에 비례해
위험도 커진다

이렇듯 디지털 혁명이 속도를 더해가면서 미래에 대한 우려와 두 려움도 동시에 커지고 있다. 자율주행차의 예를 들면, 진척되는 기술 의 발전과정보다 한 건의 사고에 더 많은 관심이 집중되고 있다. 사 람의 실수는 용납되지만 기계와 인공지능의 실수는 용납될 수 없다 는 것이다. 기계의 실수가 반복되는 한, 절대 사람은 핸들을 기계에 게 맡기지 않을 것이다.

자율주행 기술은 차량 안에 고도화된 센서와 칩들이 내장(Embed-ded)됨과 동시에 차(Vehicle)가 모든 것(X: Everything)과 연결된 V2X (Vehicle to Everything) 기술이 합쳐지면서 구현된다.

다른 차, 신호등과 같은 인프라, 보행자의 스마트폰, 교통관제센터 와 모두 복잡하게 연결될 것이며, 교통정보를 실시간으로 반영한 고 화질지도(HD Map)와도 연결되고, 때론 업데이트를 위해 클라우드와 도 연결될 것이다.

이런 초연결 기술이 편리함과 안전을 강화해줄 수 있지만, 반대로

■ 자동차의 사이버보안을 위한 블록체인 컨소시움인 MOBI

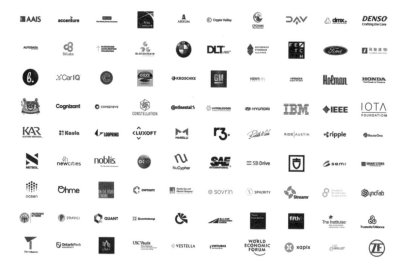

자료: MOBI

연결과정에서 자동차를 해킹해 도난 방지 및 경보장치를 해제시킨 후 차를 훔치거나 자율주행의 기능을 무력화시키는 위험이 발생할 수도 있다. 소프트웨어에 잠입해 기능을 정지시킨 뒤 해제에 따른 금전을 요구하는 랜섬웨어 공격도 충분히 가능하다. 또한 해킹을 통해 달리는 앞뒤차를 교란시켜 탑승자를 사망케 하는 악의적 교통사고 유발도 가능할 수 있다.

사용자의 편의와 안전을 위해 만든 기술이 전혀 의도치 않은 방향으로 흘러갈 수 있기에 보안문제는 중요할 수밖에 없다. 그래서 자동차업체들도 블록체인 컨소시움인 MOBI(Mobility Open Blockchain Initiative)를 구성해 협력을 다짐하고 있는 것이다.

사이버 보안이
무엇보다 중요하다

연결에 문제가 발생하거나 해킹이 일어나면 탑승자의 사망사고로 이어질 수 있는 만큼 각각의 과정(Process)에서 보안의 문제는 소홀히 여길 수 없다. 보안이 해결되지 않으면 해커들의 공격이나 악성코드가 언제든지 고속 주행하는 차를 무기로 돌변시킬 수 있다. 매사에 과도하리만큼 자신감 넘치는 테슬라의 일론 머스크조차도 "나는 자율주행차의 가장 큰 걱정 중 하나가 시스템 전반에 걸친 해킹을 해내는 해커라고 생각한다"라고 말할 정도니 말이다.

로봇 역시 이러한 우려에서 결코 자유롭지 못하다. KSAS(Kaspersky Security Analyst Summit)에서는 사이버 공격자(Cyber Attacker)가 로봇에 물리적으로 접근하지 않아도 로봇과 같은 와이파이 네트워크에 접속할 수만 있다면 충분히 외부조작이 가능함을 보여준 바 있다.

KSAS 연구원들은 랜섬웨어를 작성해 로봇에 업로드했고, 행동파일에 사용자정의 코드를 주입함으로써 로봇의 행동을 악의적으로 바꿀 수 있었다. 감염된 로봇은 활동을 멈추는가 하면, 로봇의 액정에 음란물을 띄우고, 폭력적인 행동까지도 거침없이 보였다.

또한 감염된 로봇은 서비스를 이용하는 기업의 내부 네트워크의 통로 역할을 하면서 해커를 위한 백도어(Backdoor) 접속까지도 허용했다. 통신에 의존해 컨트롤되는 로봇은 외부침입을 통해 충분히 해킹이나 악의적 의도로 조작권한을 박탈시킬 수 있음을 보여준 사례다. 로봇이 인간의 노동을 대신하거나 서비스 로봇이 집집마다 보급

될 것으로 예상되는 미래에 보안의 문제가 선결되지 않는다면 상상하기도 싫은 상황이 전개될 수 있다.

또 하나의 걱정은 초고속통신이 만들어낼 숱한 빅데이터, 클라우드, 사물인터넷 등 디지털 네트워크 사회에서의 개인정보, 사생활 침해 가능성이다. 이미 국가권력이나 구글, 페이스북 등 거대 테크 기업(Tech giant)들의 개인정보 취득 집중도가 매우 높아지고 있는 상황에서 최근에는 말과 글, 행동 등 현존 데이터의 80% 이상을 차지하는 비정형데이터까지 AI의 힘을 빌어서 구조화시킬 수 있게 되었기 때문이다.

개인정보가 단순히 전화번호, 주민번호, 계좌번호 등을 넘어 사회관계망의 대화내용, 댓글이나 동영상으로 기록된 많은 음성데이터들까지 구조적 계량화가 가능해졌다. 우리가 유튜브 동영상을 보면서 (영어의 경우) 거의 완벽한 실시간 자막서비스, (아직은 불완전하지만) 한글 번역서비스를 실시간으로 받을 수 있다는 것이 비정형화데이터의 AI 처리능력이 월등히 향상되었음을 의미한다.

특히 약 2억 대에 달하는 CCTV로 중국 13억 인구의 일거수일투족을 감시할 수 있는 티엔왕(天網)과 매의 눈(Sharp eyes) 프로젝트의 경우, 수 만명이 운집해있는 운동장에서도 특정인을 찾아낼 수 있다. 의도가 어떠냐에 따라 향후 온라인, 통신망, CCTV 같은 초연결 사회에서 '개인정보 보호'는 매우 중요하고 민감한 주제가 아닐 수 없다. 최근 유럽에서 강화되고 있는 일반 개인 정보보호법(GDPR)도 이런 위험을 사전에 시스템으로 막고자 하는 노력의 일환이다.

최신기술 덕분으로 인류가 편하고 행복하게 살 유토피아가 열릴 것으로 믿고 있었던 미래가 '신뢰'가 뒷받침되지 않는 한 불순하고 악의적 의도를 가진 주체들에 의해서 간섭당하고 통제되며 사이버 공격(Cyber attack)으로 인해 불행한 디스토피아로 얼마든지 변질될 수 있음을 잊어서는 안된다. 그래서 앞으로 펼쳐질 미래를 논할 때 반드시 포함되어야 하는 것이 바로 사이버 보안(Cyber Securities) 일 수밖에 없는 것이다.

○●○

TECHN

6부

디지털 시대에도 여전히 중요한
하드웨어(H/W) 기술들

기존의 전통기술들이
디지털과 만나다

전통기술들이 디지털과 만나 새 기능과 역할을 담당할 것이다.
특히 사용범위가 넓은 핵심 기술에 대한 관심이 필요하다.

앞에서 디지털 트랜스포메이션에 관한 내용들을 짧게 다뤄봤다. 네트워크효과가 극대화될 수 있는 디지털 특성상 제대로 확산되기 시작한 플랫폼이나 시스템은 '독과점화'될 수 있으며, 각국 정부도 아직까지는 허용해주는 분위기다. 아마존과 구글, 마이크로소프트, 페이스북 등을 생각해보면 부가가치가 과도하게 집중됨에도 전통기업의 독점과 달리 제재를 받지 않는다.

시장이 작은 한국의 입장에선 아쉽게도 이를 선점한 미국과 강력한 내수시장을 가진 중국에 밀릴 수밖에 없으며, 앞으로도 그런 추세가 이어질 개연성이 높다. 그렇다고 한국에 희망이 없는 게 아니다.

대부분이 디지털화된다고 해도 물리적 영역에서 기계적 요소가 사라지는 것은 아니기 때문이다.

마이크로소프트의 윈도우와 인텔이 부가가치의 대부분을 차지했어도 PC와 노트북 시장은 존재했으며, 아무리 애플이 i-OS와 어플스토어(App store)를 갖췄어도 폭스콘이 아이폰을 생산하고, 콤팔이 아이패드를 생산하며, 인벤텍이 에어팟을 생산한다.

아마존이 유통의 부가가치를 흡수한다고 해도 풀필먼트 시스템(Fulfillment System)에는 로봇 Kiva가 있고, 배송용 로봇인 Scout가 있다. 넷플릭스도, 페이스북도 인터넷데이터센터(IDC)를 위해선 한국의 메모리 반도체를 구입해야 한다.

디지털산업이야말로
한국이 꼭 붙들어야 할 분야

모든 디지털산업은 소프트웨어, 하드웨어, 시스템의 3대 요소로 이루어진다. 앞서 언급한 사이버(가상) 물리 시스템에서도 사이버(Cyber)와 물리(Physical)가 확실히 구분된다. 물리가 그나마 하드웨어적 요소가 많이 필요한 분야다. 제조강국인 한국에서는 끝까지 붙잡고 가야 할 분야이기도 하다.

다음은 필자가 한국이 집중 육성해야 할 차세대 산업 혹은 아이템 후보군들에 대해 정치권에 건의했던 목록들이다. 새로운 디지털 트랜스포메이션 시대에 아직도 해야 할 일들이 많고, 우리나라뿐 아니

5G(Stand alone)	Smart Sensor	모빌리티 플랫폼
Mobile Edging Computer	배터리	전기차
Cloud Computing	모터	자율주행차
위성(위성인터넷 및 GPS 고도화)	감속기	배송용로봇
Cyber security(블록체인 포함)	그래핀, 탄소나노튜브	마이크로모빌리티
Operating System	CFRP, 듀랄루민 등 소재기술	멀티모달
S/W	희토류 수입문제/대체문제	UAM
AI	전기생산 이슈	Vertiport/stop
NPU/FPGA/GPU	FuelCell	UTM
Platform	충전인프라	Robotics

자료: 하이투자증권

라 글로벌 업체들도 제대로 시작하지 못한 영역이 많이 남아있다. 지금부터라도 역량을 집중해서 제2의 반도체, 제2의 LCD산업으로 육성해야 할 것이다.

한국은 산업화 이후 단단히 실력을 다져온 제조강국이며 하드웨어 강국이다. 미국은 실리콘밸리를 중심으로 소프트웨어와 플랫폼 위주의 시스템에 강점을 가지고 있으며, 네트워크효과의 발현으로 점점 그 영향력을 키워가고 있다. 한국이 4차 산업혁명 시대에 이들 소프트웨어와 시스템에도 지속적 관심을 가져야겠지만, 강점을 가진 하드웨어는 잠깐만 방심해도 시장을 놓칠 수 있다. 따라서 더 꼼꼼히 챙겨야 한다.

큰 그림을 보지 못하고 오로지 하드웨어에만 몰입하면 앞서 디지털라이제이션 과정에서 소니가 저질렀던 실수를 답습할 수 있다. 스마트폰을 중심으로 모든 기능이 융복합될 때 각각의 디바이스를 더 고도화시키는 데 에너지를 집중했던 것은 산업 전반의 소프트웨어와 시스템이라는 큰 그림을 보지 못했기 때문이다. 한국은 전체를 보면서 그중 강점이 있는 하드웨어에서 격차를 벌려나가야 할 것이다.

한국경제와 산업의
미래를 위한 제언

디지털 트랜스포메이션 시대에 한국경제와 산업의 미래를 위해 몇 가지 제언을 하고자 한다.

첫째, 적용범위가 넓은 핵심 소재·부품·장비의 국산화에 집중적으로 투자해야 한다. 일본의 우리나라에 대한 무역보복이나 중일 간 희토류 자원무기화 양상을 봤을 때 앞으로도 무역 갈등에 따른 수급 불균형이 초래될 수 있다. 따라서 핵심기술 국산화로 수급 안정을 꾀하는 한편, 새로운 수출주력산업으로 육성해야 한다. 반도체가 오랜 기간 대한민국의 1위 산업으로 흔들림 없이 존재할 수 있었던 이유는 넓은 적용범위를 가진 핵심부품이기 때문이다. 상당부분 연관 소재, 부품을 국산화시켜 안정적이기도 하다.

반도체가 사용되지 않는 디지털 기기는 거의 없다. 향후 적용범위가 넓은 소·부·장은 배터리, 모터, 지능형 반도체, 센서, 로봇용 액추에이터, 신소재 등이 될 것으로 예상한다.

둘째, 신기술에 의해 대체가 확실시되는 기존 주력산업은 더 이상 머뭇거리지 말고 차세대 기술로의 전환을 과감히 추진해야 한다. 생각보다 신·구기술의 혼재기가 짧아질 수 있다. 연구개발의 적시성(適時性)이 향후에 큰 격차를 만들어낼 수 있다는 것을 명심해야 한다. 예를 들어 수출 2위의 위상을 가지고 있는 자동차와 자동차부품은 현재의 내연기관에서 친환경차로 전환될 때 주도권이 테슬라를 비롯한 신생업체에게 넘어가게 될 뿐만 아니라 산업의 재편을 기정사실화해서 단계적 체질전환을 이뤄내야 한다.

셋째, 사이버(가상) 물리 시스템(CPS)이 이루어지려면 5G 이상의 통신인프라와 클라우드에 사용되는 인터넷데이터센터(IDC), IoT에 필요한 지능형반도체(NPU), 이들을 적절히 믹스해놓은 형태인 MEC(Mobile Edging Computer)까지 다양한 부품 및 장비들이 필요하다. 코로나19 이후 모든 나라들이 비대면 경제의 필요성을 절감하고 국고를 지원하면서까지 디지털 인프라를 갖추려 하고 있다. 동시다발적인 디지털 인프라 투자기를 맞아 한국에게 좋은 기회가 올 수 있다.

특히 미중 무역갈등으로 인한 글로벌 경쟁구도 완화 분위기에서 한국이 욕심을 낼 만한 산업이 제법 많다. 이 분야에서 속도를 높여가야 한다. IoT 강국이 되어야 백색가전에서 겨우 달성한 세계 1위의 자리를 내놓지 않을 수 있다.

넷째, 미래기술에 관한한 두루뭉실한 접근보다는 핵심기술에 정확히 타켓팅(Targeting)한 전략이 필요하다. 일본의 무역보복조치로 포토레지스트(감광액), 플루오린 폴리이미드(패널용 필름), 플루오린화 수소(불화수소) 같은 핵심 소재 수급에 비상이 걸린 바 있다. 대다수가 몰랐던 불화수소라는 낯선 기술의 부재에 전국민의 관심이 쏠리자 국가의 모든 역량이 이 소재개발과 대체재 찾기에 맞춰진 바 있다.

자유무역 환경 하에서는 100% 자국이 생산할 필요는 없지만 근래 더 잦아지는 무역전쟁에서 교훈을 얻어야 한다. 글로벌 밸류체인(GVC: Global Value Chain)의 분산과 핵심기술의 내재화는 물론이고, 필드에서 필요한 구체적 핵심기술에 초점을 맞춘 연구개발 투자도 필요하다. 제2, 제3의 불화수소가 될 수 있는, 구체적이고도 명확한 소·부·장에 힘을 집중해야 한다.

앞으로 전개될 미래의 하드웨어에서 가장 중요하다고 생각되는 몇 가지 기술을 간단히 소개한다. 디지털 시대에도 여전히 중요한 하드웨어(H/W) 기술들이므로 각별히 관심을 가져야 한다.

미래를 주도할 H/W 기술 1
_ 스마트센서

디지털 시대에 센서는 물리적 정보들을 디지털 신호로 전환해준다.
디지털 시대에 많이 사용됨에도 불구하고 쉽게 만들 수 없는 부품이다.

사물인터넷(IoT) 보편화와 비정형 데이터를 포함한 빅데이터와 사람의 지능을 대신할 인공지능이 힘을 합친다면 지금까지 경험해보지 못한 큰 힘을 발휘할 것이다. 다양한 사물에서 얻어진 아날로그 정보를 디지털화하기 위해선 스마트센서의 도움이 반드시 필요하다. IoT 세상이 본격적으로 열리면 다양한 방면에서 디지털센서는 더욱 널리 사용되어질 것이다.

지능형 센서는 온도, 습도, 압력, 가속도 등 물리량을 측정하는 일반 센서기술에 나노기술 또는 MEMS(마이크로 전장시스템) 기술을 접목해 데이터 처리, 자동보정, 의사결정 등의 신호처리가 가능하며 근

■ 센서산업의 구조

후방산업	센서산업	전방산업
• 소재 • 정밀기계 • 정밀화학 • 광학	• 이미지센서 • 온도센서 • 습도센서 • 레벨센서 • 유량센서 • 압력센서 • 속도센서 • 회전센서 • 가스센서 • 분진센서 등	• 스마트폰 • 가전 • 자동차 • 헬스케어 • 스마트팩토리 • 우주항공 • 조선 • 식품 • 자원개발 • 농업

자료: 한국수출입은행 센서산업 현황 및 경쟁력 보고서

거리 무선통신(NFC), 무선 주파수(RF), 블루투스 등 통신기능까지 내장했다. 통신을 통해 AI와 실시간으로 연결되어 상황인식, 분석, 추론이 가능해지는 것이다.

지능형 센서 기술을 통해 지금까지의 아날로그 센서와는 다른, 영향력의 범위 확장, 애플리케이션의 확장, 비즈니스 프로세스 개선, 초정밀 작업 및 분석이 가능해진다. 스마트센서에서 취득한 정보에 간단한 판단 기능을 덧붙이려면 NPU를 비롯한 지능형 알고리즘을 내재화하면 된다. 즉 지능형 센서는 다양한 측정을 가능케 하는 하드웨어와 소프트웨어 기술이 SiP(System in Package)로 총망라된 복합기술인 것이다.

이렇게 만들어진 센서는 자동차, 모바일기기, 로봇, 환경, 국방·보안, 의료기기, 스마트팜기기, 가전기기, 산업·계측기기 등 정말 다양한 분야에 널리 적용될 수 있다. 디지털 트랜스포메이션 시대에 스마트센서는 엄청난 수요가 발생할 수밖에 없다. 많은 대기업들이 앞 다투어 진출하고자 하는 방향이기도 하다.

스마트센서는
기술습득이 어려운 분야

아쉬운 것은 각각의 기능을 가진 다양한 센서는 오랜 기간 해당 분야의 전문회사가 자리잡고 있고, 빠른 시일 내에 기술습득이 어려운 분야란 점이다. 그래서 업력이 오래된 미국, 독일, 일본 등이 센서기술 노하우를 많이 가지고 있고, 이 기술을 중심으로 반도체, MEMS(마이크로 전장시스템) 등의 제조기술을 접목시켜 스마트화를 시키고 있는 것이다.

그러나 국내업체들은 메모리 반도체 분야에서 거둔 압도적 성과와는 달리 센서의 핵심기술에 있어 선진국과 격차가 많이 벌어져 있다. 다품종 소량생산에 워낙 센서의 측정영역이 광범위해, 대량생산 시스템에 익숙한 국내에서 집중적인 연구와 제품화가 쉽지 않았던 것이다. 뿐만 아니라 센서 하나당 평균 연구개발 기간이 7년이라는 점은 당장 성과를 요구하는 한국 기업문화에서 다루기 쉽지 않았던 것이 사실이다.

산업연구원의 조사에 따르면 국내 센서기업은 2016년 기준으로 약 300개 사이고, 전체에서 중소기업이 차지하는 비중이 75%, 외형

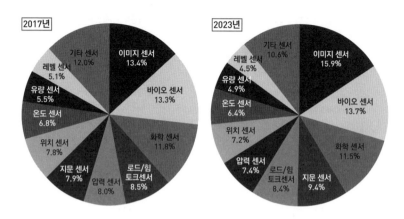

2017년 | 2023년

자료: BCC리서치, 반도체산업협회

1천억 원 미만 업체가 88.6%로 영세한 상황이다. 글로벌 시장에서 한국이 차지하는 비중도 2%가 안 된다. 따라서 국내 센서 수요의 대부분은 미국이나 유럽 등으로부터의 수입에 의존하고 있는 것이 현실이다.

센서의 핵심기술은 많이 부족하지만 센서의 디지털화, 스마트화는 분명 한국에게는 상당한 기회다. 기회가 아닐 수 없다. 앞선 고집적 반도체 기술과 전자부품 기술을 가지고 있기에 모듈링에 강점을 가지고 있기 때문이다.

많은 디지털 디바이스와 다양한 산업군에서 작은 칩사이즈와 높은 집적도를 요구하는 경향이 크다. 따라서 반도체 기술과 이미 스마트폰 핵심부품 기술을 가지고 있는 한국에서 차세대 사업으로 육성할 가치가 충분한 아이템이다.

시장조사 회사인 욜(Yole)의 분석에 따르면, 인간의 인지기능은 시각에 83%, 청각에 11%, 후각에 4%, 촉각에 1%, 미각에 1%를 의존한다고 한다. 4차 산업혁명의 사이버(가상) 물리 시스템이 사람의 인지, 판단, 제어의 3가지 과정을 대신한다고 보면, 인간의 감각을 모방한 디지털 기술이 성장하면 할수록 디지털 센서의 시장규모는 더 커질 것이다. 또한 시장의 상대적 규모는 인간의 감각 의존도에 비례할 것으로 예측된다. 그렇게 보면 가장 큰 시장은 역시 시각 분야인 디지털 이미지 센싱 쪽이 될 것이다.

미래 전망이 매우 밝기에 용기를 내야 한다

삼성전자가 세계 1위 소니를 따라잡기 위해 역량을 집중하고 있는 CMOS 센서(상보형 금속산화 반도체 센서)는 1억 화소를 넘는 기술을 확보하는 등 땀의 결과가 서서히 나오고 있으나, 최근 각광을 받고 있는 Lidar 기술이나 Radar VR, AR 콘텐츠에 반드시 필요한 3D ToF(Time of Flight: 비행시간 거리측정) 센서는 여전히 자체 기술이 부족해 핵심부품의 수입의존도가 높다.

ToF모듈은 피사체를 향해 발사한 광원(光源)이 표면의 외곽을 따라 반사되어 되돌아오는 시간의 미세한 차이를 측정해 거리 계산이 가능함은 물론이고, 이를 통해 피사체의 외형을 3D로 표현하거나 공간정보, 움직임 등을 인식할 수 있는 최첨단 센서다. 덕분에 제품을

■ 갤럭시S10에 장착되는 ToF 센서와 G8씽큐에 장착되는 ToF 센서

자료: 삼성전자와 LG전자

직접 터치하지 않고도 동작 인식이 가능하며, 지속적으로 가상현실에서 언급되는 AR·VR 기술구현이 가능해질 전망이다.

기존 구조광(SL: Structured Light)방식은 3만 개 이상의 점 패턴을 통해 대상을 인식하지만 어두움에 취약하다. ToF 모듈은 구조광(SL) 대비 광원이 멀리까지 도달할 수 있어 5G 이동통신의 최신 콘텐츠에 응용이 가능하다.

미래가 매우 밝은 최신 센서임에도 구조광(SL)은 미국이, ToF는 소니나 파나소닉 같은 일본회사들이 기술우위를 점하고 있다. 중국마저도 강력한 내수시장을 바탕으로 성장하고 있어 한국의 빠른 추격이 필요하다. 지금은 최고가 스마트폰에만 적용되는 초창기지만 점차 AR, VR, 가전기기 등 다양한 분야에서 활용이 예상되기 때문이다. 같은 이유로 더 먼 곳까지 봐야 하는 모빌리티나 로봇에 사용되는 고성능 Radar, Lidar 센서까지 국산화시켜야 한다.

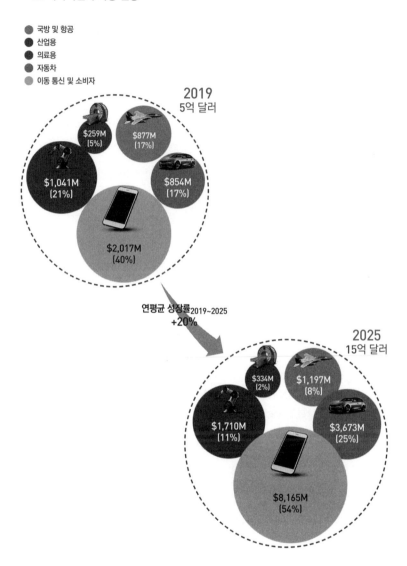

■ 3D 이미지센서 시장 전망

● 국방 및 항공
● 산업용
● 의료용
● 자동차
● 이동 통신 및 소비자

2019
5억 달러

$259M
(5%)

$877M
(17%)

$1,041M
(21%)

$854M
(17%)

$2,017M
(40%)

연평균 성장률2019~2025
+20%

2025
15억 달러

$334M
(2%)

$1,197M
(8%)

$1,710M
(11%)

$3,673M
(25%)

$8,165M
(54%)

자료: Yole

미래를 주도할 H/W 기술 2
_ 반도체

디지털 트랜스포메이션의 가장 중요한 핵심기술인 반도체는
앞으로의 새로운 세상에서도 중요성이 더욱 커질 것이다.

반도체는 많은 종류가 있다. 어떠한 반도체라도 향후 요구되는 방향
은 비슷할 것 같다. 먼저 시스템반도체로 다양한 기능이 융합된다는
점, 미세공정을 요하며 점차 원자단위의 공정과 장비기술을 요한다
는 점, 저전력·고성능 사양을 요구한다는 점, AI기능과 통신기능이
다양하게 요구된다는 점, 자율주행 자동차나 로봇 등 적용범위의 확
대로 내구성, 내열성, 내진동성 등 새로운 특성을 요구한다는 점 등
을 꼽을 수 있다.

메모리 반도체는 삼성과 하이닉스로 인해 한국이 전 세계에서 부
동의 1위를 차지하고 있지만, 비메모리 반도체는 시장이 더 큰데도

■ 반도체 분류

분류		내용
메모리반도체		• 데이터 저장 (예) D램, 낸드플래시
비메모리반도체	마이크로컴포넌트	• 데이터의 연산, 처리, 제어 담당 (예) CPU, MCU(Micro Controller Unit) 등
	로직 IC	• NOT·OR·AND 등의 논리회로로 구성된 반도체 (예) 디스플레이 드라이버 등
	아날로그 IC	• 아날로그 신호를 디지털 신호로 변환
	개별소자 (Discrete)	• 단일기능 반도체 (예) 트랜지스터, 다이오드, 콘덴서 등
	센서류	• 광학센서 (예) 이미지센서, 조도센서, 적외선 센서, 라이다 • 비광학센서 (예) 압력, 온도, 습도 등

자료: 한국수출입은행 센서산업 현황 및 경쟁력 보고서

■ 4차 산업혁명과 반도체시장의 변화

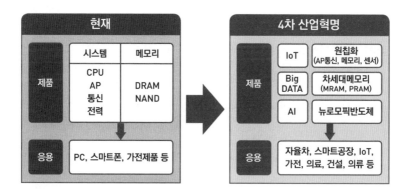

자료: Industry Journal

불구하고 위상이 매우 약하다. 최근 반도체 분야 시가총액 1위를 기록한 엔비디아(nVIDIA GPU)와 오랜 기간의 왕좌에서 밀려난 인텔(CPU), 최근 무섭게 성장하고 있는 AMD(GPU+CPU), 통신용 AP에 특화된 퀄컴(Qualcomm), 삼성전자의 시가총액을 넘어선 대만의 파운드리 업체인 TSMC 등이 비메모리 분야의 강자들이다. 앞서 언급했던 스마트센서류도, 최근 각광을 받는 자동차용 반도체도 비메모리 반도체 분야에 포함된다.

고도의 연산이 필요한 AI에는 새로운 반도체가 요구된다

4차 산업혁명, 사이버(가상) 물리 시스템에서 살펴본 프로세스에 따르면 AI반도체의 수요는 앞으로도 계속해서 커질 것으로 전망된다.

사물인터넷(IoT)은 말 그대로 모든 사물에 지능을 심겠다는 발상에서 나온 것이다. 사물에 심길 지능의 대표적인 것이 바로 뉴럴프로세싱유닛(NPU) 반도체다. 그중 사람의 뇌를 모방해 만든 Neuromorphic Chip은 차세대 반도체로 딥러닝 등 AI기능을 기존 반도체 대비 1/1억의 저전력으로 구현할 수 있다.

기존 반도체에 비해 이미지, 소리 등 비정형화된 데이터를 분석하는 능력이 뛰어나다. 자율주행차의 실시간 연산을 위해선 지금 반도체보다 연산속도가 월등히 뛰어나야 한다. 전력소모 역시 마찬가지

■ 반도체별 특성과 대표기업

	CPU	GPU	ASIC	FPGA	NPU
특성	복잡한 연산을 위한 직렬 Computing	고성능 병렬 Computing/ Deep learning 학습 단계 지원	주문형 반도체/ Deep learning 추론 단계 지원	Programming 가능한 반도체	신경망 구조를 내재화한 Neuromorphic computing processor
어플리케이션	Server, PC 등 범용 컴퓨터	Game, 영화 Contents 구현 및 Data center, 자율주행차 등의 AI System	각종 단말기, Edge용 저전력 Processor	지속적으로 성능 요구 수준이 증가하는 AI Data center	저전력 고성능 인공지능 작업
대표 기업	Intel, AMD, ARM	nVIDIA	Google(TensorFlow), Intel(Movidius), Graphcore(IPU)	Intel(Altera), Xilinx(Versal, X-Engine)	Apple(Bionic), IBM(TrueNorth), Qualcomm(Zeroth), Brainchip(Akida)
개념도					

자료: 하이투자증권

다. 따라서 고도의 연산이 필요한 AI에는 새로운 반도체가 요구된다.

5G 통신에 사용될 MEC에도 AI반도체가 필요하다. 자율주행차, 드론을 비롯해 다양한 종류가 쏟아져 나올 로봇분야에도 AI반도체가 필요하다. 다양한 디바이스들이 스마트폰과 연동되고 음성인식으로 컨트롤되도록 설계되고 있다. 이런 중요성을 깨달았기에 전통적 반도체 플레이어들이 아닌 업체들의 시장참여가 눈에 띄게 확대되고 있다.

구글이 텐서프로세싱유닛(TPU)을, 아마존도 이미 클라우드용 반도체 개발에 나섰으며, 테슬라도 이미 AI반도체를 스스로 제작한 바 있다. 중국의 화웨이도 AI 모바일 반도체 기린시리즈를 만들었으며, 알리바바는 크네론, 캠브리콘 등에 투자한 바 있다. 바야흐로 AI 반도체의 전성시대가 열리고 있는 것이다.

■ 구글의 TPU(텐서프로세싱유닛)

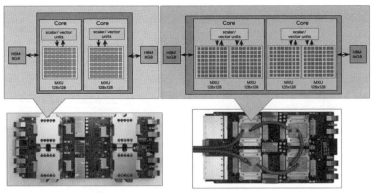

TPU v2 - 4 chips, 2 cores per chip   TPU v3 - 4 chips, 2 cores per chip

자료: Google cloud

무궁무진한 가능성을 가진
시장이 기다린다

한국의 메모리 반도체는 계속해서 경쟁력을 유지해야 한다. 중국의 추격에도 압도적 격차를 벌려가야 한다. 하지만 메모리 반도체 일변도의 현상황에서 비메모리 반도체 분야로 다변화를 모색해야 한다. 다행히 삼성전자가 2016년부터 전담조직을 구성하고 AI반도체에 매진하고 있으며, 2030년까지 전사역량을 뉴럴프로세싱유닛(NPU)에 집중시키는 등 시스템 반도체 분야 1위를 목표로 하는 '비전 2030'도 발표했다.

그 일환으로 2019년에는 삼성이 만든 자체 뉴럴프로세싱유닛을

■ 반도체 비전 2030 추진 현황

구분	주요 내용
반도체 비전 2030	• 연구개발 시설확충에 총 133조 원 투자, 직접고용 1만 5,000명
2019년 연구개발 및 인력현황	• 연구개발(R&D)비 20조 2,076억 원, 국내 임직원 수 10만 5,257명
비전 선포 후 성과 SAMSUNG	• 세계 최초 6,400만 화소 모바일 이미지센서 개발(2019년 5월) • 1억 800만 화소 모바일 이미지센서 개발(2019년 8월) • 파운드리 생태계 활성화 위한 'SAFE 포럼' 첫 개최(2019년 10월) • EUV전용 화성 'V1 라인' 본격 가동(2020년 2월) • 노나셀 기술 적용 1억 800만 화소 이미지센서 출시(2020년 2월) • EUV 공정 적용 D램 양산 체제 구축(2020년 3월)

자료: 삼성전자

엑시노스 9820 AP에 탑재한 바 있다. 뉴럴프로세싱유닛를 비롯한 비메모리 반도체는 치열한 경쟁만큼이나 적용될 분야가 많기 때문에 절대 놓쳐서는 안 된다.

뿐만 아니라 다양한 기능을 가진 주문형 반도체가 점차 많아지고 있어 생산공장인 팹(Fab)이 없는 팹리스(Fabless) 반도체 업체들이 늘고 있다. 이들로부터의 다양한 반도체 위탁이 예상되는 바, 대규모 자본금 투입으로 생산에 특화된 파운드리(Foundry)업체의 상대적 수혜가 예상되는 대목이다. 대만 TSMC의 독주에 삼성과 하이닉스가 파운드리 사업을 강화하며 추격하고 있다.

앞으로 시장 사이즈가 굉장히 커질 것으로 예측되는 만큼 이 분야 역시 주력산업으로 육성해야 한다. 후발주자지만 미세공정에 경쟁력을 가지고 있는 삼성과 하이닉스가 새로운 강자로 등장할 수 있다.

미래를 주도할 H/W 기술 3
_ 배터리

배터리 기술은 전동화 시대의 핵심기술이다.
에너지를 집전하는 ESS 역시 탄소제로 경제의 핵심기술이다.

배터리는 어디든 다 사용되는 핵심부품이다. 배터리는 양극과 음극 물질의 '산화환원반응'으로 화학에너지를 전기에너지로 바꾸어주는 장치다. 충전과 방전(사용)의 과정에서 나타나는 산화반응은 전자를 잃는 것이고, 환원반응은 전자를 얻는 것을 의미한다. 배터리의 성능이란 물리(Physical) 영역에서 '시공간의 자유'와 '지속 가능한 힘'을 대변한다. AI, IoT 등 사이버 영역과의 연결에도 배터리의 에너지를 필요로 한다.

'얼마나 오랫동안 에너지가 공급되느냐, 얼마나 큰 힘으로 순간적인 힘을 낼 수 있느냐, 화재나 폭발의 위험이 없느냐, 운동성능 향상을 위해 경량화시킬 수 있느냐, 작은 공간에 위치해도 큰 힘을 낼 수 있느냐' 등의 요구로 고용량·고효율 배터리를 만들기 위한 노력이 진행되고 있다. 배터리는 작은 시계나 웨어러블 디바이스부터 스마트폰, 전기차, 로봇, 전기수직이착륙기(e-VTOL), 위성에 이르기까지 정말 다양하게 사용된다. 대부분의 선진국이 2050년 탄소중립(Net Zero)을 선언했다. 바이든 당선으로 미국도 파리기후변화협약 재가입이 확실시된다. 탄소 최대 배출국인 중국마저 2060년 탄소중립을 선언했다.

화석연료에서 점차 친환경 에너지로 전환되는 과정은 이제 필연적이다. 따라서 배터리의 사용처는 계속해서 늘어날 것이다. 뿐만 아니라 전기에너지가 스마트그리드 기술에 본격적으로 사용되기 위해서는 에너지저장장치(ESS)도 반드시 필요하다. 배터리의 중요성은 향후 수십 년간 아무리 강조해도 지나치지 않다.

폭발적인 성장이 진행중인
배터리 기술

향후 배터리에 요구되는 점들은 다양하지만 공통된 점들만 요약하면, 밀도를 높여 배터리의 힘과 지속성을 향상시키는 방향, 충전시간을 단축시키는 방향, 무게와 부피를 획기적으로 줄이는 방향, 원가를 낮춤과 동시에 대량생산이 가능한 방향, 폭발로부터 안전한 방향, 저온에서의 성능저하를 개선하는 방향, 그리고 내구성을 획기적으로 개선시키는 방향 등이다.

　배터리, 특히 2차전지를 구성하는 4대 요소는 잘 알려져 있듯이 '양극재, 음극재, 분리막, 전해질'이다. 보통 리튬금속산화물로 이뤄진 '양극'과 흑연, 실리콘 등의 층상구조로 이뤄진 '음극'은 리튬원자를 보관하는 기능을 담당한다. 리튬은 전지재료로 사용할 수 있는 금속 중에서 가장 가벼울 뿐만 아니라 전기화학적 표준 전극전위가 가장 낮은 물질이라 많이 애용된다.

　리튬원자를 양극으로부터 가져와 층상구조의 음극 사이에 끼어서 보관하는 것이 바로 '충전'의 개념인 것이다. '전해질'은 리튬이 이동할 수 있는 물질 정도로 생각하면 된다. 우리가 배터리를 사용하면

■ 2차전지의 구조

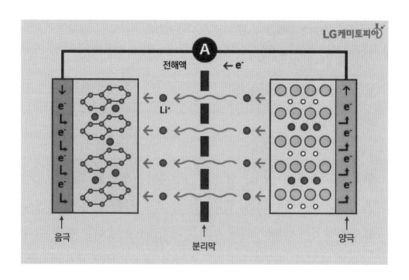

자료: LG화학 블로그

음극에서 리튬원자가 전해질을 통해 다시 양극으로 이동하게 되는 것이다.

'분리막'은 양극과 음극이 만나면 폭발하거나 고장이 잦아질 수밖에 없어서 이 둘 사이를 막아놓는 역할을 한다. 전선이 합선되면 불이 나는 것이나 콘센트에 도체가 연결되면 불꽃이 튀는 것을 생각하면 이해가 쉽다. 각각의 요소들이 가진 물리적 특성의 상충을 피하는 과정에서 성능개선이 나타날 수 있다.

한국은 LG, 삼성, SK의 배터리 3사를 보유한 기술강국이다. 따라서

■ 테슬라가 제시한 배터리 관련 시나리오

Tesla가 Battery Day에서 제시한 중장기 배터리셀 원가 절감 시나리오. $25,000은 LFP를 채택할 것이므로 하기 시나리오와는 별개로 진행될 것으로 판단

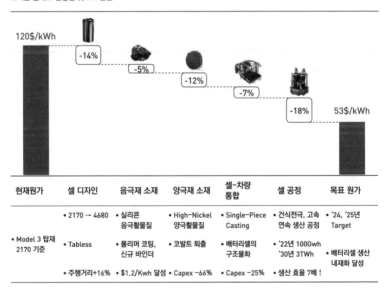

자료: 하이투자증권 리서치본부

■ 자동차 배터리의 빠른 발전과 이로 인한 자동차 샤시구조 변화

미쓰비시 i-Miev   닛산 Leaf   GM Bolt   Tesla Model S

Faraday Future VPA   VW MEB Platform   Daimler Urbanetic   Tesla POD Concept
(Variable Platform Architecture)

자료: 하이투자증권 정리

자동차의 전동화에도 배터리 기술 및 수급 걱정이 없는 나라 중 하나
다. 배터리는 다른 기술에 비해 상대적으로 걱정이 덜하다. 그럼에도
최근 테슬라의 배터리데이 발표나 테라팩토리 건설 및 차세대 배터
리 공개와 CATL의 장수명 배터리 공개 등은 신경이 많이 쓰인다.

코발트 함유량을 크게 줄이고 하이니켈(High Nickel)로 가능한 '저
비용+장수명'의 새로운 배터리를 테라팩토리로 대량생산할 경우 일
론 머스크가 장담했던 KWh당 100달러(내연기관 자동차와 전기차의 가
격이 같아지는 수준)를 크게 밑돌 수 있다. 배터리데이의 발표를 종합해
보면 Kwh당 60달러를 하회하도록 만들겠다는 것이다. 문제는 이 기
술을 주도하고 있는 게 한국업체들이 아니라는 사실이다. 빠른 기술
캐치업이 없으면 가격 압박에 시달릴 수 있다는 점이 우려가 된다.

한국이 주도권을
계속 유지해야 할 분야

전기로 비행하는 도심형 항공모빌리티(UAM: Urban Air Mobility)도 배터리 밀도 개선이 가장 중요한 분야다. 미국 운송수단의 이산화탄소(CO_2) 배출량 중 12%가 항공기로 인한 것이기에 전기로 구동되는 친환경 항공기가 요구되는 상황이다. 지면에 밀착되어 달리는 자동차는 무게가 조금 무거워도 상관없지만 하늘로 뜨는 힘(양력)이 요구되는 도심형 항공모빌리티용 배터리는 경량화 요구가 클 수밖에 없다.

배터리 밀도 문제가 해결되지 않는다면 도요타 프리우스처럼 상당기간 엔진과 모터가 섞인 형태의 하이브리드 형태로 동력원이 존

■ 자동차와 유사한 동력원 진화의 길을 걷고 있는 항공기산업

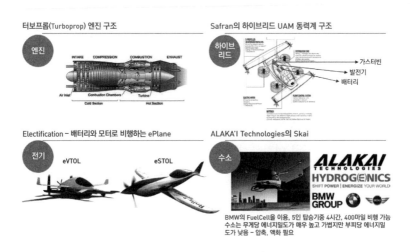

자료: 하이투자증권

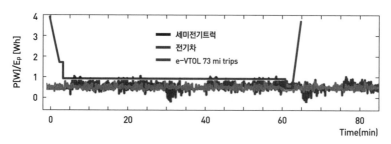

자료: American Chemical Society Energy

재할 수 있다. 따라서 전기동력 도심형 항공모빌리티에는 배터리 밀도 개선이 필연적이다. 가격이 비싸고 안전요구사항이 많은 항공기에 해당하므로 비즈니스 모델상 충방전 횟수나 배터리 수명, 충돌시 폭발방지 기술 등이 상당히 중요한 변수다.

2023년에 본격적 서비스를 제공하는 우버 에어(Uber Air)도 배터리 수명이 수익구조와 직결된다고 언급한 바 있고, 서비스 기체 선정에도 배터리 조건을 걸 정도였다. 장거리 비행이 가능한 수소연료전지 역시 도심형 항공모빌리티에 적극 고려되고 있다.

도심형 항공모빌리티용 배터리는 자동차와 속성이 다르다. 전력요건, 내부저항 및 작동제약 조건이 지면을 일정하게 달리는 자동차와 같을 수 없다. 특히 이착륙시 상당한 전력이 소모되기에 배터리 관리부터 달라질 수밖에 없다. 또한 충방전 반복에 따른 조건도 훨씬 까다롭다.

결국 배터리는 현재 자동차에 쓰이고 있는 리튬이온을 넘어선 차세대 배터리가 도심형 항공모빌리티 확산기인 2030년경에 나타날 것이라 예상된다. 리튬황, 전고체, 궁극적으로는 리튬에어 등 다양한 대안이 나오겠지만 향후 10년간은 전고체 배터리가 전기차와 도심형 항공모빌리티에는 적합할 것으로 본다.

현재 특허를 포함, 전고체 배터리 기술이 가장 앞섰다고 평가되는 곳이 일본의 도요타다. 도요타는 2025년 전고체 배터리 상용화를 선언한 바 있다. 삼성SDI보다 2년 앞선 계획이다. 전고체 배터리는 무게와 밀도 면에서 현재의 젤 타입(Gel type) 리튬이온을 크게 능가한다. 도요타는 e-TNGA(Toyota New Global Architecture)라는 전기차 플랫폼에 이 배터리를 활용할 것으로 보이며, 자본투자로 제휴를 맺은 미국 도심형 항공모빌리티 생산업체인 Joby Aviation과도 배터리 공급이 예상된다.

한국과 일본은 전기차 분야에서도 글로벌 경쟁자지만 향후 도심형 항공모빌리티에서도 격돌이 불가피하다. 현대차가 전기차 라인업에 이어 도심형 항공모빌리티인 S-A1을 출시할 예정이기 때문이다. 다른 기술이 유사하다면 결국 배터리 기술에서 앞서는 국가의 자동차, 도심형 항공모빌리티 산업이 경쟁력을 얻을 수밖에 없다. 도심형 항공모빌리티 비즈니스가 사업성을 얻으려면 지나친 충전대기 시간도 문제가 될 수 있다. 따라서 착탈식 배터리에 대한 요구도 있을 수 있다.

한국의 배터리 기술을 신뢰하고, 산업이 요구하는 조건을 만족시키기 위해 애쓸 것이란 점도 믿는다. '고밀도+저비용+장수명 배터리'에 있어 한국이 주도권을 계속 유지했으면 하는 바람이다. 배터리의 개선은 전기차와 도심형 항공모빌리티 보급에 반드시 선행되어야 할 과제가 아닐 수 없다.

미래를 주도할 H/W 기술 4
_ 모터

친환경 에너지가 전기 형태로 수렴되면 필수적인 것이
바로 배터리와 모터인데, 특히 모터는 정말 중요하다.

모터는 배터리와 함께 매우 중요한 부품이다. 모터는 전동기(電動機)라고 부른다. 전기(電)로 동력(動)을 얻는 기기(機)란 의미이다. 더 엄밀히 말하면 전력을 통해 회전력을 얻는 동력기계인 것이다. 직류전기를 받아 사용하는 DC모터와 교류전기를 받아 사용하는 AC모터로 크게 나뉜다.

초소형 기기부터, 각종 전자제품, 전기차를 포함한 모빌리티, 다양한 종류의 로봇, 도심형 항공모빌리티에 이르기까지 전기를 통해 운동력을 만들어야 하는 모든 제품에 모터가 들어간다. 스마트폰의 진동에 필요한 초소형 모터부터 무거운 도심형 항공모빌리티 기체를 하늘로 날아오르게 하는 모터까지 다양한 종류의 모터가 필요한 시대가 되었다.

특히 앞서 설명한 배터리가 빠른 속도로 진화하고 점차 밀도가 높아짐에 따라 동력원이 내연기관 위주의 엔진에서 전기를 사용하는 모터로 전환되고 있다. 탄소경제를 지양하고 탄소제로 경제를 만들겠다는 각국의 친환경정책도 모터의 필요성을 강조하고 있다.

정밀제어가 필요한 제품이 많아지면서 평범한 모터에서 초정밀 센서를 탑재한 서보모터(Servo motor)까지 다양하게 사용된다. 그 방식도 사용될 기기의 특징과 공급되는 전기의 속성에 따라 AC/DC/BLDC/Coreless DC/Coreless BLDC 같이 다양한 종류가 사용된다. 배터리도 마찬가지지만 모터 역시 크기와 무게를 줄이면서 더 큰 힘을 내야 하는 난이도를 요구한다. 일반 산업용 모터는 강력한 토크와 회전속도가 주요 관심사지만 로봇은 회전각, 토크, 정밀제어 등이 중요하게 고려되어야 한다.

전기차용 모터란
무엇인가?

최근 들어 가장 중요성이 부각되는 전기차용 모터부터 먼저 살펴보자.

일론 머스크가 이끄는 테슬라모터스는 교류 유도전동기를 개발한 천재 과학자인 니콜라 테슬라의 이름을 사명으로 삼았다. T자 형태

자료: 테슬라

로 보이는 회사로고 역시 자세히 살펴보면 유도전동기의 고정자와 회전자의 일부를 형상화시켰음을 알 수 있다. 테슬라는 이름과 로고에서 보듯 많은 모터 중 유도전동기를 주동력생성장치로 삼고 있음을 알 수 있다.

100여년 전 니콜라 테슬라가 만든 인덕션모터(유도전동기)는 고정자 슬롯(주철프레임)에 감긴 권선에 교류전원을 흘려 삼상전류를 통과시키고, 이때 발생하는 회전자계가 고정자에 감긴 권선에 유도작용을 함으로써 회전하는 방식이다. 유도모터에는 값비싼 영구자석이 필요하지 않으며, 서보모터처럼 위치센서도 필요없다.

또한 튼튼하고 안전하며, 상대적으로 열에 강하며, 대용량 사이즈로 키울 수 있어 전기기관차와 엘리베이터 등에도 사용된다. 로터는 회전시 발전기처럼 집전도 가능하며, 입력전류만 조절해주면 속도도 조절된다.

테슬라는 모델 S, 모델 X, 모델3에 고출력 고효율 유도전동기를 탑

■ 테슬라 배터리 플랫폼 구성

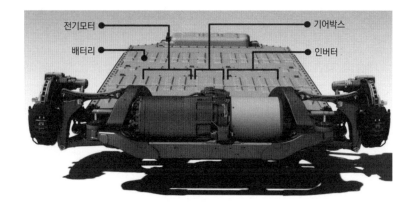

전기모터 ● 기어박스
배터리 ● 인버터

자료: 테슬라

재해 시판되는 차량 중 최고 성능의 전기차를 양산하고 있다. 시판 직전인 신형 Roadster는 0에서 100Km/h까지 1.9초밖에 걸리지 않을 정도로 고성능으로 알려져 있다. 일반 내연기관 베이스의 슈퍼카도 범접하기 힘든 초기토크가 아닐 수 없다. 테슬라의 유도모터는 회전자에 알루미늄 다이캐스팅이 아닌 구리 바(Copper Bar)의 브레이징 기술을 적용해 손실을 줄였고, 고정자 및 회전자에 수냉이 가능한 열관리시스템을 장착함으로써 냉각성능을 확보해 출력밀도를 높일 수 있었다.

테슬라의 경우 모터와 인버터 사이에 기어박스(=감속기=1단 Single Speed Transmission)를 일체형으로 장착한 것이 특징이다. 전기차는 엔진과 달리 작동과 동시에 최대토크가 발휘되고 지속된다. 따라서 인버터를 통해 전압과 주파수를 조절해줘야 하고, 모터에서 자체적으로 생성되는 토크보다 더 높은 힘을 발휘하기 위해서 기어박스를 설치하는 것이다. 테슬라보다 더 고속을 표방하는 Rimac(현대차와 제휴를 맺은 초고성능 전기차 업체)의 경우 2단 기어를 설치하기도 한다.

테슬라 같은 유도전동기 외에도 회전자 내부에 강력한 영구자석을 삽입하는 매입형 영구자석식 동기모터(IPMSM: Interior Permanent Magnet Synchronous Motor)도 널리 사용된다. 현재 양산중인 많은 전

■ 다양한 High-speed EV모터

	SPM 표면부착형 영구자석 전동기 Surface Permanent Magnet Motor	IPM 매입형 영구자석 전동기 Interior Permanent Magnet Synchronous Motor	SynRM 자기저항 동기전동기 Synchronous Reluctance Motor	SRM 가변자기저항형 전동기 Switched Reluctance Motor	IM 유도전동기 Induction Motor
구조					
효율	◎	◎	△	△	×
회전수	△	◎	○	◎	○
고토크	◎	◎	○	◎	×
가격	×	△	◎	◎	◎
토크리플	◎	○	○	×	◎
장단점	• 고효율, 저소음 • 저속, 고 Torque특성→저속특성우수 • 제조공정 상 불리, 착자의 불균일 • 온도 특성 불리(자석 강자) • 고속운전 시 이탈 방지용 Can 요구(SPM) • 상용화된 제어IC 및 Switching Module 존재		• 온도 특성 우수 • BLDC 대비 Low Cost • BLDC 대비 효율 저하	• 간단한 Robot 구조 • 온도 특성 우수 • BLDC 대비 Low Cost • 소음/진동 • BLDC 대비 효율 저하 • 다양한 기술 적용	• 견고한 구조 • 정숙 운전이 가능 • 장시간 연속 운동 가능 • 적은 유지비 • 온도 특성 불리
발생토크	자석토크 ← 자석층강화		세트강화 →	저항강화토크	인덕션토크
개발방향	• Cost down • High speed		PM/Reluctance Hybrid Motor ▼ 인버터(제어기) 구동 시스템에 최적		• High Efficiency • High Power Density

자료: 하이투자증권 정리

기차(EV) 및 하이브리드차(HEV)에서 매입형 영구자석식 동기모터 (IPMSM)가 사용되고 있다. 매입형 영구자석식 동기모터는 회전자의 내부에 영구자석을 매입해 모터의 힘을 강화시킨 것이다.

네오디뮴을 비롯한 강력한 희토류들로 인해 당연히 기계적인 안전성을 가지며, 영구자석에 의한 마그네틱 토크성분과 자기저항 토크로 인해 높은 토크를 구현할 수 있다. 촘촘한 유효공극으로 전기자의 반작용이 강해 한정된 전압에서도 가변속 운전이 가능하다는 특징이 있다. 또한 폭넓은 속도 영역 및 고효율 운전 영역을 함께 만족시켜 전기차용으로 적합하다는 평가를 받는다.

이밖에도 자속성분을 임의로 제어할 수 있어 저속-고속 전영역에서 훌륭한 운전특성을 가지는 계자권선형 동기모터(WFSM: Wound Field Synchronous Motor)와 릴럭턴스 모터(자기저항 모터) 등도 전기차량의 구동모터 후보군으로 연구개발을 진행중이다. 릴럭턴스 모터에는 크게 SynRM(Synchronous Reluctance Motor), SRM(Switched Reluctance Motor), PMaSynRM(Permanent Magnet Assisted Synchronous Reluctance Motor) 등이 있다.

자동차용 모터는 현재의 엔진에 필적할 만큼 중요한 부품이다. 현재 기술로는 배터리 대비 실력의 차이가 크지 않지만, 미래엔 모터기술의 차이가 자동차의 동력성능을 좌우할 수 있다. 한국의 모터기술이 획기적으로 개선되어야 하는 이유다.

로봇모터에 대해서도
자세히 살펴보자

O2O는 '온라인(Online) to 오프라인(Offline)'을 지칭한다. 온라인이야 디지털 환경에서 플랫폼을 통해 해결할 수 있지만, 오프라인은 사람의 근력과 땀을 요구한다. 이커머스에 의한 배송을 생각해보면 쉽다. 따라서 오프라인은 미래에 대부분 로봇에 의해 처리될 것으로 예상된다. 지금의 인력 의존구조는 저렴한 로봇으로 대체될 것이다. 그만큼 개체수가 많아질 것이란 의미다.

자동차와 달리 로봇용 모터는 매우 복잡한 환경에서 더 높은 수준의 정밀제어가 가능해야 한다. 다관절 로봇은 X, Y, Z의 3차원공간에서 다양한 운동성능을 발휘해야 하며, 최종적으로는 정확한 위치에 있는 물건을 집거나 용접하거나 잘라내야 하는 등 정교한 작업까지

■ MIT 미니치타 로봇 다리에 사용되는 액추에이터와 네이버랩스 엠비덱스의 7축 액추에이터

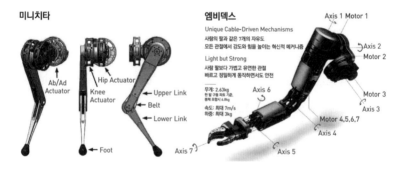

자료: MIT, Naver Labs

276

■ 서보모터의 구성

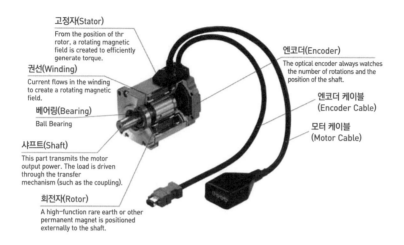

고정자(Stator)
From the position of thr rotor, a rotating magnetic field is created to efficiently generate torque.

권선(Winding)
Current flows in the winding to create a rotating magnetic field.

베어링(Bearing)
Ball Bearing

샤프트(Shaft)
This part transmits the motor output power. The load is driven through the transfer mechanism (such as the coupling).

회전자(Rotor)
A high-function rare earth or other permanent magnet is positioned externally to the shaft.

엔코더(Encoder)
The optical encoder always watches the number of rotations and the position of the shaft.

엔코더 케이블
(Encoder Cable)

모터 케이블
(Motor Cable)

자료: Wiki

수행해야 한다. 6, 7축 자유도(Degree of Freedom)의 로봇 관절마다 액추에이터(감속기+모터+엔코더)가 하나씩 장착되므로 개별 모터의 제어가 선행되지 않으면 원하는 작업을 달성할 수 없다.

따라서 모터의 미세한 회전까지 컨트롤할 수 있는 센서가 부착된다. 뿐만 아니라 한 방향으로만 도는 회전운동 이외에도 왕복운동, 관절운동 등 다양한 움직임을 요구하므로 다양한 용도의 감속기가 필요하다.

이러한 이유로 로봇엔 서보모터(Servo motor)가 많이 사용된다. 서보는 '따르다'라는 의미로 동작을 제어하는 소프트웨어와 동작을 구현하는 하드웨어가 하나로 이루어진 시스템을 의미한다. 서보모터 역시 AC, DC를 사용한다.

서보모터는 항상 회전수를 측정하는 엔코더(Encoder)라는 센서를 포함한다. 모터에 센서가 부착되어 있다는 것은 회전 수나 전류의 방향 등 데이터 값을 측정해서 정보를 얻거나 향후 수정할 용도라고 보면 된다. 즉 엔코더로부터 받은 모터 동작관련 정보를 활용해 움직임을 수정하는 '컨트롤 루프(Control loop)'를 통해 동작의 수정 및 제어를 하는 것이다. 컨트롤 루프 기능이 있는 서보모터는 스텝퍼 모터(Stepper motor: 전자의 펄스를 기계적 운동으로 전환시키며 각각의 전자 펄스 스텝이 샤프트를 일정 각도로 회전하게 만드는 모터)보다 고속의 작동이 가능하다.

하지만 스텝퍼보다 고가이며, 엔코더의 성능에 따라 가격이 결정되는 경우가 많다. 일반적으로 위치, 속도, 토크를 제어하기 위해 사용되며 스텝퍼 모터보다 출력이 좋아서 대형기구나 대형 로봇팔 등 큰 힘을 필요로 하는 데 많이 사용된다.

최근엔 기술이 발달함에 따라 마모로 인해 내구성이 떨어지는 브러시모터 대신 브러시가 없는 브러시리스 모터(Brushless Motor)가 활발하게 출시되는가 하면, 심지어 코어(철심)까지 제거한 코어리스 BLDC 모터(Coreless BLDC Motor)까지 등장했다. 기존 모터가 가진 끊김현상과 소음·진동의 원천인 코깅(Cogging)현상을 개선하기 위한 모터로, 심을 대신하는 역할로 철제 케이싱(Casing)이 사용된다.

코어리스 모터는 전기모터의 하이엔드급 모델이라고 보면 된다. 당연히 철심이 없기에 가볍고 크기가 작으며, 관성이 적은 만큼 소음과 진동이 적으며, 전류에 대한 토크나 회전속도가 일정하게 상승하는 장점이 있다. 일반적으로 의료용, 작은 펌프, 로봇 분야 등에 주로 쓰인다.

모터의 구조는 모터 브랜드에 상관없이 모두 동일하며, 결정적인 차이는 권선의 와인딩(Winding) 방식에서 달라진다. 하지만 구성이 다소 복잡하고 철심이 없기 때문에 힘이 약하며, 기존의 코어모터보다 고가라는 단점이 있다. 현재 가장 높은 시장점유율은 스위스의 맥슨 모터(Maxon Motor)사의 코어리스 BLDC/DC모터라인이 차지하고 있다.

로봇의 경우 모터의 회전속도가 생산성, 활동성과 긴밀히 연결되어 있다. 로봇의 움직임은 결국 모터로부터 비롯되기 때문이다. 속도를 높이기 위해서는 고속-고토크 모터를 로봇팔, 다리에 장착해야 하는 것은 물론이고, 모터도 일반 영구자석 대신 네오디뮴(Nd: 원자번호 60번 희토류)을 사용한 초강력 영구자석을 사용하기도 한다.

네오디뮴 자석은 일반 페라이트 자석보다 자력이 10배나 강하다. 뿐만 아니라 로봇은 설계부터 구조와 재질의 경량화로 움직임에 따른 관성을 줄여야 한다. 적재하중(Payload)엔 로봇팔 자체의 무게도 큰 영향을 미치기 때문이다. 팔 자체의 무게가 무거우면 속도를 높여도 관성이 커져 정밀한 제어가 힘들어진다. 따라서 고속 컴퓨터의 연산을 통해 관성을 프로그램으로 제어하는 방법도 사용되고 있다.

앞서 언급한 AI 기술이 운동제어 분야에도 사용된다. 최근 모터제어와 운동제어를 딥러닝으로 학습시키려는 연구가 활발히 진행되고 있다. 기존에는 로봇이 센서 및 객체 인식 프로그램을 통해 물체를 인식한 후 운동제어 프로그램으로 액추에이터를 동작시켰다면, 이제는 모터에서 나오는 회전량 데이터과 액추에이터 각도 데이터, 비전

센서 데이터를 모두 연계해서 딥러닝으로 학습시킬 수 있다. 결국 객체 인식과 운동제어, 모터제어를 하나의 알고리즘으로 수행하면서 훨씬 속도가 빨라지고 판단은 정확해질 수 있는 것이다.

그뿐 아니라 데이터가 계속해서 축적되고 더 많이 학습하면 할수록 지금보다 더 자연스럽고 정확한 판단으로 움직이는 로봇이 계속해서 등장하게 될 것이다. 인공지능이 영상, 음성에서 이제는 운동까지 관할하게 되는 것이다. 이렇듯 미래기술들은 모두 융·복합되면서 예상치 못한 성과를 거두기도 한다.

도심형 항공모빌리티(UAM) 모터도
자세히 알아보자

전기모터는 항공기에 주로 사용되는 터빈이나 피스톤 엔진에 비해 넓은 회전수 범위에서 효율이 좋고, 무게가 가벼운 대신 힘이 좋다. 무엇보다 도심에서 비행하기에 조용할 뿐 아니라 소형 항공기를 생산할 수 있으며, 터빈에 비해 신뢰도가 매우 높다는 특징을 지닌다. 여기에 헬리콥터처럼 하나의 회전익에 의존하는 게 아니라 여러 개의 모터를 곳곳에 설치, 힘과 에너지를 분산시키는 분산전기추진(DEP: Distributed Electric Propulsion)을 통해 소음과 힘과 에너지 소모와 안전을 동시에 만족시킬 수 있게 되었다.

전기에 의한 모터로 비행할 경우 배출가스가 없고, 에너지 비용이 기존 연료보다 월등히 낮은 것도 장점이다. 항공기 설계 측면에서

■ 분산전기추진의 적용 예: 고정익(좌), 회전익(우)

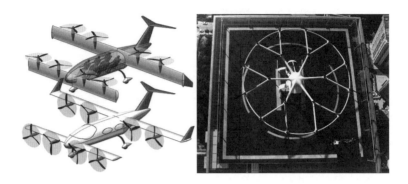

자료: NASA, Volocopter

는 이러한 효율과 파워 대 중량비가 모터 크기와 크게 상관이 없다는
점도 중요한 이점이다. 모터를 사용한 수직이착륙기(e-VTOL: electric
Vertical Take-Off & Landing)는 고속의 고정익과 중저속의 회전익에
모두 사용될 수 있으며, 분산전기추진(DEP)도 마찬가지로 적용될 수
있다. 독일의 Volocopter는 그림에서 보듯 18개의 모터를 사용한다.
하나의 로터에 의지해 비행하던 헬리콥터에 비해 몇 개의 모터가 기
능고장을 일으켜도 양력을 유지할 수 있다는 장점이 있다. 당연히 작
은 모터의 회전력과 작은 블레이드에서 발생하는 바람 소리가 대형
헬리콥터에서 나는 소음보다 작을 수밖에 없다.

앞선 모터기술은 전기로 비행하는 도심형 항공모빌리티 성능 차
별화에 필수적이다. 자동차에서도 테슬라의 성능이 다른 전기차를
압도하는 이유 중 하나가 모터의 차별화다. 모터의 고속회전 시 여러
가지 요소에 의해 자속의 손실이 발생하고, 이는 모터의 전력감소로

이어진다. 따라서 테슬라는 전체 모터의 크기와 비율에서 최적값을 컴퓨터 시뮬레이션으로 얻어냄은 물론 회전자(Rotor)의 엔드링과 고정자(Stator)의 엔드턴 형상을 최적화하는 데 많은 시간을 할애했다.

하우징의 경량화는 물론 자석 구성요소들의 형상과 재질을 최적화했다. 코어와 샤프트에 신소재를 적용했고, 형상의 최적화와 모터 축 및 무게중심 최적화로 전류밀도의 분포가 최대값을 유지할 수 있도록 만들었다. 모터의 제어나 배터리 효율도 중요하지만 모터 자체에 이미 차별화가 이뤄진 것이다.

한국의 도심형 항공모빌리티 시장 참여자들도 모터에서의 차별화를 간과해선 안 된다. 도심형 항공모빌리티 모터 분야에선 롤스로이스(구, 지멘스 eAircraft)와 하니웰, 덴소, MGM 등이 주도권을 가지고 있다. 많은 업체들에 이들의 모터가 사용된다. 친환경 요구가 거세지는 상황에서 기존 내연기관 항공기의 eSTOL(e-Short Take Off & Landing), eVTOL로의 전환은 필연적이다.

또한 분산전기추진(DEP)에 따른 고효율 소형모터부터 다인승 기체를 위한 대형모터까지 다양한 형태와 크기의 모터를 필요로 할 것이다. 따라서 부품사들은 도심형 항공모빌리티용 모터에서 다양한 기체 제작 업체와 접촉하기 위해선 개별 맞춤이 가능한 다양한 모터 라인업을 구비해야 한다. 다양한 지름, RPM ranges, Torques, Power의 모터가 갖춰져야 판매의 접점이 커질 수 있다. 한 업체의 역량이 분산된다면 기초 소재의 공유(Sharing)로 가격경쟁력은 높이되 형태의 다양화를 위해 업체별 분업도 검토해볼 수 있다.

특히 전기차 보급확산과 수직이착륙기 산업의 동시성장에 따른

■ 다양한 종류의 eVTOL Motor

자료: MGM

희토류 자원 무기화 재발 가능성도 높아 모터의 희토류 저감기술도
병행해서 생각해봐야 한다. 더 앞선 모터 성능을 위해 나노튜브 같은
신소재의 적용도 생각해볼 수 있다. 분산전기추진(DEP)으로 안전성
이 강화되었지만 하늘에서의 추락은 치명적일 수 있기 때문에 모터
의 내구성이나 무오성은 아무리 강조해도 지나치지 않다.

미래를 주도할 H/W 기술 5
_ 신소재

신기술의 등장엔 필연적으로 기초소재들이 요구된다.
신소재 기술은 최종제품의 경쟁력을 좌우하는 핵심 요소이다.

새로운 소재에 대한 목마름은 고집적 반도체, 고밀도 배터리, 자원무기화의 대상인 희토류를 대체해야 하는 모터, 탄소제로 경제를 만들어가야 할 모든 기업들, 산업들에서 공통적으로 나타난다. 탄소경제 시대에는 엔진제작이 가능한 국가만이 자동차·항공산업에 뛰어들 자격이 부여되었지만, 친환경시대에는 배터리와 모터를 구매해 누구라도 제작할 수 있다.

훨씬 더 많은 국가, 기업들이 이 시장에 뛰어들 수밖에 없다. 2018년 현재 중국에서 전기차 제작업체로 등록된 업체만 487개, 전 세계에서 도심형 항공모빌리티를 제작하겠다고 등록한 업체만 300개가 넘

■ 487개인 중국 자동차 메이커, 300개 업체가 도전한 UAM

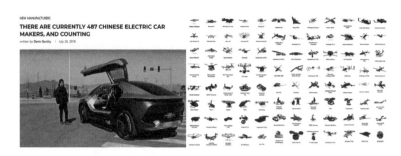

자료: TransportUp.com

는다. 전통 자동차와 항공기산업에서 상상도 못하던 상황이다. 그래서 핵심기술에 해당하는 소재·부품·장비가 중요하며, 그중에서도 한국이 선진국 대비 열위에 있는 핵심 소재기술의 빠른 추격이 필요하다.

소재산업의 경쟁력 강화가
반드시 필요하다

자동차용 소재와 도심형 항공모빌리티에 사용되는 소재는 일부는 겹치지만 경량화에 대한 요구가 훨씬 강하다는 측면에서 차별성을 갖는다. 에어 프레임(Air frame)에서 알루미늄이나 듀랄루민, 마그네슘이 사용되고, Body에서 탄소섬유강화플라스틱(CFRP: Carbon Fiber Reinforced Plastic)이 사용된다. 이미 자동차에서 경량화를 위해 오랜 기간 연구개발과 적용을 했던 소재들이다. 다만 규모의 경제를 시현하기 힘들고 생산공정에서 대량생산과 자동화가 제한된다는 점에서 가격이 비쌀 수밖에 없었다. 고가의 경량화 소재를 사용할 수 있는 자동차는 고가의 슈퍼카나 럭셔리카로 제한되어왔다.

그렇다보니 패밀리카 위주의 가성비를 강조하는 한국의 자동차산업에서 첨단 경량소재가 설 자리가 아무래도 애매했다. 고가의 경량화 소재를 사용해도 소비자들로 하여금 기꺼이 지갑을 열게 만들기 쉽지 않았다.

하지만 도심형 항공모빌리티는 중력과 양력이 반비례하므로 가볍지 않으면 비행성능이 현격히 떨어진다. 따라서 경량화 소재에 대한 요구가 강할 수밖에 없다. 또한 드론처럼 작은 기체가 아닌 4~5명의 승객이 탑승하는 도심형 항공모빌리티의 경우 경량화 소재에 대한 요구가 더 클 수밖에 없다.

신소재가
산업지형을 바꾼다

대표적 고가 경량화소재인 탄소섬유강화플라스틱(CFRP)의 경우 전 세계적인 전방산업을 살펴보면 항공, 우주, 방산이 절반을 차지하고 있음을 알 수 있다.

CFRP의 최대기업이 항공산업이 발달된 미국과 유럽에 집중된 것이 바로 여기에 연유한다. 탄소섬유강화플라스틱이 소재로 사용되

■ 전 세계 CFRP 수요 산업

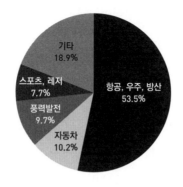

항공, 우주, 방산
53.5%

기타
18.9%

스포츠, 레저
7.7%

풍력발전
9.7%

자동차
10.2%

자료: 산업자료 참고

■ Hexcel사의 다양한 항공기용 소재

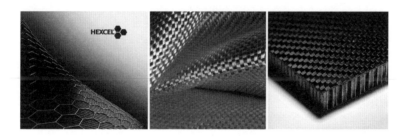

자료: Hexcel

는 자동차도 럭셔리, 고성능 차량 위주라 그동안 한국에선 수요가 제한적일 수밖에 없었다. 하지만 도심형 항공모빌리티 비즈니스를 본격화하기 위해선 소재산업의 경쟁력 강화를 위해 투자가 진행되어야 할 것이다.

미국의 Hexcel이란 업체만 봐도, 군용기 및 상용기 제작에 필요한

ACM(Advanced Composite Material)을 생산한다. 다루는 소재도 상당히 다양하다. ACM은 전기수직이착륙기(eVTOL)에 주로 이용될 탄소섬유강화플라스틱 기술을 강점으로 내세워 UAM 소재시장에 진출할 의지를 보이고 있다. 탄소섬유의 성형 재료로 쓰이는 프리프레그(Prepreg)의 솔루션도 다양하게 보유하고 있다.

Hexcel의 Honeycomb은 소음을 30%까지 감소시키는 흡음재도 생산하고 있다. 오랜 기간의 우주 항공산업을 진행해오면서 소재 조달에서 경쟁력을 가진 미국업체가 도심형 항공모빌리티 생산에 더 유리할 수밖에 없음은 당연하다.

미래를 주도할 H/W 기술 6
_ 로봇

앞으로의 세상에서 인간의 근력을 대신해줄 로봇은
공장부터 가정에까지 다양한 용도로 사용될 것이다.

로봇은 매우 넓은 범위의 명칭이다. 공장에서 24시간 가동되는 산업
용 로봇부터 아마존의 풀필먼트센터에서 쉬지 않고 작업하는 Kiva
같은 AGV(Automated Guided Vehicle, 무인운반로봇), 달리는 로봇인 자
율주행차, 하늘을 비행하는 무인항공기(UAV: Unmanned Aerial Vehicle)
도 모두 범주상 로봇에 해당된다.

이들 로봇은 노동으로부터 인간을 해방시켜줄 것으로 오래전부터
믿어왔다. 하지만 '로봇'이란 존재에 대해서 인간은 늘 꿈꿔왔지만
기술로 실현하기엔 쉽지 않았다. 그나마 공장의 정해진 공간에서 정
해진 작업만 수행하는 산업용 기계가 작은 시장을 형성했을 뿐, 스스

로 동작하는 로봇을 만들려는 시도는 늘 기술적·물리적 한계에 봉착해 좌절되고 말았다.

하지만 최근 인공지능과 기계를 결합하려는 시도와 앞서 언급한 소재, 부품의 획기적 발전으로 기계를 로봇의 수준으로 끌어올리는 게 가능해지고 있다. 즉 AI 분야에서 그래픽처리장치(GPU) 베이스의 고성능 하드웨어와 신경망(Neural Network)이란 알고리즘 기술이 발전에 발전을 거듭하며 스마트머신이 등장했다. 뿐만 아니라 5G 통신이 구현되고 네트워킹 기술이 발달하면서 로봇끼리 정보의 교류도 가능해졌다.

로봇끼리의 집단지성이 가능해졌고, 지적능력의 확대와 재생산이 가능해졌다. 기계적으로는 로봇과 가장 유사한 자동차가 회전식 모터와 센서, AI로의 연산, 5G를 통한 V2X의 도움으로 자율주행차로 진화되고 있다. 사회적 인프라 역시 점점 변화된 자동차에 맞춰 변화될 기세다. 점점 기계가 로봇으로 진화될 수 있는 토양이 다져지고 있는 것이다.

많은 곳에서
로봇이 쓰인다

로봇의 종류는 헤아릴 수 없이 다양하지만 크게 산업용 로봇, 서비스 로봇으로 나뉠 수 있고, 이동방법에 따라 휠 타입(Wheel type) 로봇(2륜·3륜·4륜·6륜 로봇), 레그 타입(Leg type) 로봇(2족·4족·다족 로봇),

■ 코로나19로 인기가 치솟고 있는 휠 타입 로봇

〈대표적 배송로봇 기업들〉
Starship Technology
Kiwibot
Robomart
Teleretail
Amazon Scout
Fedex
Nuro AI
Eliport
Savioke
Postmate
Boxbot
Effidence
Cleveron

자료: 각 사, 하이투자증권 정리

바퀴와 다리를 합쳐놓은 하이브리드(Hybrid type), 플라잉 로봇(Flying robot)으로 나뉜다. 평지는 바퀴가 유리하나 자갈밭, 모래, 계단 등 험지는 다리가 훨씬 효과적이다.

지금까지 레그 타입(Leg type) 로봇은 ZMP(Zero Moment Point) 방식으로 수평관성과 중력이 0이 되는 지점을 매번 계산해 다리를 움직이는 복잡한 방식이었다면, 최근에는 힘토크센서와 IMU(관성측정유닛) 같은 스마트센서의 도움으로 경쾌하게 뛸 뿐 아니라 덤블링까지도 가능한 획기적 운동성을 갖게 되었다. 4족보행 로봇의 경우 시속 40km가 넘는 폭발적인 스피드까지도 구현해내고 있다.

코로나19로 비대면 O2O가 대세가 되면서 사람에 의한 배송이 아닌, 배송용 로봇에 대한 관심이 크게 증가했다. 최근 세계 최대의 물

■ 2족보행 로봇의 대표주자인 Agility Robotics의 변천사

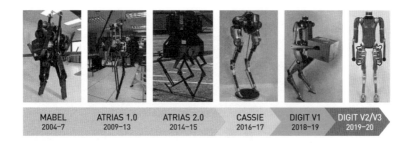

자료: Agility Robotics

■ 중국 Unitree Robotics의 빠른 진화

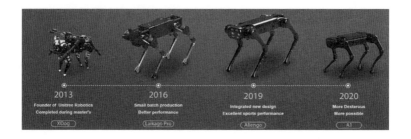

자료: Unitree Robotics

류업체인 아마존이 Last-mile delivery Robot인 Scout를 선보인 것을 비롯, 에스토니아의 스타쉽테크놀로지, Nuro AI 등 로봇이 부상하고 있다. 이들은 대부분 '인지-판단-제어'를 저속 상태에서 스스로 해결하는 자율주행차의 축소판이라고도 볼 수 있다.

2족 보행 로봇은 포드와의 제휴로 유명해진 Agility Robotics가 대표적이다. 이미 Digit V-1을 통해 사람처럼 양팔을 이용해 박스를 들

고 배송할 수 있는 능력을 보인 바 있고, 이보다 더 개량한 V2, V3를 출시했다. 2족보행 로봇은 IMU센서로 양다리의 균형을 유지하며, 휴머노이드로봇의 이동기술이므로 향후 발전방향이 기대되는 기술이기도 하다.

가장 안정적 균형이 가능한 4족보행의 경우, 구글에서 소프트뱅크로 경영권이 이전된 보스톤다이나믹스의 로봇들과 한국 네이버랩스와 제휴를 맺고 있는 MIT Cheetah가 가장 높은 완성도와 성능으로 유명하다. 하지만 최근 중국의 Unitree Robotics가 빠른 캐치업을 통해 A1 로봇의 가격을 1만 달러까지 낮춰 세상을 깜짝 놀라게 했다. 4족 보행 로봇들은 향후 배송을 비롯한 경비, 안전점검, 위험지역 작업용도 등 다양하게 사용될 수 있다는 측면에서 보급이 가장 많이 될 로봇으로 판단된다.

이동과 작업이 동시에 가능한 로봇이
인간을 대신하다

이동에서 기존 기술의 한계가 극복된다면 로봇은 당연히 다양한 작업에 사용될 것이다. 이동과 작업이 동시에 가능한 로봇이 속속 출현할 것으로 본다. 이게 가능해지면 로봇은 더 많은 용처에서 사용될 것이다.

작업은 주로 로봇팔이라 불리우는 매니퓰레이터(Manipulator)로 6-7축 자유도를 가진 제품들이 보다 다양한 업을 수행할 수 있도록

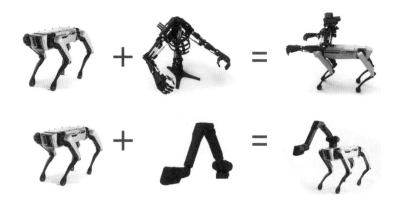

자료: 하이투자증권

설계되고 판매되고 있다. 지금까지 이동기술의 열위로 로봇팔들은 땅바닥에 단단히 고정된 상태로 한 가지 작업만 해왔다면, 이젠 배터리와 모터, 제어기술의 발달로 이동의 자유를 얻을 뿐 아니라 흡착용, 용접용, 도색용 그립퍼 등 다양한 말단장치(End-effector, 기계나 로봇의 작동장치 중에서도 이동·조절되는 물체와 맞닿는 부분) 개발로 수많은 작업에 사용될 수 있게 되었다.

사고의 위험으로 펜스를 두르고 사람의 접근을 금지했던 산업용 로봇과 달리, <u>민감한 센서부착으로 사람과 안전하게 협업할 수 있는 협동로봇(Cobot)이 등장한 것도 중요한 변화다.</u> 특히 가격이 공장의 인건비 대비 절반수준밖에 되지 않아 빠른 속도로 보급되고 있는 상황이다. 저렴한 인건비가 무기였던 중국의 경우에도 인건비 대비 협동로봇의 투자회수기간(Payback Period)이 1년을 하회하면서 보급이

■ 다양한 사양의 협동로봇

UR3e	UR5e	UR10e	UR16e
3kg / 6.6lb / PAYLOAD	5kg / 11lb / PAYLOAD	10kg / 22lb / PAYLOAD	16kg / 35.3lb / PAYLOAD
500min / 19.7in / REACH	850min / 33.5in / REACH	1300min / 51.2in / REACH	900min / 35.4in / REACH

Payload: 하중
Reach: 팔 길이

자료: Universal Robot

폭발적으로 증가하고 있다.

　전 세계 협동로봇의 절반 이상을 차지하고 있는 가장 유명한 협동로봇은 미국 Terradyne이 인수한 덴마크의 Universal Robot이다. 하지만 최근에는 중국의 Siasun을 비롯, 많은 협동로봇 업체들이 저렴한 가격으로 시장을 잠식해오고 있기도 하다.

　앞으로 다양하게 사용될 이 로봇팔 핵심부품에도 큰 관심을 가질 필요가 있다. 앞서 언급한 액추에이터(감속기+모터+엔코더)가 각 관절마다 들어갈 뿐 아니라 용접, 커팅, 도색, 포장, 운반 등 셀 수 없이 많은 작업종류를 모두 가능케 하는 말단장치(End-effector)도 소모품으로 다양하게 사용될 것이다.

이미 모터와 감속기, 말단장치 시장에서 미국·유럽·일본이 장악한 상태고, 무서운 기세로 중국업체들이 치고 올라오고 있다. 한국은 이들을 수입해 로봇을 조립하고 있는 형편이다. 본격적인 로봇의 시대가 된다면 수준 높은 소·부·장이 국산화될 필요가 있다.

이외에도 의료용 로봇, 가정용 로봇, 재난용 로봇, 식당용 로봇, 반려로봇 등 정말 언급하기 힘들 정도로 다양한 로봇이 있다. 로봇은 사용목적에 따라 다양한 종류가 있어 어떤 하나의 이유로 판단하기는 어렵다. 하지만 기계와 달리 로봇은 인지(See), 판단(Think), 제어(Act)의 3가지 기능을 통해 로봇을 이용하는 사람에게 최적의 서비스를 제공할 수 있을 때 그 존재목적이 있다고 생각한다.

산업현장에서 고정되어 작업하는 기계와 자유롭게 이동해야 하는 물류로봇의 특성이 같을 수 없으며, 용접용 로봇과 반려로봇의 특성이 같을 수도 없다. 하지만 점점 사람들이 로봇에게 기대하는 수준은 높아질 것이란 점에선 각각의 로봇이 같을 수밖에 없다. 로봇의 지능에 해당되는 단순반복적·사전입력 성격의 논리회로에서 스스로 판단하는 인공지능으로 대체되는 흐름이 나타나고 있기 때문이다.

로봇에 요구되는 조건들은 점점 더 AI와 IoT의 영향으로 스마트해지고, 모터와 액추에이터에 새로운 소재와 기술이 덧입혀지면서 자유도와 힘이 커지는 동시에 유연한 움직임을 가질 것이다. 로봇은 분명 인간의 근력을 대신하게 된다. 운전에서부터 공장의 작업, 물건의 배송, 식당의 서빙까지 모두 다 말이다. 로봇에 대한 관심은 연관 기술의 발달과 궤를 함께 할 것이다. 한국이 로봇에서 변방이 되어선 안 될 것이다.

미래를 주도할 H/W 기술 7
_ 자동차의 디지털 혁신인 C.A.S.E

자동차가 C.A.S.E로 대표되는 신기술로 변모 중이다.
4가지 기술 덕분에 전통 자동차의 파괴적 혁신이 나타날 것이다.

자동차 역시 디지털 트랜스포메이션에서 자유로울 수 없다. 산업과
기술의 방향이 디지털을 중심으로 변하면서 자동차를 비롯한 많은
'탈것'에서도 변화가 일고 있다. 사물인터넷(ICT)기술이 기존 자동
차 산업을 변화에 동참하지 않고서는 도태될 수밖에 없도록 압박하
고 있다. 이미 소비자들은 가지고 있는 스마트폰이 연동되지 않는 차
는 구매목록에서 제외시키고 있고, 고속도로 주행 보조 시스템(HDA:
Highway Driving Assist) 기능이 없으면 장시간 운전에 피로를 느낀다.

디지털 환경에 익숙한 세계 곳곳의 젊은이들은 스마트폰을 통해
우버나 디디, 그랩, 올라, 카림 등 자동차를 호출(Hailing)하고 라임

(Lime), 빔(Beam), 윈드(Wind) 등 마이크로 모빌리티 서비스로 라스트 마일(Last-mile: 목적지에 도달하기 전 마지막 1마일(약 1.6km)의 짧은 거리) 이동을 해결한다. 마이크로 모빌리티부터 대중교통까지 모든 것을 통합한 멀티 모달(Multi modal) 서비스도 곳곳에서 생겨나고 있다. 뿐만 아니라 전기차만 생산하는 미국의 테슬라의 경우 숱한 고비를 넘기고 SEXY(Model S, 3, X, Y)를 모두 공개하거나 판매하고 있고, 사이버트럭(Cyber Truck)까지 선보였을 뿐 아니라 중국의 생산공장도 가동에 들어갔다.

테슬라는 오랜 적자에서 흑자로 전환하면서 100년 전통의 내연기관 자동차업체들의 시가총액을 모두 넘어버렸다. 심지어 도요타까지 넘어 세계에서 가장 시가총액이 높은 자동차회사가 되었다.

자동차의 디지털 혁신인
C.A.S.E에 주목해야 한다

자동차의 혁신이 기존 내연기관 부품 3만여 개 중에서 1만 1,000개를 없애버리는 E(Electrification 전동화) 하나만으로도 벅찬데, C(Connectivity 초연결), A(Autonomous 자율주행), S(Shared 차량공유)까지 동시 다발적으로 나타나다보니 대부분 자동차 기업들이 대응에 상당히 어려움을 겪고 있다.

기존에 없던 신기술에 대응하는 것도 어려운 상황에서 각각의 변화마다 새로운 이종산업 경쟁자들까지 등장하고 있다.

■ 자동차의 4대 변화인 C.A.S.E

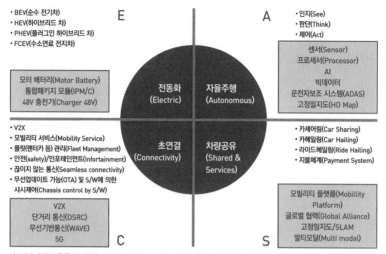

- BEV(순수 전기차)
- HEV(하이브리드 차)
- PHEV(플러그인 하이브리드 차)
- FCEV(수소연료 전지차)

E

모터 배터리(Motor Battery)
통합패키지 모듈(IPM/C)
48V 충전기(Charger 48V)

전동화
(Electric)

자율주행
(Autonomous)

A

- 인지(See)
- 판단(Think)
- 제어(Act)

센서(Sensor)
프로세서(Processor)
AI
빅데이터
운전자보조 시스템(ADAS)
고정밀지도(HD Map)

- V2X
- 모빌리티 서비스(Mobility Service)
- 플랫(렌터카 등) 관리(Fleet Management)
- 안전(safety)/인포테인먼트(Infotainment)
- 끊이지 않는 통신(Seamless connectivity)
- 무선업데이트 가능(OTA) 및 S/W에 의한
  샤시제어(Chassis control by S/W)

V2X
단거리 통신(DSRC)
무선기반통신(WAVE)
5G

C

초연결
(Connectivity)

차량공유
(Shared &
Services)

S

- 카셰어링(Car Sharing)
- 카헤일링(Car Hailing)
- 라이드헤일링(Ride Hailing)
- 지불체계(Payment System)

모빌리티 플랫폼(Mobillity
Platform)
글로벌 협력(Global Alliance)
고정밀지도/SLAM
멀티모달(Multi modal)

1) V2X: 차량사물통신. V2X는 Vehicle to Everything의 약자로, 차량이 유·무선망을 통해 다른 차량, 모바일 기기, 도로 등 사물과 정보를 교환하는 것 또는 그 기술을 말함
2) 인포테인먼트(Infortainment): 정보(Information)와 오락(Entertainment)의 합성어임
3) SLAM: 위치를 측정함과 동시에 실시간 지도를 그리는 기술
4) 멀티모달: 모든 모빌리티 체계를 통합해 목적지-도착지 간 끊임없이 서비스를 이어서 이용할 수 있게 만든 시스템

자료: 하이투자증권

최근 CES2020에서 퀄컴이 저전력 고사양의 자율주행 플랫폼인 Snapdragon Ride Platform을 선보인 것이나 소니가 마그나의 도움으로 비전-S(Vision-S)라는 완성도 높은 컨셉카를 출품한 것, 전기차계의 기린아 테슬라나 루시드(Lucid), 니오(Nio), 리상(Li Auto), 샤오펑(Xpeng) 같은 업체를 제외하고라도 중국에서 NEV(New Energy Vehicle, 신에너지 차) 정책의 보조금 수령을 위해 등록한 전기차업체만 487여 개에 달한다. 엄청난 수의 경쟁업체들이 자동차 제조에 등장하고 있음을 알 수 있다. 문제는 앞으로 이런 새로운 플레이어의 등

장, 경쟁심화는 더욱 확산될 것이란 데 있다.

3만여 개에 달하는 부품 공급망관리(SCM: Supply Chain Management) 능력과 연구개발 능력, 부담스러운 설비투자를 요구하는 장치산업이자 고도의 조립기술, 글로벌마켓에 애프터서비스 및 딜러망을 촘촘히 확보해야 하며 제품 하자로 인한 사고시 리콜 비용으로 엄청난 충당금이 필요한 산업으로 자동차는 진입장벽이 정말 높았다. 하지만 이제 다양한 해당분야의 전문성을 가진 ICT 기업과 플랫폼 비즈니스를 영위하는 업체들이 경쟁자로 부상하고 있다.

자본시장에서는 벤처캐피털이 새로운 시장 진입자들에게 훨씬 더 높은 가치(Value)를 산정해주면서 펀딩해주거나 스팩(SPAC)을 통해 상장을 주선함으로써 자금부담까지 낮춰주고 있다. 이런 환경의 급속한 변화 때문에 기존업체를 멸종을 앞둔 공룡으로, 새로운 경쟁자들을 운석이나 포유류로 비유하기도 하는 것이다.

중요한 관찰포인트는 여기에 더해 전기차와 자율주행차의 특성으로 인해 '공간'이 변한다는 점이다. 전기차는 (가장 면적과 무게를 많이 차지할 뿐 아니라 기술장벽이 가장 높은) 동력생성장치인 엔진과 동력 전달장치인 트랜스미션이 불필요하다.

테슬라 전기차의 보닛을 열면 엔진과 트랜스미션이 놓여 있어야 할 공간에 텅빈 트렁크룸만 있다. 배터리는 차바닥에 넓게 깔리고, 주행관련 부품들은 바퀴 부근으로 집중된다. 따라서 앞으로 전기차 플랫폼은 배터리와 구동, 조향, 완충, 제동의 4대 기능을 담당하는 휠모듈(Wheel module)이 일체형으로 제작될 것이다.

현재의 변화를 종합해볼 때 스케이드보드 형태의 전기차(EV) 플랫

■ 현대차와 제휴를 맺은 전기차 플랫폼 업체 Canoo

오른쪽 스케이드보드 형태에 다양한 바디(Body)를 얹어 제품군을 다양화할 수 있음

자료: Canoo

폼은 별도로 판매될 가능성이 매우 높다. 폭스바겐의 MEB 플랫폼, 도요타의 e-TNGA, Rivian EV Platform 등은 모두 별도 판매를 염두에 두고 생산할 계획이다.

현대차도 2020년 12월 2일 전기차 전용플랫폼인 e-GMP를 전격 공개했다. 2025년까지 23개 차종, 100만대 규모로 세계 선두권에 서겠다는 다짐도 곁들였다. 원가의 대부분을 차지하는 고가의 배터리 셀 가격을 고려하면 규모의 경제가 시현되기 위해서 생산수량을 크게 늘려야 한다. 따라서 자동차 시장에 진입하고자 하는 플레이어들은 얼마든지 성능 좋은 전기차 플랫폼을 구매할 수 있게 될 것이다.

자율주행 역시 Level4-5의 완전 자율주행차가 현실화되면 인간-기계의 인터페이스인 조종석(Cockpit)이 사라지는 대신 센서모듈과 AV Computing Platform, Modem, AP 등이 장착되어 인간의 '인지-판단-제어'를 대신할 것이다.

조종석은 굉장히 복잡한 장치들과 배선으로 이뤄져 조립공정이

■ ZF의 클라우드 기반 소프트웨어 플랫폼 cubiX

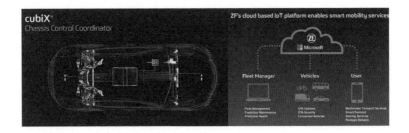

자료: ZF

■ 현대차와 JV를 설립한 Aptiv의 SVA(Smart Vehicle Architecture)

자료: Aptiv

복잡하고 많은 공간을 차지해왔다. 5G가 광범위하게 설치되거나 스페이스X가 시도하는 스타링크 같은 위성인터넷이 갖춰지면 차량과 모든 것이 연결되는 V2X(Vehicle to Everything)의 연결성(Connectivity)도 확대될 것이다. 기존의 차량 내부에 설치된 자율주행 시스템과 통신을 통한 연결이 서로 상호작용하면서 더 원활한 자율주행을 도울 것이다.

　물론 소프트웨어나 운용 시스템(Operation System)은 클라우드와 무선업데이트(OTA: Over The Air) 기능을 통해 매일 최신 상태로 업데이트가 가능할 것이다. CES2020에서 ZF는 Chassis control Coordinator인 CubiX 시스템을, Aptiv는 SVA(Smart Vehicle Architecture)를 선보이면서 클라우드 기반의 무선업데이트 소프트웨어의 업데이트뿐만 아니라 자율주행 하드웨어 시스템을 센서퓨전에 따른 블럭형 구조를 제안했다. 현재의 복잡한 구조와 와이어하네스 다발과는 완전히 다른 형태다. 본격적인 자율주행차 시대가 도래하면 두께가 매우 얇고 심플한 센서퓨전 시스템으로 통합되고, 와이어하네스 다발은 기성형된 회로로 부착이 가능할 것이다. 로봇에 의한 자동 생산공정이 가능해 대량 생산에 적합할 것임을 알 수 있다.

이제 자동차산업은
모빌리티 산업으로 확장되고 있다

전기차와 자율주행 기능이 동시에 콤팩트한 플랫폼 형태로 구현되면 엔진룸과 조종석이 사라지고, 적극적 충돌회피가 가능해 보닛과 트렁크를 확보해야 하는 충돌안전설계도 많이 달라질 것이다. 이는 차량의 공간이 지금과는 완전히 달라지는 변화가 수반됨을 의미한다.

지금껏 4인이 탑승하던 자동차의 공간은 8~12명이 탈 수 있도록 넓어질 것이고, 1톤 트럭에 필적하는 탑재공간을 제공하게 될 것이다. 24시간 지치지 않고 운행이 가능한 자율주행이 되면 출퇴근 시간

■ Tesla논문 프로젝트 중 Interchangeable Pod design

자료: Fábio Martins

엔 사람을, 나머지 시간엔 물류나 택배를 배송하는 용도로 자유롭게 변경이 가능해질 것이다.

　우버 풀(Uber pool)같이 합승 시 요금이 할인되는 개념으로 이해한다면 현재의 우버엑스나 택시보다 월등히 저렴한 가격으로 이용할 수도 있다. C.A.S.E라는 4가지 변화는 각기 기술기반과 성질이 다르지만, 순차적이 아닌 동시다발적으로 진행되며 결국엔 하나의 완성차에 다 녹아들어갈 것이다. 그리고 이런 기술들로 인해 변화된 공간과 용도는 지금껏 경험해보지 못했던 새로운 서비스 형태를 만들어낼 것이다.

　자동차산업은 이제 범위를 넓혀 모빌리티 산업으로 확장될 것이다. 전통적인 자동차업체의 밸류체인과는 완전히 다른 기술들이 유입될 수밖에 없다. 자동차는 디지털로의 전환, 친환경으로의 전환에 있어 자유로울 수 없는 핵심산업이다.

시속 200Km 이상의 상황에서 자율주행의 알고리즘이 오차 없이 작동하기 위해서는 초고속통신, 이중삼중 안전장치의 인공지능, 해킹과 사이버공격으로부터 안전을 담보하는 보안 솔루션, 정교한 고화질지도(HD Map)와의 연동, 빠짐없이 장애물을 감지하는 센서, 위성과의 통신 등 지금까지 경험해보지 못한 기술들을 대거 수용해야 한다.

전기차로의 변화 역시 기존 주유소를 충전소로 전환하고, 수소연료를 공급하는 충전소로도 전환해야 한다. 24시간 주행이 가능한 자율주행차는 승객과 화물을 겸해서 운송해야 할 것이다. 이것이 진정한 의미의 TaaS3.0이다. 고객들은 애플리케이션 기반의 모빌리티 플랫폼에 접속만 하면 언제 어디든 모빌리티와 로지스틱스 서비스를 받을 수 있게 될 것이다.

심지어 전기차와 자율주행차의 핵심기술들은 도심형 항공모빌리티에 그대로 이식되어 다양한 기체들이 판매되기 시작할 것이다. 강력한 모터, 배터리, 오토파일럿을 가능케 하는 인공지능 컴퓨팅이 교집합적 기술성격을 띄기 때문이다. 자동차업체들이 속속 도심형 항공모빌리티 생산에 나서고 있는 것이 바로 이런 이유 때문이다.

전통적인 내연기관 중심 부품사들의 어려움은 계속될 것이다. 따라서 정부는 미래기술로의 변화를 기정사실화하고, 산업의 구조조정과 업종변경에 함께 나서야 한다. 활용이 가능한 기술, 로봇이나 도심형 항공모빌리티 부품으로의 전환 등은 다 함께 머리를 맞대야 할 이슈다.

미래를 주도할 H/W 기술 8
_ UAM(도심형 항공모빌리티)

모빌리티의 범주는 2차원공간을 넘어 3차원까지 확장될 것이며,
저소음 수직이착륙 기술이 UAM의 상용화를 가능케 해줄 것이다.

모빌리티의 범위가 확장되고 있다. 앞에서 C.A.S.E의 4가지 기술을 모두 품고 있는 TaaS3.0(Transportation As A Service 3.0)에 대해 언급했고, 로봇이 O2O의 오프라인 분야를 커버할 것이라 예상한 바 있다. 이들이 지상, 즉 2차원공간에서 이뤄지는 이동행위를 기반으로 한다면, 이제 도심형 항공모빌리티를 통해 3차원 공간까지 확장시켜 고민해야 할 시기이다.

또한 도심형 항공모빌리티는 2차원 지상교통수단에 대해 파괴적 기술의 성격을 띄기 때문에 자동차 강국인 우리나라 입장에서 하드웨어 제조와 시스템 구축, 관리능력에 신경을 쓰지 않으면 안 된다.

아직도 먼 미래처럼 느껴지는 도심형 항공모빌리티를 왜 지금 다뤄야 할까? 급격한 도시화의 증가, 도로 정체 악화와 같은 구조적 문제가 새로운 교통수단에 대한 필요성을 만들고 있다. 여기에 항공기 기술 및 분산전기추진, 다양한 경량화소재의 급속한 발전, 2·3차원을 불문한 자율주행의 기술 발전, 5G 통신, AI 기술 발전이 더해지면서 도시 상공에서 전기수직이착륙기(eVTOL) 기술을 통한 사람이나 상품의 운송이 가능해졌기 때문이다.

환경과 기술의 변화 때문에 막연하고 불가능하게만 생각되었던 도심내 항공모빌리티 산업이 성장 가능성이 높은 산업으로 다시금 주목받기 시작한 것이다. 지금까지 구현하기 힘들었던 기술들이 동시에 높은 수준으로 발전함으로써 온디맨드 에어 택시(On-demand Air taxi), 에어포트 셔틀(Airport Shuttle) 및 시외 비행(Intercity)이 가능해졌다.

따라서 많은 기업들이 이 새로운 교통수단의 제조와 운영에 상당한 관심을 표현하고 있다. 처음엔 기술적 난제와 비용문제로 현재의 취미용 드론에서 점차 적재하중을 높여가는 택배용·화물용 배달 서비스로 진화될 것이다. 그 이후 승객용으로도 안전성과 효율성이 검증되면, 일부 노선에 한정된 고가의 이동수단으로 도심형 항공모빌리티가 시작되고, 점차 현재의 택시요금과 비슷한 수준까지 요금이 하향되면서 대중적 교통수단으로 자리잡을 것이다.

결국은 스마트시티(Smart city)의 중요한 교통축이자 멀티모달(Multi Modal)의 한 분야로 자리잡을 수 있을 것이다. 한국과 같은 제조업 강국에서는 특히 민감하게 이 산업을 바라봐야 한다. 2차원 공간의 이동수단에 대한 대체재 성격이 강하기 때문이다. 뿐만 아니라 연관 시스템 산업, S/W산업, 서비스산업도 매우 큰 생태계를 이룰 수 있다. 로봇-자율주행차-UAV(Unmanned Aerial Vehicle: 무인비행기)는 모두 유사한 교집합을 가진 로봇산업이기도 하다.

4차 산업혁명의 근간인 사이버(가상) 물리 시스템에서 물리 (Physical)가 이들의 영역인 만큼 절대 놓쳐서는 안 될 거대 산업군인 셈이다. 특히 디지털 트랜스포메이션의 시대에 AI, 빅데이터, 클라우드 컴퓨팅 영역이 크게 확장되는 때에 기계공학(Mechanical Engineering)의 마지막 보루이기도 하다. 이 큰 흐름을 놓치지 않기 위해 각국의 정부, 기업, 연구기관, 학계가 이 분야에서의 주도권을 잡기 위해 서로 치열한 경쟁을 시작했다.

UAM 비즈니스에
출사표를 던진 기업들

도심형 항공모빌리티 사업에 출사표를 던진 업체들은 다음과 같이 요약해볼 수 있다.

첫째, 전통의 강자인 항공제작사들이다. 보잉(Boeing), 에어버스 (Airbus), 벨(Bell) 같은 항공제작 업체들은 오랜시간 대형 항공기나 음속의 전투기 같은 비행기와 다양한 헬리콥터, 군용드론을 만들어 왔다. GE Aviation 같은 부품 메이커도 적극적으로 참여하고 있다.

이들 항공제작사들은 거대한 기체를 날아오르게 하는 기술, 비행체 컨트롤시스템에선 타의 추종을 불허한다. 실제 국방부와 군사용 드론에서도 앞선 움직임을 보여주고 있다. 오랜 기간 축적된 기술력과 브랜드, 빅데이터들로 인해 도심형 항공모빌리티 분야에서도 가장 선도적인 위상을 견지할 것이다.

둘째, 2차원 공간에서의 주도권을 100여 년간 쥐고 있는 자동차업체들의 참여가 늘고 있다. 도요타, 다임러, 지리, 아우디, 포르쉐, 롤스로이스, 현대가 스타트업들과 자본·전략적 제휴를 맺거나 직접 개발에 나서고 있다. 덴소(Denso), 하니웰(Honeywell)이나 굿이어(Good-year) 같은 부품 공급망 참여도 생겨나고 있다. 항공업체가 수공업에 기반을 두고 있는 데 반해 자동차는 컨베이어 시스템을 통한 대량생산에 능하다. 규모의 경제로 기체 가격을 하향시키는 데 적임자가 될 수도 있다.

하지만 여전히 자동차업체들의 도심형 항공모빌리티 진출은 방어

■ 도심형 항공모빌리티(UAM)와 자동차 업체 간의 파트너십

자료: FEV 컨설팅

적 성격이 강함을 느낄 수 있다. CES2020의 Daimler 키노트 세션에서도 Volocopter 투자를 언급하면서 "절대 도심형 항공모빌리티 시장이 빨리 열려선 안 된다"는 자동차 업체로서의 방어적 코멘트가 기억난다.

셋째, 대형 모빌리티 플랫폼 업체들의 참여다. 2차원 공간의 멀티모달 서비스(Multi-modal Service)를 넘어 3차원 공간까지의 교통을 모두 플랫폼 아래에 넣겠다는 전략이다. 사실 하드웨어 생산업체들에게 우버 같은 모빌리티 플랫폼이 없었다면 아예 비즈니스 자체가 성립되기 힘들었을 수도 있다. 우버가 비즈니스 모델을 만들고, 기체 생산업체들을 선별하는 작업은 물론, 정부와 서비스 시행에 관한 제도적·법적 협의까지 도맡아 하고 있다. 뿐만 아니라 저고도영역에서 도심형 항공모빌리티를 통신과 위성으로 컨트롤하는 UTM(UAV Traffic Management)에도 앞서고 있다. 플랫폼 내 항공 이동 서비스를 이용하겠다는 소비자들은 넘쳐나기 때문에 가능한 도전이다. 그랩(Grab)도 독일 Volocopter와 도심형 항공모빌리티 서비스를 제공하겠다고 발표한 바 있다.

넷째, 신생 스타트업들의 패기도 만만치 않다. 기존 비행기나 헬리콥터는 막대한 자본이 투입되는 산업이지만 도심형 항공모빌리티는 그보다 진입장벽이 낮다. 또한 모험자본의 전폭적 지지와 관심있는 대형사로의 인수 혹은 합병이 가능하다는 점에서 많은 업체들이 진출하고 있다. 잘 알려진 유럽의 Volocopter, Kitty Hawk, Lilium, Joby Aviation 등이 스타트업의 대표주자들이다.

항공 수송(Air transportation) 기업에 투자한 모험자본들의 누적 투

■ 도심형 항공모빌리티(UAM) 기업에의 각국 투자현황

기업	국가	상장/비상장	투자자
Kitty Hawk	미국	비상장	구글 투자 & 보잉 인수
Lilium	독일	비상장	텐센트 투자, Uber Elevate 파트너
EHang	중국	상장	상장
Volocopter	독일	비상장	Intel, Geely, Daimler, 미츠이 스미토모 보험
Airbus	프랑스	상장	상장
Boeing	미국	상장	Uber Elevate 파트너
Joby Aviation	미국	비상장	도요타, Intel, Cambricorn Investment Group(Tesla 초기 투자자). Uber Elevate 파트너
Sky Drive	일본	비상장	도요타 투자. Cartivator로 시작. 엔비디아 AI 지원 프로그램 파트너
Karem AirCraft	미국	비상장	한화시스템. Uber Elevate 파트너
Aurora Flight Sciences	미국	비상장	보잉 자회사
Pipistrel	슬로베니아	비상장	Uber Elevate 파트너
Embraer	미국	상장	상장, Uber Elevate 파트너
Textron	미국	상장	상장, 전통적인 PAV 강자
Bell	미국	비상장	Textron 자회사. JAL과 스마토모 상사와 MOU Uber Elevate 파트너
Cessna	미국	비상장	Textron 자회사
Terafugia	미국	비상장	Geely 자회사
Workhorse	미국	비상장	Moog 자회사

자료: 하이투자증권

자유치 규모는 점점 커지고 있다. 막대한 자본이 투자되는 항공산업에 신생사들이 용감하게 진출할 수 있는 것은 나사나 각종 대학연구소, 항공업체의 인재들이 모험자본과 만나 대거 이 산업에 뛰어들었기 때문이다.

다섯째, 이커머스 업체들이 드론에 의한 배송서비스를 모두 염두에 두고 있다. 잘 알려진 아마존의 아마존 프라임 에어(Amazon prime

■ 사람의 운반에 앞서 활성화될 드론 택배

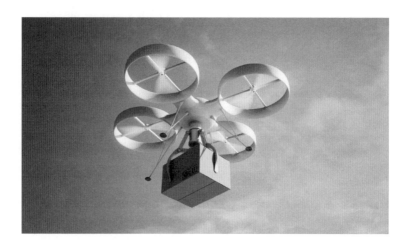

자료: 해외언론 참고

Air)는 2.25kg 무게의 상품을 전용상자에 배송하는 드론 서비스다. 애플리케이션 주문 후 최대 10마일 거리를 자율주행으로 비행해 배송을 완료한다. 아마존트래픽 시스템(Amazon traffic system)을 통해 최적의 동선을 관리할 수 있다. 최근 미국 연방항공청(FAA)으로부터 운행 허가를 득하고 본격적인 서비스에 나설 태세다.

알리바바 역시 유사한 서비스를 준비하고 있다. 잘 알려진 자회사 차이냐오(菜鸟)는 드론과 로봇을 자본·전략적 제휴를 통해 생산한다. 드론 제작회사인 베이항샤인(Beihang Shine: 北京北航天宇长鹰无人机科技公司)과 차이냐오가 합작해서 다양한 무게의 상품을 배송할 수 있는 드론을 선보일 계획이다. 베이항샤인은 중국의 군용드론을 오랫동안 제작해온 회사인 만큼 군기술과 민간기술의 접목이 가능해질 것으로 보인다. 이 분야를 선점하기 위해서 뛰어든 대표적인 이커머스 기업들은 아마존, 알리바바, UPS, 페덱스, 도미노 피자, 우크라이나 우편서비스, 플러티(Flirtey), 워크호스(Workhorse), 조마토(Zomato) 등이 있다.

여섯째, 오랜 기간 우주항공 기술에 있어 가장 높은 기술력을 가지고 있던 나사도 이 분야에 대한 지원사격에 나섰다. 물론 나사는 미국을 위해 존재하므로 당연히 미국 드론기술 향상과 발전을 목표로 한다. 이미 나사는 기술이전 프로그램(Technology Transfer Program)으로 드론기술을 민간기업에 이양하는 작업을 진행한 바 있다. 뿐만 아니라 이번엔 2022년까지 AAM(Advanced Air Mobility) 프로젝트를 진행하겠다고 발표했다. 제도 및 규제에 대한 심도 있는 고민은 물론,

■ NASA AAM(Advanced Air Mobility) 프로젝트

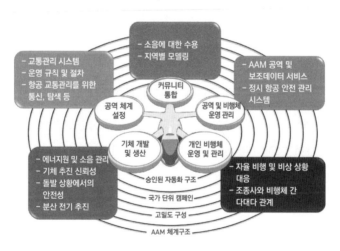

자료: NASA

업체들을 일정한 기준을 두고 테스트해주겠다는 것이다.

가장 먼저 거론된 과제는 NC-1(National Campaign-1)으로 업계 파트너가 초기 상업 운영을 넘어 보다 복잡한 환경을 위해 운영 규모를 확장하는 데 필요한 핵심 요소가 포함된다. 이 과정에서 연방항공국(FAA)과 긴밀한 협력을 진행하겠다고 밝혔다. 중국업체들의 상업적 성공에 미국이 기보유한 핵심기술로 민간기업의 역량을 집중적으로 향상시키겠다는 의도가 읽히는 대목이 아닐 수 없다.

나사만 돕는 것이 아니다. 미 국방혁신단(Digital Innovation Unit)을 통해 Joby Aviation을 비롯한 전기수직이착륙기(eVTOL) 및 기술 개발자들에게 1~2천만 달러 수준의 자금을 제공한 바 있다. 전기수직이착륙기에 중점을 둔 공군의 새로운 프로그램인 Agility Prime은 Sabrewing Aircraft, Elroy Air 및 여러 회사에서 일하고 있는 다수의 항공기 개발자들에게 SBIR(Small Business Innovation Research) 계약을 체결해 지원하고 있다. 한국도 KARI가 정부의 지원으로 주도적으로 이 분야를 진행해오고 있다. 본격적으로 민관협력이 진행될 것으로 기대하고 있다.

이런 도심형 항공모빌리티가 도심에서 운항이 가능한 것은 앞서 언급한 배터리의 고밀도화와 경량화 그리고 고사양 모터의 등장, 탄소섬유강화플라스틱(CFRP) 같은 소재의 발전이 있었기에 모터로 수직이착륙이 가능해졌기 때문이다.

수직이착륙(VTOL: Vertical Take Off & Landing) 형태의 도심형 항공모빌리티는 활주로가 필요 없고, 최소한의 이착륙 공간만 있으면 충분히 비행이 가능하다. 기존 공항은 아무리 작은 규모라 해도 토지매

입비용과 건설비가 만만치 않다. 한국의 경우에도 토지비용을 제외한 건설비만 청주공항이 3,200억 원, 양양공항이 3,500억 원 소요되었고, 매년 적자도 수십억 원에서 수백억 원씩 발생하고 있다.

도심형 항공모빌리티에도 이런 활주로를 포함한 대규모 시설이 필요하다면 누군가는 손해를 계속 감당해야 하며, 경제성이 나올 수 없다. 하지만 수직이착륙이 가능한 기체라면 도심에서 각 빌딩 옥상에 마련된 기존 헬리콥터 착륙장을 활용할 수도 있다.

무엇보다 2차원 공간의 교통수단에 필요한 도로, 철로, 지하철의 지하공간 같은 막대한 비용의 인프라 투자가 필요없다. 하늘길은 언제나 열려있고, 요구공간의 크기가 2차원 교통수단에 비해 훨씬 작기 때문이다. 이미 미국과 유럽에는 목이 될 만한 곳에 부동산회사들이 옥상활용을 두고 선투자가 진행되고 있다. 우버에어도 힐우드(Hillwood)라는 부동산회사가 대표적으로 스카이포트(Skyport: 대도시 건물 옥상에 만들어진 도심형 항공모빌리티 이착륙거점)를 선정하고 투자하

■ 우버가 제시한 스카이포트(Skyport)와 미국 내 UAM(도심형 항공모빌리티) 노선도

자료: Uber

고 있다.

뿐만 아니라 릴레이티드(Related)와 맥쿼리(Macquaire) 등도 미국의 주요 대도시를 중심으로 도심형 항공모빌리티 산업의 미래를 보고 부동산 개발사에 전략 투자를 단행중이다. 건물주도 1층에 스타벅스가 들어서면 건물가격이 오르고, 건물 지하에 지하철 연결로가 생기면 가격이 오르듯, 최고의 교통환경을 제공하는 도심형 항공모빌리티 거점이 옥상에 설치된다면 건물가격 및 매월 임대료가 적지 않을 것이란 기대를 하고 있다.

수직이착륙(VTOL)은 헬리콥터에 비해 소음도 월등히 작기 때문에 건물주들이 도심형 항공모빌리티 산업에 눈독을 들일 수밖에 없다. 미국에는 또한 쇼핑몰이나 복합몰이 많아 주차타워의 옥상이 매우 넓다. 주차타워의 옥상도 매우 매력적인 도심형 항공모빌리티의 포트(Port)가 될 수 있다.

UAM은 이제 더 이상
꿈이 아닌 현실

결론적으로 다양한 요소들이 꿈처럼 여겨져왔던 도심형 항공모빌리티 산업을 현실 가능성 있게 만들어주고 있다. 2010년대 들어 꿈틀거리기 시작한 촬영·취미용 드론 열풍은 전기동력, 자율비행, 모터 등의 기술 성숙도를 높였고, 무엇보다 다양한 공급망(Supply Chain)이 만들어지고 연구개발 인력이 대거 배출되는 등 산업 생태계를 만들

■ 도심형 항공모빌리티(UAM) 시대를 앞당겨줄 제반 요인들

자료: 하이투자증권

■ K-드론시스템과 K-UAM 로드맵에서 제시된 타임라인 통합 재구성

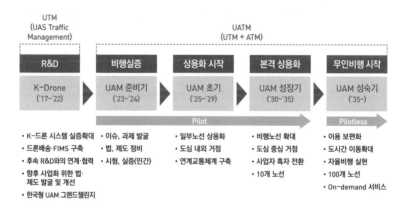

1) ATM(Air Traffic Management): 기존 항공관제 시스템은 영공과 활주로를 주로 통제
2) UTM: 드론, VAM을 포함한 저공 영역 내 무인기 통제 시스템임
3) 이들의 상호통합 시스템을 UATM이라고 부름

자료: 국토교통부, 하이투자증권

어주었다.

뿐만 아니라 과거연구의 한계점이었던 저소음대책, 수직이착륙, 안전하고 부드러운 틸트기능, 자율비행 알고리즘, 배터리의 효율성, 고정밀지도 등 분야에서 상당한 기술적 성숙도를 갖출 수 있게 되었다.

이에 한국도 국토교통부에서 한국형 K-UAM 로드맵을 제시하고 2025년부터 사람을 태운 도심형 항공모빌리티 사업을 정식으로 런칭하기로 했다. 2035년엔 무인비행도 가능해지면서 운임이 크게 하락할 것으로 전망된다. 한국에서도 도심형 항공모빌리티는 더 이상 꿈이 아닌 현실인 것이다.

테크노믹스의 전개와
이에 따른 투자 아이디어

우리는 현재의 국면을 전통적인 경제학의 틀로는 설명할 수 없는, 신기술이 이끄는 새로운 경제 패러다임의 변화 즉 테크노믹스(Tech-nomics)의 시기라 생각한다. 각국 정부가 유례없는 통화정책(QE)을 전개한 후 테이퍼링(Tapering, 통화긴축)을 예상했지만 정반대로 팬데믹이 발생하면서 훨씬 더 큰돈을 풀어 위기를 극복하려 하고 있다.

팬데믹으로 인한 오프라인 경제의 축소와 이에 따른 타격이 심각하다. 그리고 자유무역에서 자국중심 경제로 전환되면서 글로벌 밸류체인(GVC: Global Value Chain)의 일부가 무너졌다. 관광이 핵심 수익원이던 국가들은 어려움에 처했고, 활발하게 전개되던 여행과 교역의 흐름은 뚝 끊어졌다. 오랜 기간 코로나19 바이러스의 완전한 제압이 어려울 것이란 암울한 전망으로 사회적 거리두기 상시화에 대한 경고도 쏟아져나오고 있다.

그나마 이런 어둠 속에 희망적인 것은, 반복되는 사회적 거리두기와 이동제한으로 물리적 제약이 생긴 탓에 디지털 기술을 이용한 온라인 경제가 예상보다 빠르게 전개되고 있다는 점이다. 여기서 테크노믹스의 빛줄기를 찾게 된다.

많은 사람들이 몸소 겪은 불편함으로 인해 더 적극적으로 4차 산업혁명의 핵심 기술들에 대한 필요성이 부각되었다. 사회적 거리두기란 공간적 제약에도 불구하고 사람들의 욕구는 전혀 달라지지 않았기 때문이다. O2O(Online to Offline) 기술을 통해서 욕구를 충족하는 방법에 대해 학습하기 시작했고, 다소 멀게 느껴졌던 기술이 예상보다 더 빨리 생활에 접목되기 시작했다. 투자의 영역에선 경험을 통해 확신하게 된 미래기술의 성장성으로 인해 기업평가(Valuation)에서 g(성장률)를 더 높게 평가하는 경향이 강화되고 있다.

이런 경향은 전 세계 어느 시장을 막론하고 동일하게 나타나고 있다. 전통의 오프라인·아날로그 경제의 추락이 가속화되는 것과는 대조적으로 온라인·디지털 경제에 대한 기대치가 높아져가고 있다. 팬데믹의 절망적 상황을 신기술로 극복하려는 시도가 잇따르면서 관련 기술에 올라타려는 경향이 더욱 짙어지고 있는 것이다.

설상가상으로 팬데믹 상황 중 캘리포니아에선 대한민국 국토의 25%에 달하는 면적을 전소시킨 대형화재가 발생했고, 중국에선 산샤댐 붕괴 직전의 큰 홍수가 발생했다. 아프리카와 중동에선 메뚜기 떼가 농작물을 덮치는 이변이 발생했다.

이런 경험해보지 못한 이변들로 인해 지구온난화에 대한 '추상적 반성'이 실제 반드시 달성해야 하는 친환경 전환의 '구체적 당위'로 바뀌고 있다. 인류가 오랫동안 화석연료를 태워 사용한 대가로 지구의 온도가 높아지고 있으며, 이로 인해 발생하는 자연현상의 이상 징후와 육상 생태계 파괴를 어렵지 않게 찾아볼 수 있다. 또한 빙하가 녹으면서 해수면의 변화가 나타나고 수온의 변화로 해양 생태계도 동요하고 있다.

우리가 겪고 있는 자연의 이상 변화가 지금 우리가 쓰고 있는 화석연료의 대가임을 점차 통감하고 있는 것이다. 이에 이미 유럽의 많은 국가들이 내연기관차를 조기에 금지시키는 법안을 통과시켰다.

이런 움직임에 냉소적 태도를 취하던 미국도 예상치 못한 이변들로 인해 생각이 달라지고 있다. 캘리포니아 주정부는 분노한 주민들에게 정치적 책임감을 통감, 2035년 내연기관 자동차의 등록을 금지할 것이란 초강수 대책을 발표하기도 했다.

최근 중국까지 2060년 탄소중립화를 발표했다. 이미 탄소피크가 미국과 유럽은 20여 년 전에 나타났고, 한국도 2018년에 피크를 찍었다. 2030년에 정점을 예상하는 중국이 2060년 탄소중립을 선언했다면, 다른 나라들은 2050년 전에 이를 이뤄내야 하는 상황이 된 것이다. 탄소중립을 이뤄내기 위해선 발전체계, 교통체계, 산업체계를 모두 바꾸지 않으면 안 된다.

엄청난 투자와 변화의 고통이 따를 수밖에 없을 것이다. 탄소제로 경제가 성장하면 반대로 전통적인 탄소경제는 곤두박질칠 수밖에 없다. 각국이 탄소중립을 위해 얼마나 투자하고 변화할지, 이 가운데 기회요인과 위험요인이 어떻게 나타날지 주목해야 할 것이다.

결국 디지털 경제와 탄소제로 경제라는 2가지 큰 패러다임 변화는 단순한 구호가 아닌 매우 구체적인 변화와 실행, 투자로 전개될 것이다. 특히 자본시장에서는 이 흐름과 ESG 투자라는 패러다임이 엮이면서 더 큰 폭발력을 보일 것으로 전망된다.

사회적 책임(SRI) 펀드는 투자대상 기업을 선정할 때 기업의 재무적 측면뿐만 아니라 비재무적 측면에서 환경(E), 사회(S), 지배구조(G)를 고려해 투자한다. ESG에 적극적인 선도업체들의 재무성과가 그렇지 않은 기업들에 비해 더 높다는 연구결과들도 속속 등장하고 있다. 지금 같은 패러다임 전환기에 기술 변화와 ESG 투자 확대는 서로 맞물리면서 자본시장의 투자의사 결정과정에서 점점 더 큰 부분을 차지할 것으로 본다.

여기에 코로나19 팬데믹으로 마이너스(-) 성장률로 전환한 각국이 경기부양정책의 방향을 디지털과 친환경으로 정하는 움직임도 면밀히 관찰해야 한다. 한국 역시 예외는 아닌데, 한국판뉴딜 정책에 '디지털 뉴딜, 그린 뉴딜, 사회적 안전망'이란 3가지 큰 프레임을 두고 정부 예산만 114조 원 넘게 투입할 계획이다.

요약해보면 4차 산업혁명과 디지털 대전환이 기술 변화의 필요성을, 탄소제로 경제가 친환경 에너지원으로의 변화를, 코로나19 팬데믹이 전환의 속도를, ESG가 투자의 방향을, 정부의 뉴딜 관련 투자가 직접적으로 예산을 투입해 힘을 실어준 것이다. 반면에 전통적인 아날로그 경제와 탄소경제는 축소되며 자본시장에서도 힘을 잃어갈 것이다. 앞서 언급한 내용들로 인해 상당기간 이들에 의한 테크노믹스가 전개될 것이다.

함께 생각해봐야 할 투자에서의 큰 방향을 몇 가지 짚고 가보자.

첫째, 디지털 트랜스포메이션이다. 코로나19가 본격화되기 이전부터 디지털 대전환은 가장 큰 변화의 줄기였다. 이미 아날로그(Analog) 기반의 기술들은 디지털제이션(Digitization), 디지털라이제이션(Digitalization)의 과정으로 진화를 거듭하고 있었다. 여기에 빅데이터, 인공지능, 5G통신, 클라우드, 사물인터넷 등의 기술이 접목되면서 본격적인 디지털 트랜스포메이션이 가능해진 것이다. 이 흐름을 놓치거나 경쟁국 대비 너무 시간격차가 벌어지면 산업의 주도권을 잃을 수 있다. '인지-판단-제어'의 프로세스를 비롯한 다양한 영역에

■ 테크노믹스와 투자 아이디어

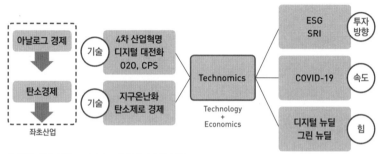

좌초산업: 좌초자산(Stranded Asset) 위주로 구성된 산업

자료: 하이투자증권

서 디지털 대전환의 환경과 인프라가 조성되어야 성장이 가능하다.

둘째, 코로나19로 인해 O2O(Online to Offline)의 중요성이 더 부각
될 것이다. 이동제한과 사회적 거리두기로 비대면 경제활동이 강제
되고 있다. 이용자들 입장에서 가장 잘 알려진 플랫폼(Platform)들은
이번 기간에 큰 도약을 이뤄냈을 뿐 아니라, 앞으로의 비대면 경제에
서 주도권을 잡을 가능성이 커지고 있다. 이미 온라인의 핵심 비즈니
스인 플랫폼 업체들의 주가는 각국 어디를 막론하고 강한 상승을 보
이고 있다. 네트워크효과와 롱테일효과를 앞세워 다양한 서비스로
확장을 진행하고 있는 과정에서 코로나19가 가속기의 역할을 한 것
이다.

오프라인도 지금은 인력(人力)에 의존하는 경향이 크나, 결국엔 로봇화(Robotization)되며 자동으로 처리될 것이다. 사람(Mobility)이나 물건(Logistics)의 이동은 물론이고 광범위한 영역에서 무인화가 진행될 것이다. 그 과도기적 단계로 자율주행, 인공지능, 센서, 배터리, 모터 등의 기반기술들에 대한 관심이 집중되고 있는 것이기도 하다.

셋째, 인력중심의 노동은 대부분 무인화, 자동화 경향으로 변화될 것이다. 특히 AI가 화이트 칼라층의 업무를 상당히 흡수한다면, 로봇은 블루 칼라의 작업을 대체할 것이다. 기술의 진보로 인해 로보타이제이션(Robotization) 경향은 점점 더 두드러질 것이다. 이미 초연결(Connectivity), 자율주행(Autonomous), 전기화(Electrification) 등의 기반기술들은 상당히 수준이 높아지고 있다. 로봇을 구성하는 센서, 모터, 엔코더, 감속기, 그리퍼, 배터리, 컴퓨팅파워가 빠르게 고도화되고 가격은 하락하고 있기 때문이다.

산업용 로봇이나 의료용 로봇뿐 아니라 사람의 이동과 물류 관련 운송 수단(Transportation: Mobility+Logistics)은 전범위에서 로봇화 경향이 두드러질 것이다. 2차원 공간의 도로에서 달리는 로봇이 자율주행차, 일반도로나 실내 및 계단 등에서 이동이 가능한 로봇이 라스트 마일 배달로봇(Last mile Delivery Robot), 3차원 공간에서 나는 로봇이 무인항공기(UAV: Unmanned Aerial Vehicle)이다. 시속 200~300Km의 자동차가 아무 문제없이 로봇화된다면 건설용 중장비, 농기계 등

■ 좌초산업과 성장산업의 차별화가 극심하게 전개될 것

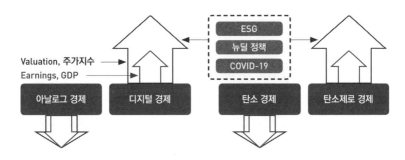

자료: 하이투자증권

저속장비들도 로봇으로 빠르게 전환될 것이다.

국방도 예외는 아니다. 많은 재래식 무기들이 센서와 AI로 무장된 스마트 무기(Smart Weapon)로 대체될 것이다. 인명피해 없이 임무를 완수할 수 있는 많은 첨단무기들이 제품화될 것이다.

넷째, 지구온난화로 인해 야기되는 각종 자연재해에 대해 인류가 반성하기 시작했고, 이에 따라 탄소중립 경제로의 전환 당위성은 점점 커질 수밖에 없다. 각국이 인위적으로 탄소를 줄이려는 노력을 경주할 것이다. 화석연료의 사용이 현격히 줄어들 것이며, 이를 대체하기 위한 다양한 신재생에너지가 등장할 것이다. 태양광, 수력, 풍력, 조력, 지열을 통한 전기에너지 생성과 이를 저장하기 위한 에너지 저장 시스템(ESS: Energy Storage System)이나 수소전환(Hydrogen Convert)이 필요해질 것은 자명해 보인다.

대부분 선진국들의 탄소중립 시기가 2050~2060년 사이에 집중되고 있음을 감안할 때, 친환경 에너지에 대한 사회간접투자가 활발하게 진행될 것임을 알 수 있다. 탄소중립이 가능하려면 십수년 전부터 가장 높은 탄소배출 산업인 에너지와 교통수단에서의 대변혁이 필수이기 때문이다.

다섯째, 상기 내용들이 현실화될 때 어두운 면에 대해서도 고민을 해야 한다. 좌초산업과 성장산업의 차별화가 극심하게 나타날 것이기 때문이다. 디지털 전환의 이면엔 아날로그 경제의 추락이, 친환경(=탄소제로) 전환의 이면엔 탄소경제의 추락이 전제될 수밖에 없다. 자본시장에서도 이 2가지 흐름이 극명하게 대비될 것이다. 설령 실물경제나 실적에서 이들의 합이 제로가 된다 해도, 자본시장에서는 기업평가(Valuation)의 차이로 인해 시가총액(주가지수)의 증가가 나타날 수 있다. 즉 성장 기대감이 높은 디지털·친환경산업의 플러스 효과가 아날로그·탄소경제의 마이너스 효과를 압도할 수 있다는 것이다. 향후 중장기 투자방향이 그래서 중요하다.

테크놀로지가 경제를 견인하는 테크노믹스(Technomics) 시대에는 기술을 이해하는 노력이 그 무엇보다 중요하다.